藤ノ木古墳の副葬品

構　成／泉森　皎
写真提供／県立橿原考古学研究所

石棺内遺物出土状態

縦197 cm，横幅94 cmの石棺内に2体の人骨が残っており，装身具，刀剣，履，大帯が整然とおかれていた。

奈良県生駒郡斑鳩町の藤ノ木古墳で未盗掘の石棺が確認され，朱で塗られた棺の中から２人の被葬者とおびただしい量の副葬品が出土した。主な遺物には金銅製冠，履２，大帯，筒形金銅製品，玉纏大刀を含む刀剣６口，多くのガラス玉や空玉，耳環，鏡４面などがあり，６世紀後半における古墳の副葬品を考える上で貴重な資料を提供した。

金銅製冠

長さ約52cm，最大幅９cmの二山式の帯の上に高さ35cmの聖樹をかたどった立飾を１対つける。立飾は１本の樹から複雑にのびた枝を唐草文風に表現して，先端部に鳥形と蕾とみられる剣菱文を付けている。

金銅製履

金銅製履は２足出土しているが，写真は履Ａで，北側の人物の足元に立てかけられていた。全長38cm，高さ10cm。２枚の金銅板を甲と踵でとめ，舟形の底板をはめて針金でとめている。亀甲文を施し，魚形や円形の歩揺を付けている。

筒形金銅製品

左右で広がる鼓形で，長さ39cm，両端の径3cm。側面とくびれ部以外に円形の歩揺を付ける。また中央部に錦の紐がつく。

玉纏大刀把頭

全長140cm余りの環頭大刀の把頭。楔形の頭部に捩り環頭を付け，側面に格子や列点文を彫刻し銀装する。格子文の交点にガラス玉を象嵌する。

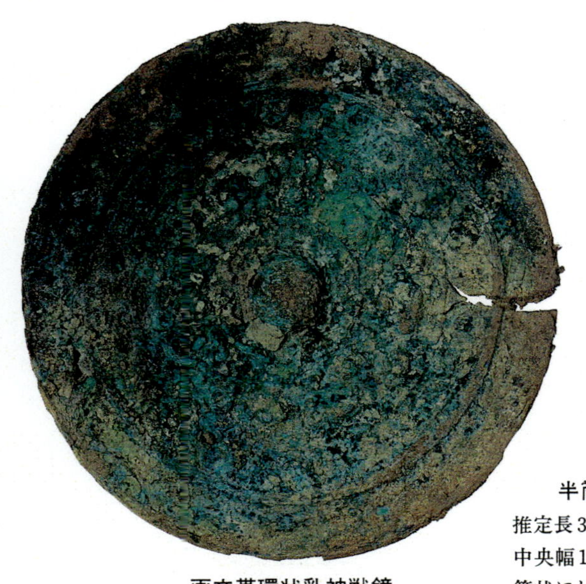

画文帯環状乳神獣鏡

南側人物の頭部東側に置かれていた。径21.6cm。

半筒形金銅製品

推定長36cm。両端幅14cm，中央幅11cmの金銅板を半筒状にして，亀甲文を付け，蝶形金具と魚形，円形の歩揺を付ける。

鏡，玉簾状装身具の出土状態

北側人物の頭部周辺に画文帯環状乳神獣鏡，四神四獣鏡，五獣形鏡が鏡背を上にして置かれ，その上に大形のガラス玉が円形にめぐり，その西側から小玉を玉簾状に連らねた装身具があった。これは被葬者の頭部から腰部にまでおよんでいる。

金製飾金具

倒卵形の金板で，表面に文様が打ち出されている。倒卵形の3種の円圏の中に列点文を配し，内部にS字形の唐草文を入れる。また外区にも同じ文様をめぐらす。出土位置と形状から刀の外装具と思われる。

銀製（鍍金）空玉

北側被葬者の頸飾の玉類。径2.2cmの無地の銀製大形丸玉に鍍金を施したもので，銀製の針金で連らねていた。

季刊 考古学 第28号

特集　古墳には何が副葬されたか

表紙デザイン・目次構成・カット
／サンクリエイト

豪華で豊富な副葬品
——高崎市八幡観音塚古墳——

構　成／右島和夫

遺物は昭和20年３月に地元の人たちが防空壕を掘った際に偶然発見されたもので，のちに群馬県の社寺兵事課で回収し，聞き書きによって副葬品の出土位置を復元したのが図に示した概念図である。これを見ると，玄室の間仕切り石を境にして奥寄りに鏡，銅承台付蓋鋺，銅鋺，直刀などの被葬者の地位を示すような品々があり，入口寄りに馬具類，甲冑類，須恵器などがみられる。

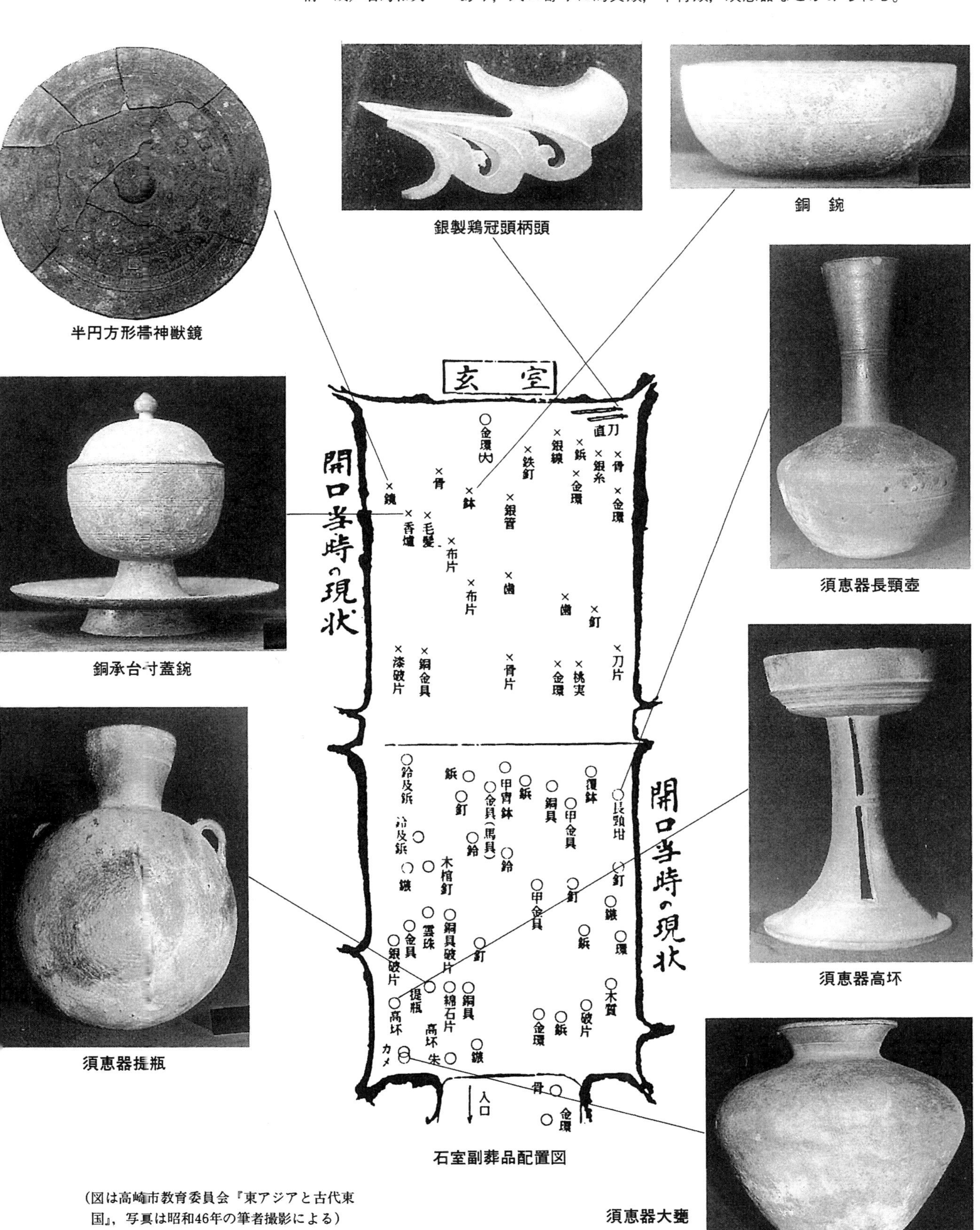

半円方形帯神獣鏡

銀製鶏冠頭柄頭

銅鋺

須恵器長頸壺

銅承台付蓋鋺

須恵器高坏

須恵器提瓶

石室副葬品配置図

須恵器大甕

(図は高崎市教育委員会『東アジアと古代東国』，写真は昭和46年の筆者撮影による)

長い粘土槨と副葬品

——奈良県新沢500号墳——

構　成／泉森　皎
写真提供／橿原考古学研究所

新沢千塚古墳群では数少ない前方後円墳で，全長62ｍの規模をもつ。後円部に被葬者を埋葬した主槨と副葬品のみの副槨をもち，くびれ部や前方部にも埋葬施設をもつ。副槨は東側に鏡５面，その上に碧玉製石釧と車輪石，南側に懸垂鏡，西に短剣状の武器と工具類，さらに西に鉄刀，銅鏃，鉄刀，鉄鏃の順で東西に長くおかれていた。

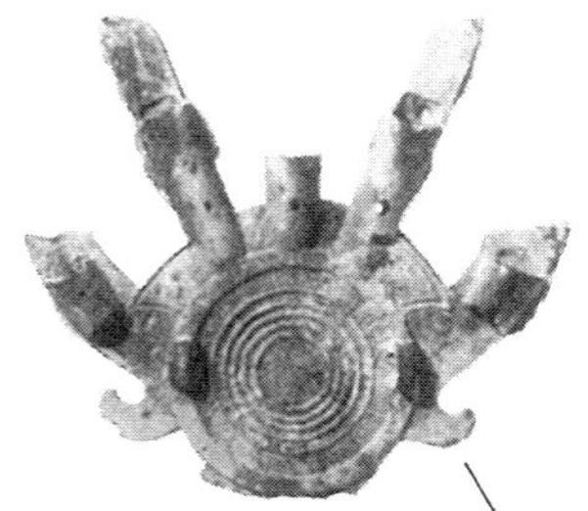
懸垂鏡

鉄　刀

方形板革綴短甲

内行花文鏡

内行花文鏡

方格規矩鏡

三角縁神獣鏡

方格規矩鏡

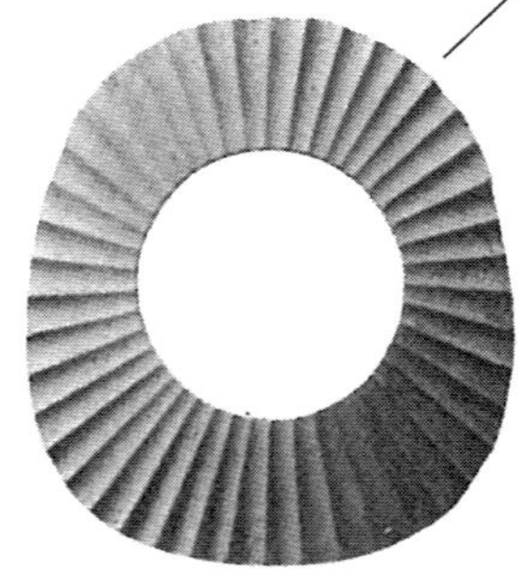

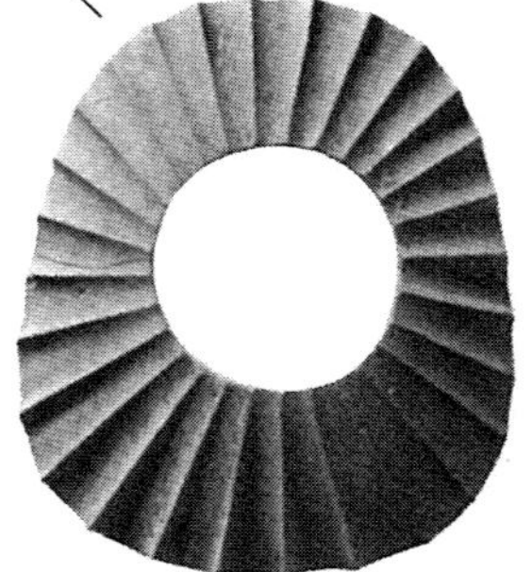
車輪石

長大な木棺と多彩な副葬品

——大阪府豊中大塚古墳——

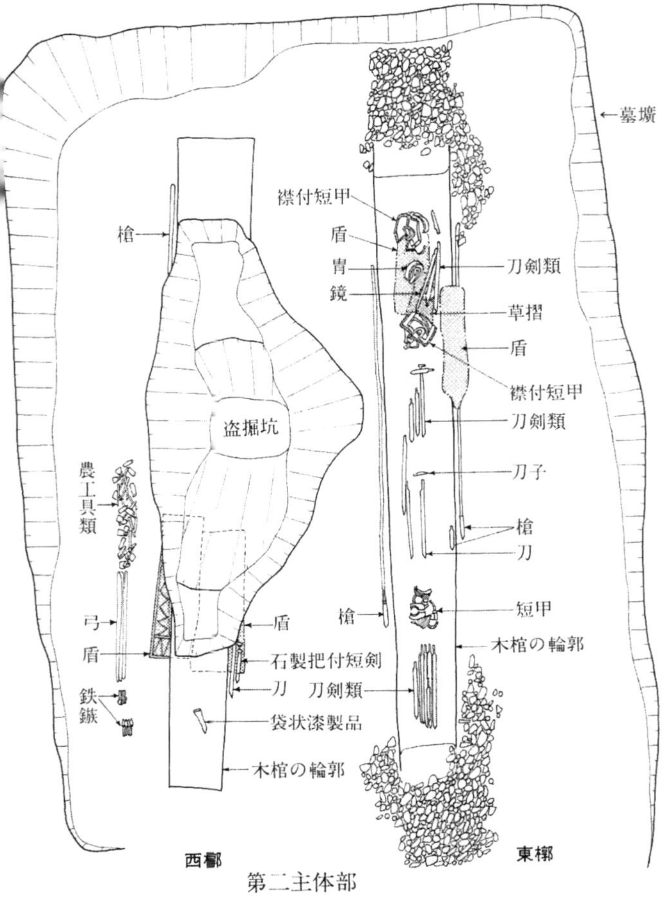

第二主体部

墳頂部に掘られた長さ 9.6 m，幅 6.2 m もある大きな墓壙の中には，高野槙の大木をくり抜いて作った長さ 7.1 m にも達する長大な木棺が 2 つ南北に並べられていた。埋葬当時の姿を良好に留めていた東槨では，棺中央の遺体をはさんで鏡，甲冑，刀，剣，盾などが所狭しと納められ，棺外にも槍や盾が置かれていた。

構　成／柳本照男　　写真提供／豊中市教育委員会

▶完全に復元された甲冑

▶方格規矩獣文鏡

▲長方板革綴短甲

▲　槍

▲石製把付短剣

3個の棺に伴う副葬品
——福岡市鋤崎古墳——

構　成／柳沢一男
写真提供／福岡市教育委員会

全長62mの前方後円墳で，後円部中央上部に前方部に向けて開口する横穴式石室がある。石室は玄武岩の割石小口積み，玄室床面に3個の棺が置かれ，各棺に伴う副葬品が判明している。鏡6面のほか，装身具，武器（長方板革綴短甲を含む），農工具がある。墳丘をめぐる埴輪はII期（川西編年），供献土師器は布留式新併行。

直刀　小刀　鉾　蕨手刀子　1号棺副室

1号棺　剣　素環頭大刀

珠文鏡　獣形鏡　内行花文鏡　直刀

季刊　考古学

特集

古墳には何が副葬されたか

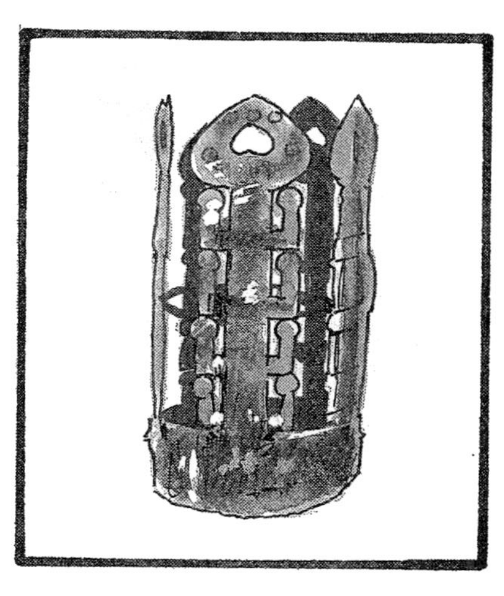

特集●古墳には何が副葬されたか

座談会 藤ノ木古墳と副葬品

上田正昭・大塚初重・泉森　皎・石野博信
京都大学教授　明治大学教授　奈良県教育委員会　橿原考古学研究所・司会

藤ノ木古墳の第一印象

石野　今日は藤ノ木古墳を中心として6世紀の装身具について話し合っていただくことになりました。まず最初に，上田先生と大塚先生に，現地を見ていただきました時の印象をお話しいただけたらと思います。よろしくお願いします。

上田　藤ノ木へは，橿原考古学研究所の皆さんが大変ご苦労されて調査しておられる最中にお伺いするのはどうか，作業を妨害してはならんと考えまして，研究所の方から声をかけていただいたのをチャンスに，11月8日の午後2時ごろ石室の内部へ入れていただきました。新聞，テレビなどで私が予想しておりましたよりも見事な副葬品でしたし，ちょうど耳環が対になって出てきた直後だったですね。

石野　そうすると南の人の埋葬があるということがわかった時点ですね。

上田　ええ，その時期だったわけです。冠あるいは冠帽の類が出る可能性があるということを，私は6月2日，3日のファイバースコープの直後に読売新聞の依頼で書いたのですが，その後一向に……むしろ否定論が強くなりましたね。私が観察したおりには北側の被葬者の足元に冠らしきものがありました。

一番に注目したのは，いわゆる玉纒大刀(たままきのたち)でした。見事な大刀です。私も中国，韓国，北朝鮮など関心がある墳墓についてはかなり見学しているんですが，ああいう大刀は珍しい。稲荷山古墳の鉄剣銘には「利刀」と書いてあるんですね。それから千葉県の稲荷台1号墳の銘は「廷刀」です。熊本県の江田船山古墳の大刀銘文にも「廷刀」とあるんですね。利刀というのはまさに文字どおり実用の刀なんですが，廷刀というのはこういうものではないかと感じました。

上田　正昭 氏

それから北側の被葬者の骨は非常に逞しくて，これは武人の可能性が強いということを実感として入った瞬間に思いました。古代史を研究している立場から申しますと，古墳の場所も重要ですね。7世紀初めに法隆寺が建立されるわけですが，その西約350mぐらいの所です。1985年の9月に東アジア随一ともいうべき豪華な鞍金具が出土したときから，大和川沿いですし，大和と河内を結ぶ古道には当麻道あるいは暗がり峠越えとかいろいろありますが，いわゆる龍田道につながるわけですから，陸路からいっても水路からいっても重要な場所です。

これは後で問題になるかもしれませんが，ご承知のように6世紀史というのは対中国関係の公の交渉が文献に出てこない時期なんですね。5世紀に関しては『宋書』がありまして，421年から478年まで10回，倭王が南朝宋に朝貢の交渉をしていることは事実です。479年は『南斉書』が書いている朝貢記事，503年に関しては『梁書』や『南史』が書いているんですが，私はこの記事は疑わしいと考えています。479・503年の場合は中国文献には見えているけれども信憑性は非常に薄い。しかし421年から478年まで少なくとも10回は朝貢している。ところが6世紀は全くないんですね。中国の文献にももちろん出てこない。次に出てくるのは『隋書』で，西暦600年に

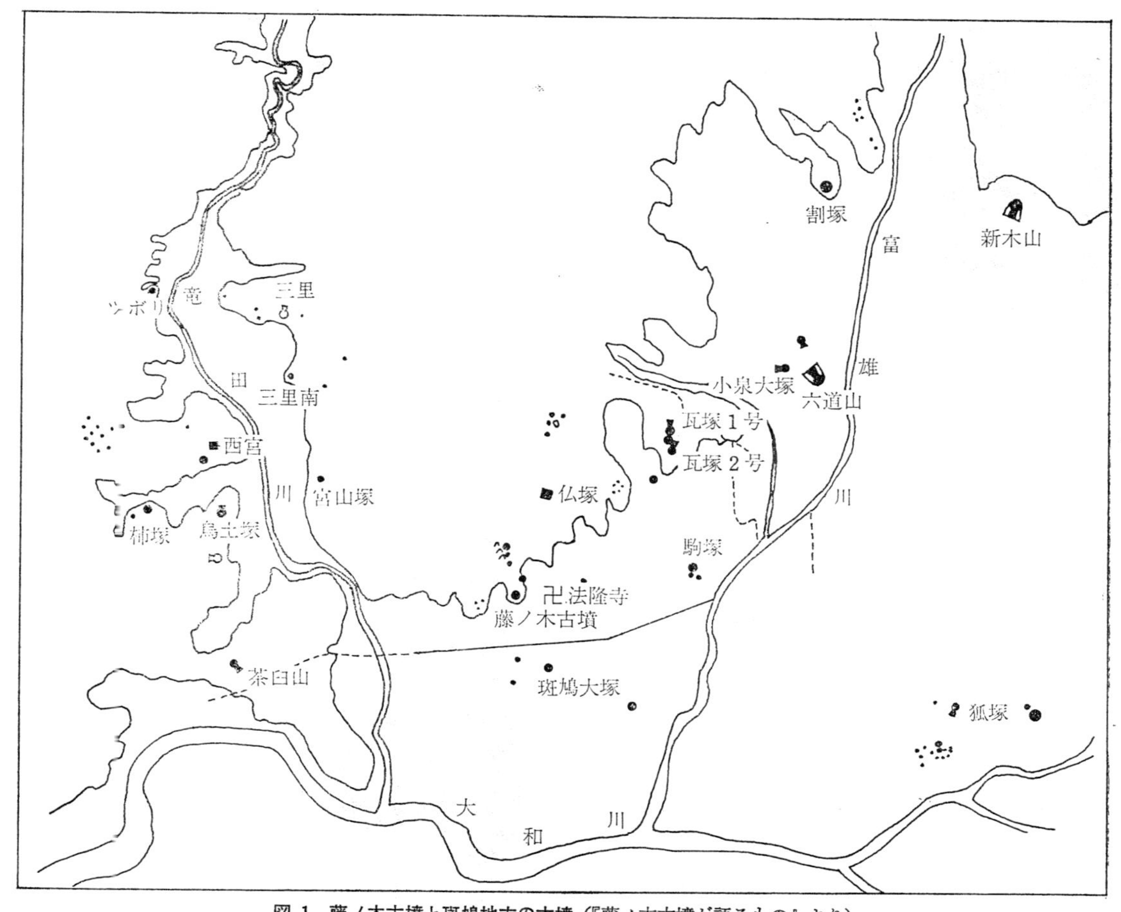

図 1 藤ノ木古墳と斑鳩地方の古墳（『藤ノ木古墳が語るもの』より）

遣隋使がおもむいている。この史料は基本的に信頼できるわけです。『日本書紀』には書いてないけれども『隋書』の600年の遣隋使はいろいろな角度から吟味しても信頼できる。そうすると6世紀の最後には交渉が始まるわけですね。

そして朝鮮半島は激動期であって，金官加羅が亡びるのが『日本書紀』で529年，『三国史記』では532年ですね。この場合は『日本書紀』の伝えよりも『三国史記』の方がよいと思っております。いずれにしても6世紀の前半には，朝鮮半島は激動期を迎えて加羅が滅亡する。そして高句麗，百済，新羅の三国鼎立の本格的時代を迎えるわけです。そうした情勢は7世紀前半まで続きますけれども，そうした激動期なんですね。

ですから朝鮮関係につながる副葬品があっても当然だと考えておりました。したがって玉纒大刀は倭国的遺物ですが，鞘尻などにはどういう文様だろうとか，あるいは履にしましても非常にジャンボなサイズですけれども，どういう文様だろうかということに関心がありました。しかし作業を妨げてはならんという気持もありまして，南側の調査をしておられる，マスクをしておられたのでどなたかわからなかったんですが，一生懸命説明してくださるんです。どういう状況にあったとか……。「作業を続けてください，私は静かに観察させていただきますから」と申したのですが，大変恐縮したのをいま思い出しております。ありがとうございました。

石野 どうもありがとうございました。文献の面と，それからごらんいただいた時の感想を含めていろいろお話いただきました。続きまして大塚先生ひとつ。

大塚 私は例のファイバースコープ調査の時に，藤ノ木古墳の実態に一部触れて，未盗掘はまず100％間違いなかろうと思っていたものですから，非常に期待を持って開棺調査にのぞんだのです。10月に開棺して非常に良好な状態で遺っているという時に私も現地を見学させていただいて，これが畿内の一流の古墳かと，平たく言ってしまえばそういうことです。つまり何が一流か，ある

大塚　初重 氏

いは特別な超一級というか，なかなかそれは難しいことなんですけれども，これまでの畿内の6世紀の有力古墳の発掘データというものはほとんど盗掘墳が主であって，全く手つかずの石室と石棺の蓋を開けて調査というのは初めてではないでしょうか。私も清水市三池平（みいけだいら）古墳とか，あるいは盗掘されていましたけれども静岡市賤機山（しずはたやま）古墳，これは昭和24年，後藤守一，斎藤忠両先生に従って，当時学生でしたけれども発掘して期せずして6世紀代の藤ノ木と時期は共通している，そういう賤機山の石棺の調査経験というものを若くして持って大変幸運だったんです。また組合せの箱形石棺を持つ茨城県三昧塚（さんまいづか）の調査経験は未盗掘例でしたが，そういうものを見ても藤ノ木の石棺の中の遺物の豪華さには遠く及ばない。もし盗掘を受けていなければ大和のほかの古墳例がいくらでもあるのかないのかということも考えているんですが，やはり藤ノ木は超一流だなという印象が非常に強く，これがやはり6世紀の大和の一流豪族か，あるいは皇族かすごいものだなということをまず初めに思いました。

それから調査が進んでいって第2の印象は，江戸・明治以来日本の考古学，とくに古墳時代研究の中でいろいろと構築されてきた定説なり既成の概念が藤ノ木によって，すべてではないけれどもかなりの部分，補足・訂正されたりしていくという，つまり新しい事実が目の前にどんどん出てくる。あれだけたくさん6世紀の古墳が盗掘されていて，いま上田先生が話題にされた，ああいうガラス玉を嵌めたり金属製の玉を埋め込んだりした玉纒大刀というようなものがもっと早くから出土していてもよかったと思うのです。例えば双魚佩（そうぎょはい）の用途も出土位置と状況から従来の知見を訂正しなければならないということになるでしょう。次から次と新しい考え方を構築していくということで，これはやはり考古学というものはちゃんとした調査をしなければだめだなということを感じました。

結論としては，藤ノ木古墳の調査は6世紀の考古学世界の再構築をしたというのが私の印象でありました。

それからもう一点は，やはり考古学の調査事実というものを，的確にまた迅速に一般国民というか，大衆社会に報道をしていくという問題です。つまり，調査している研究所の先生方はもちろんですが，周りにいるわれわれも学生も，それから東京も北海道にいる方も，ほとんど同時にその事実を知って考えることができるということは，重要な意味があるのではないかと思います。

調査の報告

石野　お二人の先生にまず感想を述べていただきましたけれども，今度は直接調査に携わっていました泉森君から事実関係を整理して話をしまして，それから討議に入っていきたいと思います。

泉森　3月14日から一部遺物整理のできましたものを斑鳩町の中央公民館で展示して一般に公開しております（4月25日～5月31日まで橿原考古学研究所附属博物館で展示）。調査は昨年暮れに辛うじて終わらせることができましたが，それから約50日ほど経過しましてまだ全部の遺物をクリーニングできているような状態ではありません。個々の遺物を見ていきまして，それが何であるのかということをこれから考えていくことになります。

泉森　皎 氏

遺物の配置から述べますと，棺内は非常に幅が狭く，長さが 194 cm，一番広い所の幅で 94 cm という，そんなに広くもない石棺の中に2人の人物の遺骨が残っておりました。仮に北側出土の骨のほうを「北側の人物」，それから南側の人を「南側の人物」と呼ばせていただきます。

北側の人物の頭骨は非常に脆くて，縫合部分で外れ，前面に幅広く散らばったような状態で出ておりますが，そこから繋ります頸骨とか，あるいは脊髄および腰の骨に至るまでは非常によく残っておりまして，ほぼ原形をとらえることができました。若干の腰骨ですが，骨盤その他は浮遊物として水面に浮いたりしておりましたが，さらに西側のほうにいくと，足の骨その他は指先に至るまでよく残った状態で出ております。

それから南側の人物につきましては，これは当初は首飾および耳飾の位置から，ほぼここにもう1体あるだろうと推定していましたが，この骨は

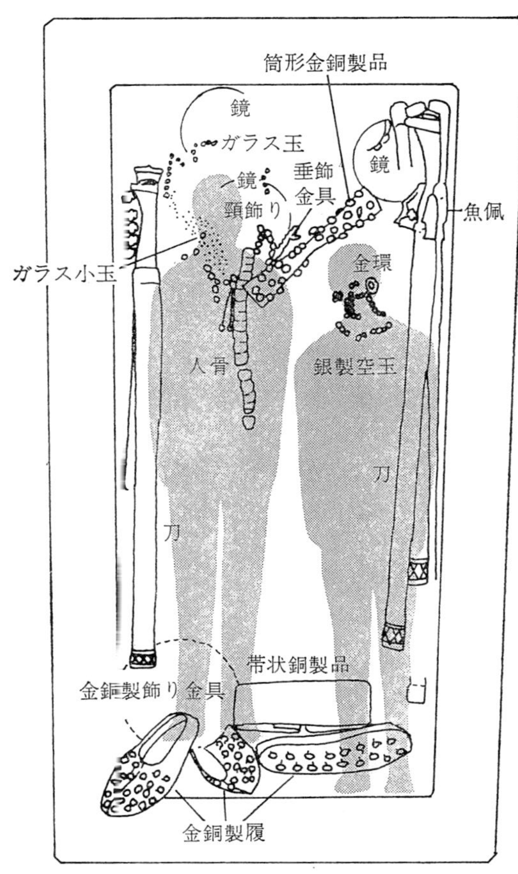

図 2　石棺内遺物配置復元図

青銅製品その他が足元に置かれていましたので，その銅イオンの関係で足首の骨が非常によく残ったと思います。間違いなくここにもう1体あったということが確定できました。

遺物の配置を見ていきますと，まずこの北側の人物と，それから北側の棺側との間に剣と刀が1振ずつ置かれてありました。下に置かれています短いほうのものはやはり小型の刀であろうと見ていたのですが，レントゲン検査の結果，両刃の剣であるということがわかりました。ただ，外観上，装具その他からは区別はつきません。とくに上に置かれています長いほうのものは非常に立派な刀で，先ほど上田先生からお話いただきました玉纒大刀と呼んでもいいもので，勾金に三輪玉が取り付いておりまして，その三輪玉にはさらにガラス玉が象嵌されているものです。

それから柄頭の部分はいわゆる銀装の捻り環頭が取り付いているというものです。これも鞘，装具その他は非常に立派なもので，白木の鞘に銅板を透し彫りして鍍金を施し，玉類なんかを嵌め込んでいます。今までは勾金に玉がついていれば玉纒大刀という形で言われておりましたが，鞘，装具その他にまで玉を散りばめておりまして，いわゆる伊勢神宮の神宝と共通した外装をもつ玉纒大刀です。

その下の短い剣にはレントゲンの結果，柄頭の部分に鈴が2つ入っているということがわかりました。柄頭の中に鈴が出ている例は栃木県別処(べつしょ)古墳で1例報告されていますが，あまり知られていないものです。

それから南側の人物と南側の棺側の間には3振の刀が置かれていました。一番上は北側の一番上の刀と同じ玉纒大刀です。その下には形式名をつけにくいんですが，やはり楕円形の柄頭を持った頭椎大刀までいかないんですが，その中間的な形態の柄頭を持った大刀が2振と円頭の大刀が1振置かれておりまして，合計3振の大刀が置かれておりました。いずれも鞘装具その他にかなり装飾性の高い外装を施しています。

装身具としては北側の人物が少なくとも3重の金属性の玉を付けております。そのうち最も大きなものは直径 3 cm を超えるような銀地の空玉でこれは鍍金を施しております。それ以外に梔子玉(くちなしだま)あるいはどういう名前をつけたらいいのかわかりませんが，例えば「まいまい玉」というような略称をつけているんですが——上から見るとカタツムリの殻のような3段になっている玉です。

こういうものを少なくとも3重につけているわけですが，とくに注目されるのは，この玉類が銀の針金でつながれていることです。今まで玉類が出ますと大抵糸が切れて玉が散らばりますが，今回非常に整然と出てきているのは銀の針金でつながれているためであろうと思います。

その周辺には何に使われたかわかりませんが，銀と金銅製の剣菱型の金具類が出ています。

このような上の遺物を取り上げて下にいきますと，鏡3面が北側の人物の頭元に置かれています。とくに東側の棺壁との間には最も大きな画文帯神獣鏡が1面，それから頭の下に当たる所に獣帯鏡が1面ありまして，さらにその横からやはり同じ大きさの獣帯鏡がもう1面出ています。つまり，3面の鏡に取り囲まれるような形で頭部が置かれていたということが言えるかと思います。

南側の人物の装身具としては小型の銀製空玉と耳飾類——リングになった金製の耳飾が出ていま

す。

それから用途についていろいろ論議をよんでいます筒形金銅製品が頭に接するような形で出ています。出土状況では斜めになっていますが，落ちていました歩揺（ほよう）から明らかにこの人物と直角になるような形で頭に接して置かれていたということがわかっています。

それからすぐこの東側に接して直径の大きな獣帯鏡が１面出ています。北側は装身具類とこの筒形金銅製品，それから鏡類がありました。

それから言い忘れていましたが，北側の人物の首の辺りに銀製の兵庫鎖からなる装身具が出ています。こういうものが出ますと一般には耳飾ということになるんですが，耳飾は別に金製のものが出ています。これは鎖の根元を見ますと割ピン状になっていますので，髪飾と推定していいのではないかと思います。

次に目を転じまして西側を見ますと，冠と１足の履（A）がこの北側の人物の足もとに横たわっております。そのすぐ北側の所に冠の帯の部分を折り畳みまして置かれておりまして，それに付属する立飾類がちょうど北側の人物の右足の横に接するような形でまとめて置かれています。

それから北側の人物と南側の人物との足元にかかるような形で直角に，つまり西側の棺側に平行するような形でもう１足の履（履B）が重ねて置かれてありまして，これは上の方が裏側が上になるような感じで履く部分を重ねてまっすぐ置いています。

その少し東側に接して大帯が出ています。この大帯の中には２本の刀子が残っていましたが，その刀子もまだあと３振が外へはみ出したような状態で出ていますので，刀子と帯はセットで置かれていたと思われます。刀子の数は５振でいずれも銀装のものです。

とくに南側の人の足首の骨がよく残っていたのですが，この足首をみますとかなり大きなガラスの足玉をつけていました。２人の人物の装身具の差をみますと，ネックレスあるいはイヤリング，髪飾などでは北側の人物が断然抜きんでているんですが，足玉をつけているのが南側の人物です。こういったことが将来，性別を考える点で問題になってくるのではないかと思っています。

それ以外に，最初棺を開けましたときに，一面にいわゆる浮遊物というふうに呼んでいますいろいろなものが水面に浮かんでいたわけですが，それらを取り上げてみますと，骨の乾いたようなものや，絹製品が大量に浮いていました。点数からいきますと，小さなものを含めて200点を越えます。

それらの絹製品に混じって歩揺あるいは円形金具とよんでいるものが棺内の全面にありました。円形金具には房がついていまして，房は１本１本色分けされています。これは将来，埋葬の後に上を覆った褥あるいはそれ以外の覆い物を復元するに重要な資料になってくるものです。

次に刀類とセットで魚佩が出ています。現在わかっているところでは双魚佩が３口出ています。いま「わかっている」と申し上げたのは，とくに南側の刀類はまとめて取り上げていますので，これから各々の木質部分，あるいは刀身部分など細かく１振ずつ外していきますとまだ間に挟まっている可能性は捨て切れません。魚佩は北側で１組，南側で２組ということになります。

石野　博信 氏

石野　いま副葬品の配列を中心に説明がありましたが，私ども関係者は南側の人と北側の人は同時埋葬であろうと考えております。本当にそうなのか，ということを含めまして，それからいまの副葬品の配列に関して，お二人の先生方からお話いただければと思います。

大塚　一説によると，200点ほどの浮遊物の中に，紫色の染色がしてある布があって，それでこの古墳の少し後の時代に冠位十二階の問題が出てくるので，この紫の色というのはかなり有力な色で，被葬者の地位が高いということをいう人がいますが，色はどうなんですか。

泉森　いま調べておりますが，わかっている色から草木染めをしていると考えています。赤い色については紅花，紫は紫草の根でしょうか。それから青い色がありますがこれはどうも藍ではないかと。それから黄色については刈安（かりやす）の可能性が強いということで，房なんかの色分けは最低６種類あります。ですから紫だけが強調されているのではなくてほかの色も平等にあるわけです。

大塚　先ほどの鏡の話で，頭のところの２号鏡というのがこれが22cmというものですか。

泉森　鏡１の獣帯鏡となっていますのは南側人物の頭元に出たものです。鏡２というのは北側人物の棺側に沿った一番大きな鏡で，環状乳の画文帯神獣鏡です。あと２面はすぐ頭の下で出たもので，一部重なっていましてまだ布がついているんですが，今のところ獣形鏡に間違いないだろうとみています。

上田　新聞報道によると，金銅製冠の冠帯が二つ折れになっていたということですが，あれは事実なんでしょうか。

泉森　これは事実で，右の履（履A）の横に，帯の部分を二つに折り畳むような形で置いてありました。

上田　それはつまり人為的なわけですね。

泉森　ええそうです。ただこの解釈も私と石野さんとでは若干意見が違います。石野さんの意見は，意識して壊したという解釈ですが私は一応この帯，履，冠については葬儀を含めた殯の時からこの棺内に至るまでの儀式にこれらの物が使われたが，一応役目が終わったので丁寧にこの空間に収めたんだと。その結果帯についてはこういう曲げ方をし，冠の立飾部分についてはこういうふうに入れざるを得なかったし，履も重ねて置かざるをえなかったというふうに考えています。ですから乱暴な扱いをしたというわけではないと思うんですが。

上田　もう一つ教えていただきたいのですが，いわゆる双魚佩（魚袋か）が３組ですか，今後もさらに出るかもしれないという可能性があるようですが，あれには布製品が付いていたのでしょうか。繊維製品などはどうでしたか。

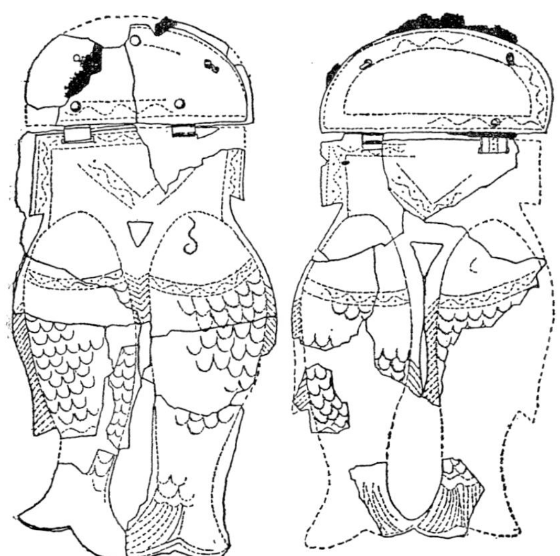

図３　滋賀県鴨稲荷山古墳出土双魚佩（浜田耕作・梅原末治『近江国高島郡水尾村の古墳』1922 より）

泉森　これは北側のものをみましたときはまだ布は明確でありません。だけど，あと裏側とか何か間を二つに折り重ねていますから，その間に残っているかどうか，まだわかっていません。袋の入口部分にこの双魚佩がついていて，それの金具であれば非常に面白いんですけれども，まだそこまで調査が進んでいません。

上田　そうですか。今後の調査成果に待たねばなりませんが，魚袋の可能性がないですか。滋賀県鴨稲荷山古墳の魚佩についても一部の考古学者から魚袋ではないかという説が出されておりますね。もしもそういう布製品あるいは繊維製品などが明確に出てくれば，ひょっとすると魚袋であったものもあるんじゃないかという，そんな疑問がありましてね。その辺，今後の綿密な調査で明確になるということですね。

泉森　ただ上田先生，その魚袋の場合はいろいろな文書を入れたりするものになりますから，もうちょっと取り扱いに注意されているのでは。とくにこの出土状況というものが問題になってくると思います。魚佩は複数の刀の間に挟まれるような形で出ていますので，刀につく魚形になってくると思いますね。

副葬品の検討

（１）４面の鏡の意味

石野　話が一つ一つのものの話に入ってきましたので，藤ノ木古墳で出ました副葬品個々の特色，あるいは他の類例，そういうほうへ入っていきたいと思います。頭のほうからいきますと鏡でしょうか。鏡については個々の文様については文様面に布がついたり玉がのっているのがまだありまして，２面が現在もその状態です。ただ６世紀にしては大きな鏡が４面あるという点について，４，５世紀とまるで同じような鏡の扱いがあるような印象があるのですが，この辺他の古墳と比べてどうでしょうか。

大塚　いま石野先生がいわれたように，藤ノ木の年代が，例えば河上邦彦さんの年代論と，多分石野・泉森先生とそれぞれ違いがありますけれどもそれはとにかくとして，確か６世紀代の後半段階といま石野さんが指摘したようなこの時代の鏡のあり方というか，傾向とは藤ノ木は少し様子が異なるように思えるのです。つまり6世紀後半段階の畿内の，大和周辺の有力古墳なるがゆえに，こんなに大きな鏡を4面も持っているというふうに理解したほうがいいのか，どうでしょう。これは藤ノ木のやはり特異な点じゃないかと私はいま思っているんですけどね。

石野　他の6世紀の古墳で鏡の複数埋葬例はどうですか。

泉森　まず近い古墳の例でみますと，藤ノ木古墳から東のほうへ行きますと，大和郡山市の矢田に割塚(わりづか)古墳があります。これは大きな円墳で，横穴式石室内に刳抜きの家型石棺をもっています。棺内から垂飾付耳飾や画像鏡が1面出ています。非常に立派な遺物が出ているんです。

次に烏土塚(うどづか)古墳というのが西のほうの平群(へぐり)の谷間にあります。前方後円墳で，横穴式石室内に立派な組合せの家形石棺をもっています。棺内からは獣形鏡が1面出ています。直径は 15〜16 cm くらいのものですね。ただ，今回のように複数，しかも4面も鏡をもっているというものはないんですね。それからもう一つ，同じ平群郡内で大和郡山市の額田部に狐塚古墳というのがあります。これは「額安寺班田図」の中に船墓，船宿弥墓と伝承されているもので，前方後円墳で木棺直葬の古墳です。この木棺の中からやはり画文帯神獣鏡が1面出ています。しかし後期古墳で鏡を複数もっているということはないんですね。そういう点で今回の4面というのは，奈良県の古墳，同時代の古墳を比較しても鏡は非常に多いということになります。中期あるいは前期古墳的な要素が多いということになりますね。それが先ほど石野さんがいわれた伝統的な埋葬方法という言葉になったのではないかと思います。

石野　全国的に6世紀の大型横穴式石室は盗掘が激しくて空っぽの場合が圧倒的に多いわけですね。ですから，藤ノ木の鏡4面をもって多いか少ないかということを，今の時点で言っていいかどうか実は心配なんですね。しかし，一つの見通しとして伝統的な習慣といえるかと思いますが，ほかに鏡についてはどうでしょうか。

大塚　画文帯神獣鏡と獣帯鏡の組み合わせというのは，6世紀の古墳としては一応のパターンとして決まっているという感じをもっています。いま石野さんが言ったように，やはり鏡の面数としては多いといえると思いますね。つまり群馬の観音山古墳でも2面ですからね。獣帯鏡ともっと小さい鏡です。それから時代は少し古くなるけれども茨城の三昧塚古墳も2面ですよね。乳文鏡と変形神獣鏡，頭のほうと足のほうということですよね。九州の江田船山古墳は多いですね，4面でしたか。しかし全般的にはどちらかというと1面とか2面というのが普通ですね。

石野　そうですね。江田船山古墳は若干時期が古いですし，追葬も確実に行なわれて遺体の数もかなり多いみたいですね。

（2）　玉纏大刀の類例

石野　先ほど上田先生が言われました刀のほうの問題ですが，玉纏大刀は外装，鞘がよく残っています。そして鞘には透し彫りのある金銅板を巻いて玉を散りばめています。各地域の金銅製品の断片の中にこれと似たようなものとか，あるいはこれと違っても刀の外装を巻いた金銅板がもしかしたらあるんじゃないかと思います。そういう目でみて，それならあそこの古墳のがそうだとか，そういうのがあったら楽しいなと思うんですが，どうでしょうか。

大塚　透し彫りがあってガラス玉が嵌まっていれば相当問題になるんですがね。私もこしらえの一部としてこういう透し彫りの鞘金具の類例がある可能性はあると思うんです。今までいろいろな金銅の破片とか一括している場合が多いですから類例はふえるのじゃないかと思いますけどね。

石野　僕はたまたま，滋賀県の山津照(やまつてる)神社古墳で収蔵庫に物が一部陳列してありますが，収蔵庫の引出しから金銅の断片が出てきました。それは5〜6 cm の小箱に入っていまして，金銅板で透し彫りがあってガラス玉が嵌め込んであります。これは近畿で金銅装具に関心のある人には知られているんですがあまり注目されていない。そういうものがありますと，何か本当にあちこち眠っているんじゃないかという気になりましてね。それが刀のものであるかどうかはわかりませんが，何かこう恐ろしいような……。そういうのどこかで見たことない？

泉森　いや見ないですね。環頭大刀で鞘の外装に金銅板とか銀板を巻いているのはよくありますね。けれども今回のようにこうした透しがあってガラス玉を嵌めている外装はかなり特徴的ですからわれわれも注意すると思うんですが。

石野　天理市の布留(ふる)遺跡で鞘がたくさん出ていますが置田雅昭さんが最近注意されて「鞘に点々がある。もしかすると藤ノ木と同じように玉を嵌めこんでいた，その圧痕ではなかろうか」ということを言っておられます。外装が残っている例を注意すると藤ノ木と同じ例がかなり出てくるのではないかと思われます。藤ノ木の場合は棺外から出た鞍金具がすごい。これは技術的にもかなりすぐれているものですが，棺内の副葬品で技術的に見合うものというと，玉纏大刀ぐらいでして，あとは技術的にはさほどではないと思っています。その辺，泉森君から「そんなことはない」という話が出るかもわからんですが(笑)。ただそれであるからこそ，この玉纏大刀の技術を非常に特殊と見るのか，あちこちにあるというふうに見るのかによって変わってくると思いましてね。

大塚　今のところ，この玉纏大刀はさっき話題になった伊勢神宮の玉纏大刀にずっとつながっていくという理解でいいんですかね。

石野　いや，ずっとつながるかどうかはわからないですね。間の材料というのが心配じゃないでしょうかね。それと6世紀の類例はどうなんでしょうか。

大塚　その延長線上にあることは間違いないでしょうね。私なんかもどっちかというとつながるだろうとは思うんですが……。

石野　そうですね。

大塚　それからもう一つ，この剣ですね。この間，新聞発表を見て驚いたのですが，この剣をどういうふうに，つまりさっきの鏡というか，そういう古いタイプの伝統性というか，トラディショナルな形として，畿内では6世紀の後半段階に剣があってもいささかもおかしくないという常識的な見解があるんですか。もうこのころになると剣はあるかもしれないが大体はないのが普通だという考え方でしょうか。この1本の剣は藤ノ木にとってはなんらいぶかることはない存在なのですか，どうなんでしょうか。

泉森　そうですね，大塚先生がおっしゃったように，6世紀代の木棺直葬の古墳などの資料を見ていきますと，剣というのは少ないですね。5世紀代にはありますが，6世紀代でもとくに中ごろよりも下る時期になりますと，剣というのは非常に珍しいですね。ただ，この装具ですが，いわゆる鹿角装具を木装に置き換えた，そのままの形でずっと残っているんですね。鏡もそうですが，剣についても何か非常に伝統を重んじた結果と思いますね。

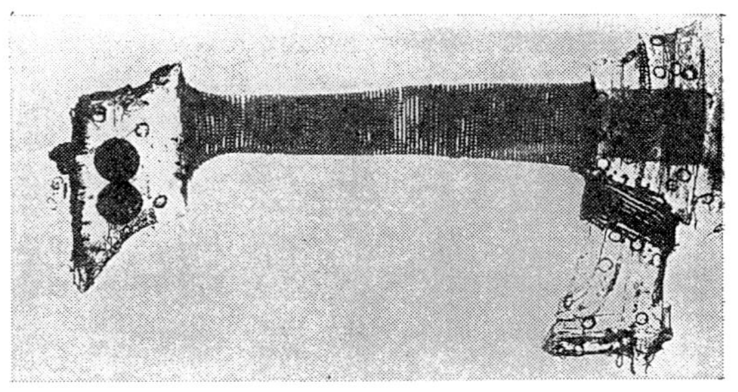

図 4　剣把頭のX線写真

石野　レントゲンで剣だということがわかったときに，「合わせて刀6本」という発表をしていましたから，1本が剣になりまして5本と1本ということになったんですが，これはちゃんとした剣で，こういうものが6世紀にあってもいいのかなと私どもも言っていました。普通には6世紀は刀が中心というのはみんな思っていることですね。柄頭のところには眼(がん)（玉）が2個入っていましたから恐らく振れば音が出るでしょう。

ほかに刀剣についてはどうでしょうか。

上田　もちろん伊勢神宮の神宝とのつながりも重視すべきだと思うんですが，奈良時代の記録や文書などがありませんので正確にはわからないんですが，平安・鎌倉の文献では，例えば『小右記』『中右記』それから順徳天皇の『禁秘抄』など，そういうもので平安時代のいわゆる神器以外に大刀契というものがあるんですね。それは大塚先生とご一緒しましたさる1月 16 日の観音塚古墳の高崎シンポジウムのときに藤ノ木古墳のことが問題になったおりに，若干私の考えを申したのですが，東京本社版の『朝日』は大きく報道しました。いわゆる神器以外に大刀契は宮中の内侍所で祀っていたものなんですが，その内容は刀剣あるいは大刀と書いていますが，正しくは「だいとけい」と読むのです。記録によって数は違うんですが，刀剣といわゆる魚佩的なものがセットになっている。それには魚形と書いている場合もありますし，魚符と書いてある場合もあるわけです。これは平安時代の例えば藤原実資とか藤原宗忠とか，そういう人たちの書いた日記にも出てくるものでしてね。宮中のいわゆる神器の中に大刀契があったということは事実なんです。これが南北朝のころ廃絶するんですね。古文献に魚形とか魚符と書いてある。これは注意せないかんと私は思ったわけです。伊勢の神宝との比較も大事なんですけれども，例えば宮中のそういう神器の中に大刀契があって，刀剣といわゆる魚佩的なものがセットになっている。これは百済伝来と伝えているんです。『禁秘抄』でも明確に言及しているわけですね。

平安時代には百済国は存在していないわけです。そうすると百済滅亡以前と考えざるを得ない。663 年より前と考えざるを得ない。百済伝来の大刀契を宮中で伝承しているわけですね。

中国の例ですけれども，『大唐六典』などを見ていただきますと，いわゆる伝国璽のことが記されているわけです。つまりレガリアがあるわけです。これはもと，例えば隋では「天子の八璽」で唐の時代には「八宝」と書いていますが，これは皇帝のレガリアなんですね。それとペアに「国の符節」があるんですけれども，その中に「銅魚符」があるんですね。もう一つは「随身魚符」で，このほうはどうも体に付けるもののようなんですね。魚符の類，そういうものが中国の王者のシンボルとして存在したんですね。

刀剣類と関連する魚佩が出土している例は，大塚先生にちょっと教えていただいたんですが，福島県の真野寺内 20 号墳など，藤ノ木を除いて5例あるようです。剣あるいは刀とペアで出土しているというのは，この真野寺内古墳の場合なども合わせ考えなければなりませんが，被葬者の問題を考えるときにもみのがせない。やはり相当な副葬品ですね。もちろんすぐ王族だということを言うわけじゃありませんが，大刀契と書いておりますが，中身は刀剣と魚符類なのですね。そういう例を考えますと，橿原考古学研究所のほうでも大刀契との比較を少ししていただけないだろうかと密かに思っているんです。

石野　ありがとうございます。大刀契としての検討は必要だと思います。

（3）　玉類と玉簾状装身具

大塚　例の押木（おしき）の玉鬘を何とよばれますか。玉鬘風とか玉鬘ようの……。

泉森　玉すだれ状製品とか，そういう呼び方をしていますが，私だけは「押木玉鬘」にあてています。これは後ほど上田先生のご意見もおうかがいしたいと思います。

ついでに玉類の出土状況をみると，鏡のところへかかるようにして大きなガラス玉が並んでおりますが，これは縁になるものです。大きい玉が円形に並んでいて，それから首飾のところへくると少し玉が小さくなるんです。そこから耳飾の下を通りまして，今度はすだれ状のものと連結しているわけです。この丸い玉で縁取りされた中にはさらに小さい小玉がびっしりとありまして，これらはネット状というかフード状になっていて，頭の下全面にあります。この一部は鏡の所までかぶさっておりますので，鏡が下にあって，それからこのフード状になったものがあって，つづいてこのフードは腰のほうまで一定の幅ですだれ状に伸びているということです。それからもう一つは，かなり上のほうからも小さいガラス玉が出ておりますので，顔の全面ではありませんが，髪の毛があるところぐらいは覆うようになっていたのではないかと思います。防寒具を玉で置き換えたような，そんな感じがするわけです。

石野　話が玉に入りましたので，泉森君の玉鬘説を復原的に説明してくれますか。

泉森　頭のほうはやはり全面に覆うような形であっただろうと。とくに縁は大きいガラス玉で飾りをしておりまして，ちょうど後頭部を覆うような形で小さい玉でネット状になっております。オレンジ色の玉を中心として１万個ほどあります。それから髪の生え際までずっと覆っていた可能性があります。それから整然と並んでいるところですが，これは縁に大きな玉もありまして，薄い緑がかった玉とオレンジの玉が交互に並んでおります。だから一連ずつ色を変えて玉を連らねているわけですね。ただ縦に玉をつないでいるだけでは交差する場所ができてくるわけですが，出土状況を見ていただきますと重なっている部分がありませんので，これは横へも連結しておったと思われます。縦横に連なってこういう一定の幅を持って後ろへ垂れ飾るようになっていたと。一番下は，この骨の出ぐあいから見ますと腰のあたりまで垂れていたと思います。文献が専門でない私が押木玉鬘に比定したらどうかということを問題提起させていただきましたが，何か考古学的な適切な名称でもあればと思います。

上田　『古事記』の上巻に例のイザナギ，イザナミの黄泉の国の神話があるんですね。そのときにイザナギが禊祓いをするわけですね。体にまとっていたものを投げていく，その中に冠があるわけです。ただし，これはいわゆる冠，「投げ棄つる御冠」と書いてあるわけですね。これは一種の御鬘，髪飾じゃないかと思っているわけです。そこでいま押木玉鬘という泉森さんの大変興味深いお話を伺いました。『日本書紀』安康天皇元年2月の条と雄略天皇14年4月の条に出てくる「押木珠縵」註には「立縵」と書いてある。小林行雄先生は冠帽とか冠との比較をされたんですが，注目すべき考えなんだけれども，立縵ですからね。立つという「立(りつ)」でしょうが，「縵」というのはやはり髪飾でしょう。立っている状況のような鬘じゃないか。いまおっしゃったことは初めて伺いましたが，賛成とか反対とかいうのじゃなくてさらに検討したい。しかし『古事記』の神話の場合の御冠というのは髪飾ですね。

大塚　牧野古墳の報告書の中で，河上さんがビーズのずっと小さい粟玉が5千個縫いつけてあると書いていますが，あれは何ですか。

泉森　あれは復原すると，亀甲状に玉を連ねましてね，何か布に付く飾り物だということです。それとは逆に南側の人物の腰の所にもやはり小さい粟玉がまとまってあるんですね。牧野古墳出土品との共通性があるのかなと。これは僕の独断ですが，北側の人物はとくにこういう玉すだれ状の非常に整備されたまとまったもので頭から背中部分を飾っていて，南側の人については全体に覆うほど玉はなくて，布か何かで一部を補ってその布にこの粟玉を取りつけて腰の部分を覆ったと。同じような形のものがここにもあったのではないかとみているわけです。

大塚　オレンジ色の小さい玉ですが，あれの個数は数えられますか。一応数えたんですか。

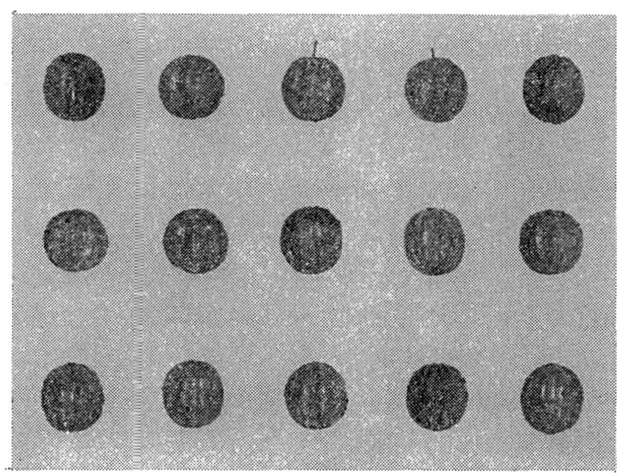

図5　銀製梔子玉

石野　1点1点全部に番号をつけていますから正確な数字は出ますが1万は超えますね。それから南の人の頭の部分にも薄い緑色のガラス玉が400余りあります。南の人の腰の部分は10 cm四方ぐらいの所に褐色の粟玉が一塊りあります。だから泉森君が言いますように，北の人の腰の部分にも，これは頭からつながってくる玉があり，南の人の場合は頭から連なってはいないけれども腰部分に玉が使われているという，そういう共通性はあると思います。

大塚　牧野古墳では1万1千点前後とか，和歌山の大谷古墳も1万を超えるとかいうことが出てますけれども，今度の場合は大体どのくらいですか。

泉森　概報では1万500個以上と報告しましたが，小玉については数字の上でも量が多いですね。

大塚　じゃあ1万数千ということですね。

石野　そうですね。ガラス玉だけで1万2千ぐらいでしょう。多くの石室は盗掘されているので一括で出てきても，出土状態がなかなかわからなかったんですけど，今回それがわかって，これから断片的な出土状態からでもその用途の復原ができる可能性があるかと思いますね。

大塚　その点でも今度の藤ノ木古墳の石棺の中にある玉の配列が非常に大事だということですね。

泉森　そうですね。だからガラスの小玉類がこういう使い方をしているのに，装身具としてはガラスの玉を使っているのはこの足玉だけなんですね。あとは全部金属の玉を使っているというのが今回の特徴ですね。それからいわゆる伝統的という言葉で通していきますと，碧玉とか瑪瑙とか琥珀とかの玉類がないんですね。この辺をどう解釈すればよいか。鏡と刀は伝統的で，装身具になると少し違うということが何か説明しにくい面がありますね。

石野　その辺は確かにちぐはぐでして，玉に関してはなぜか伝統的ではないんですね。玉の色も非常に明るい色で，6世紀の玉の色は大体ダークブルーですから。それに比べると，オレンジとか黄色の明るい色が中心で，その辺も違います。明るい色の玉をもつ古墳を探していきますと，先ほど大塚さんが言われました大谷古墳や韓国の武寧王陵などがあります。玉の色に関しては確かに異質です。

大塚　これは前へ戻ってしまうかもしれませんが，南の人ですね。泉森さんのお話で銅イオンの関係などで足首のところの骨が非常によく残っていたと。これは片山一道先生や池田次郎先生からは何もまだ出ないんですか。

泉森　男性とか女性とかという話はまだ出ないんです。ただ調査中に，例えば耳玉ではないかというような形で女性という意見が出ましたが，その玉はずっと東のほうに連なっていましたから，耳玉でなくなって女性ではないということになりました。ただ私たちとしては，人類学のほうから答えが出る以外に，もう一度考古学的に女性か男性かを決めることができないかということです。僕なりに考えてみますと，装身具の違い，例えば先ほど北側の男性は3重以上の金属の玉類をもっておって，髪飾があって，それからガラス玉のすだれ状になったものがあると。南側の人は小型のいわゆる普通の古墳でよく出る銀製の空玉と耳飾ですね。ただ違いは玉の種類が違うということと，南側の人は足玉を付けています。非常に大きな足玉を付けているということですね。

これもまた一度上田先生にお伺いしたいんですが，足玉は考古学のほうから見ていくとあまり例がないんです。人骨が残っていて性別がはっきりしていて足玉が出ておれば一つの決め手にできるだろうということです。類例を探しているんですが，なかなかそういう資料は出てきません。ただ前に橿原市の新沢(にいざわ)126号墳の発掘調査をしましたときに，やはり足玉と見るか，履あるいは靴下状のものにガラス玉が付いていたと見るか，意見が分かれておりますが，足首のところに紺色の玉類が出ているんですね。この古墳は遺物の配置その他から女性ではないかという意見が非常に強いわけです。そうするとあれを足玉と見て，126号墳の場合は女性であるから考古学的にはどうなのかという問題が出てくると思います。

もう一つは，文献のほうで足玉の付いた例をあげますと，『日本書紀』の中に仁徳天皇40年条のところに出てまいります。それは仁徳天皇のところから逃れようとした隼別皇子と雌鳥(めとり)皇女が奈良の宇陀の蘇邇山に逃げ伊勢で捕まるわけですが，仁徳天皇の皇后の願いで身に付けているものは剝がさないでおいてほしいといったにもかかわらず使いに行った佐伯直阿俄能胡が手玉，足玉を全部外して隠匿してしまうと。そこに雌鳥皇女が足玉を付けていたということが出ています。そういうことを傍証にしていくと，南側の人は女性である可能性は強いと言えるのではないかと思います。ただ『書紀』や『記』には足玉を付けているという記述が少なく，何箇所もあれば確定できるんですが，その辺が少し弱いと思います。

石野　人類学的には南の人は年齢，性別不明で大人としかわからないというのが今の段階ですが泉森君のほうから今，足玉があるということから女性ではないかという，これは一つの意見が出ました。足玉をもつ埴輪が関東などにありますが，あれはおよそ女性ですか。

大塚　女性が多いですね。ほとんど女性じゃないですか。

（4）　被葬者の組合わせ

上田　いま足玉の問題についておっしゃったのですが，文献のほうではおっしゃるように例があまりないんですけれども，後で被葬者の性格というテーマがあるようですが，『古事記』や『日本書紀』あるいは『先代旧事本紀』などの伝承も支配者層の動向を中心にする記述ですから，それを一般化することはもちろんできないわけですが，つまり男同士という場合は伝承の上では主従ですね。例えば雄略即位前紀に見える黒彦皇子と坂合部連贄宿禰，これは主従が合葬されるわけです。それから神功摂政前紀に出てくる阿豆那比の罪です。これについても解釈がいろいろありますが，天野の祝(はふり)と小竹(しの)の祝が合葬される，そこで日夜の別(わきだめ)がないぐらいになったという説話でしょう。あれは祝ですから，神に仕えている人の合葬だからという考えもあるし，もう一つ，男同士の合葬をやるということを阿豆那比の罪ということかもしれない。

そこで6，7世紀の例で史料に記されているのは支配者層の例ですが，これは夫婦かあるいは母と子供とそれから孫，あるいは兄と妹とかそういう例ばかりですね。つまり男同士という例は主従の場合を除けばほとんど出てこないんですよね。ですから，直接的に藤ノ木古墳の被葬者，あるいはいま泉森さんから出た足玉の質問にはつながらないわけですが，私はやはり南側の被葬者は耳飾や足玉，把手付の鞍などとも関連してどうも女性の可能性が強いんじゃないかと思っています。男同士を合葬するというような例は限られているん

図 6　金銅製履Aの出土状態

図 7　群馬県観音山古墳出土の大帯を着けた人物埴輪
（群馬県立歴史博物館提供）

ですね。その点はどうでしょうかね。

泉森　それで例えば男同士の場合，上田先生がおっしゃったように主人と従者という関係になると『播磨風土記』なんかの例でも墓を別にしていたりしますね。それから同じ石室の場合に韓国の例なんかを見ていきますと，同じ石棺の中へ，あるいは木棺の中へ入れるのではなくて，棺を異にするということになりますね。だからそこに問題があると思います。同一棺内に主人と従者を入れるというのは少し矛盾していると思います。

上田　そうですねえ。仮にこれが従者であれば，副葬品が立派すぎますね。

泉森　これも大塚先生にご同意いただけるかどうか。今日は僕が斬込隊長をつとめなければなりませんので問題提起をさせていただきます。

この副葬品の配列を見ておりますと，履についても2人埋葬されているから履が2足ある。北側の人と南側の人の履だと，こう考えられてしまいますね。もう一度発想を元へ戻しまして，この履2足とも北側の人のものというふうに考えたらどうかと思うんです。前に法隆寺の高田執事長にお会いしたときに，法隆寺には聖徳太子御使用と伝承のある履が2足で1セットになっている，1つの箱に入っているんだということを教えていただきました。それから伊勢神宮の神宝をもう一度見直しますと，これも2足で1セットになっている。確かに徴古館にも1つの箱で2足をちゃんと展示しているんですね。遺物の配列その他をみていきますと，石棺の中では北側の人が明らかに中心人物だと思うんです。装身具をみても，鏡あるいは冠の置いてある場所を見ましても北側の人が主ですね。そうすると，北側の履のほうが小さいですね。これは 38 cm のもので，横に重ねている 42 cm のほうはその南側の人のところへ乗せております。そういう出方を見ると，私はこの履はやはり北側の人の履の可能性があるのではないかと。今に残っている民俗資料や伝世品などは傍証にはならないかもしれませんが，そういう可能性も考えてみる必要がありそうです。

それから帯につきましても，これは前にも韓国の例などで言われておりますが，こういう帯をもっているのは男性なんですね。観音山古墳なんかの埴輪を見ましても，あそこで出土している主人と従者の2人は鈴付の大帯を着けていますが，あれも男性しか付けていないですね。そうしますと，南側の人物の足元にあってもこれは北側の人のものである可能性が強いんじゃないかと思います。石棺内の狭い空間を考えてみるとそこへ置いただけであって，南側の人の足の所にあるから何でもかんでも南側の人の持ち物であると短絡的に決めるのはおかしいと思います。

石野　冷静にみて，副葬品で2人のものだと確実に言えるものは一体何だろうか。北の人の金属の頸飾，それから南の人の頸飾とそれぞれのイヤリングは確実ですね。あとは南の人の足玉と鏡が３面は北の人で，１面は南の人，これは可能性が高いかと思うんです。それは北の３面の鏡は文様面を上にし，南の１面は下にしているというように鏡の置き方が全然違いますので可能性としてはそれぞれの人に属するだろうと思います。それにしても頸飾ほど確実ではない。それ以外は全くわからないということです。刀についても履，帯についても泉森君はあたかも北の人のもののように言ったけれどもそれもわからないし，南の人だということもわかりません。泉森君が言おうとしているように一般的に言われている南にあるから南の人のだとは思わないほうがいいし，同時にすべて北の人と思うのもいかがなものかと思いますけれどもね。

上田　そうすると，同じ大刀を，いい言葉がないから銘文に出てくる廷刀的なもの――利刀ではないんだと，そういう意味で廷刀という言葉を仮に使っているんですけれども，そういう廷刀が両方にあるというのはなぜでしょうか。同類の玉纒大刀ですが，南側の大刀は南側の人の副葬品じゃないかなということを今まで考えていたんですけれどもね。大刀の場合に，はたしてどうでしょうかね，その辺が……。

石野　１体埋葬が確実で，刀が身体の両側に置かれている例は粘土槨などでは普通にあります。そういう例からも南側にあるから南の人とは言いにくいなと思います。

それと今になって思いますと，剣が北側にあって全体の中で１本だけが剣であったわけですけれども，それが北の人の人体埋葬がある前に置かれている可能性があるんです。棺底の敷布が剣の部分でめくれ上がっておりまして，布の下に置かれているようです。遺体は布の上にあります。そうすると剣１本だけが特別な扱いを受けていることになります。剣は北の人に属するものなのか，あるいは２人一組といいますか，２人のための埋葬の棺であって，２人のために置かれた剣である可能性もあります。北側の長い刀は布の上にあるのです。

上田　なるほど。考古学が専門ではありませんが，福井県龍ケ丘古墳の場合は，報告書をみると女性人骨と男性人骨ですね。女性と思われる人の横に剣が置いてあります。ですから，一部の先生方から出されている女性に刀剣があるというのはあり得ないというような議論は納得できないですね。１体埋葬ではなくて１棺重葬の場合，女性であっても副葬品に刀剣が添えられるということはあり得るわけですね。

大塚　そうですね。あると思いますね。

（５）　副葬品の配列

石野　話が副葬品全体の配列を絡めてのほうへいっていますから，その方向で冠とか帯，履あるいは先ほど上田先生が言われました刀に関する指摘も大事なことだと思いますし，その辺全部含めて，全体としてどうかということをお話下さい。

大塚　南側の刀は４本で剣は北側の１本だけですね。その南側の４本の大刀はまさに重なっている。

泉森　重ねていますね。

大塚　泉森さんが言われたように，この西側の履２足が，１足は南側の人間にかかわるものという考え方でなくて，北側の人間が２足の履という考え方，これは指摘された類例から十分あり得るし，そういう考え方も必要だと思います。ところで帯は１つでこれは北側にかかわるだろうと思うんですが，冠はどうでしょうか。冠がいかに石棺の中に置き添えるという形にしても足のほうに冠を置くという例はこれまでの冠ではどうでしょうか。30 数例か，断片的なものも多いので全部が頭にかぶっているか，頭のほうに置いてあるとも一概には言えないけれども，足のほうに冠を置いた例というのは知らないですね。

泉森　そうですね。冠というのは権威なり何なりのシンボルとして当然身につけておくのが自然なように思いますね。この場合冠が足元に置かれているというのは先ほどの玉鬘にこだわってはいけませんが，玉のほうに意味があって，それで覆うことで遺体に対して悪霊が取りつくのを防ぐとか，身を守るとかいうことが強調された。外来的な冠は儀式といいますか，埋葬や殯とかお葬式のときに必要であって，それが終わると一応葬具としての役割も終了するので，ここへ畳んで入れたのではないかというふうに考えているのです。

大塚　僕はね，畳むというか，確かに人為的に折り曲げて入れているということに，事をおもしろおかしくしようというつもりじゃないんですが非常に尋常ならざる雰囲気をね，ただならぬ気配を感じるということなんです。頭のほうに置いてなくてなぜ冠を足のほうに置くのだろう。しかも冠帯が二つにぺしゃんこに折ってあるということでね。同時埋葬か追葬か，この2人が性別はあまり関係ないけれども，そのことの背景に何かものの出方に気にくわないというかね。まあ履はここでいいし，ちょっと帯もね，もう少し上に上がってくれればいいんだけど，そうはうまくいかないですよね。

石野　確かに冠が足元にあるというのは日本，朝鮮を通じておかしな場所なんです。出土状況のわかるものは頭の部分ですから。そういう点では異常な出方をしていて，ここに葬られた人の異常な状況を考えさせられます。ただ，あまりそれを強調すると，すぐ被葬者に結びついて異常に殺された人ということになります。金銅製品が壊れて出てきている例はたくさんありますから，それが壊れたのか壊されたのかを区別する必要があります。もし壊されている例が多いとしますと，そういう習俗が特定の時期，特定の地域，特定の階層にあるのかどうかということも検討する必要があるのではないでしょうか。

大塚　例の歩揺つきの，雲珠(うず)みたいな飾り金具の馬具ですね。歩揺が全部外されていますが，あれは石棺の中に入っているのがその歩揺という理解でいいんでしょうかね。

泉森　数字的には大体合うみたいです。ただ，ひょっとしたら数が多いかもわかりませんね。歩揺のほうが……。

大塚　しかし，石棺外のあの飾金具には歩揺が1つもぶら下がってないんですね。

泉森　ええ，付いておりません。

大塚　これも僕はね，異常だというふうに思っています。あの心葉形の歩揺をみんな外してね，まあ数が合うかどうか知りませんが，石棺の中にかなり入れ込んでいるというのをね，何だろう。

泉森　辻金具の歩揺は1個1個で使ったのか，それとも大小組み合わせて使ったのかという問題があります。とくに各々が布あるいは紐で綴じて花形に，花弁形にしておくという場合もあったようで，そういう痕跡があるんです。そういう点は今まで見られない使い方のようです。

石野　歩揺付きの飾り金具と呼んでいますのは馬具の辻金具になるわけですが，ほかの古墳では歩揺が全部ではないにしてもいくつか付いて出てくるのが普通なんですね。それが藤ノ木の場合は棺外から1枚も出ていない。全部で400枚くらい付いているはずなんですけれども1枚も出ていなくて棺内からすべて出てくるというのは異常ですね。

上田　藤ノ木古墳の謎についていろいろあるんですが，一つはやはり足元で冠帯が二つ折りで入れられていることや，いまおっしゃった辻金具の歩揺がないことです。今後研究所で精密な調査をされると思うので，何らかの新しい解釈が出てくると思いますが，なかなかその解釈がわれわれのほうからできないんですね。異常な事態というのは大変素人っぽい感想であっておもしろいんですけど，何かもっと深い意味があるかもしれませんね。埋葬儀礼の性格の変化とかそういう点も問題になるでしょう。

6世紀後半というと，私どもの時代区分から言えば飛鳥時代のはじめに入ってくるわけです。新たな葬送への移行期でしょう。異常な事態というのは推理としてはおもしろいけれども，それよりもっと深い意味があるのじゃないかなという感じです。

石野　6世紀のある時期になると，次の代を継ぐ人間が先代の権威を否定することによって権力を受け取るというそういう思想が出てきたとすると，6世紀から7世紀にかけての文献に出てくる凄まじい権力闘争が副葬品に表現されていると考えることができるのではないか。4，5世紀にはそこまで凄まじいことはなかったかもしれない。しかし6世紀になるとそういう事態が出てきたのではないか。異常な事態の背景をこのように理解してみたらどうかなと思うんですけれどもね。

泉森　僕はこれは権威を否定しているとは思わないんで，2人を非常に丁寧に葬っていると思います。実質的なものとそれからシンボル的なものとを棺の中に配列しているので刀，鏡それから装身具類を非常に重視していて，外来的な要素のものについては埋葬に使う，あるいは殯(もがり)の期間は実際使うけども役目さえ終われば葬具として使ったものは足元へ置いて入れたんだという考え方ができるわけです。古墳を造り石棺を作り，いろいろな装具を作っているので権力を否定するのであればわざわざ作る必要もないわけです。もっと薄葬でいいのじゃないかと。簡単に葬ってあげればいいのであって，これだけ丁寧なものを作って入れている限りは死者への畏敬と権威を継承するためにわざわざこういうふうにしたのではないかと逆の考えをしているんですが。

石野　いろいろな解釈は可能です。ただ，いまのような解釈だったら冠が足元にあるような出土例がほかにもいくつかあってしかるべきでしょうね。

上田　そうですね。演繹的でなく帰納的に実証してゆく必要がある。そこが難しいところですね。

大塚　こだわるわけじゃないけれども，せめて１号の鏡と２号と３号の真中あたりにこの冠が置いてあったらね。

被葬者の性格

石野　時間もだんだん迫ってきましたし，今までの話も全部含めて被葬者の性格というのは一番難儀なことですが，古墳としてどのような階層になるのか。このような副葬品をもっている人として文献なども含めてどういう階層になるのか，そのほうへ移っていったらと思うんですが，どうでしょうか。

上田　被葬者論については高松塚古墳のときも終始慎重論を唱えておりまして，ある先生から「そんなことを言っては進まない。学問は常に仮説の上に成立するんだ」と言われましたけどね。そして高松塚古墳のときですが，被葬者を３回変えられた先生もおられましたね（笑）。藤ノ木古墳の場合でも再び始まっている。ああいうのは僕は学問としてはやはりぐあいが悪いと思っているんです。被葬者論というのは最終的段階で絞るべきでしょう。被葬者論がむだだとは決して言ってないんです。被葬者に関してはこういう理由で，その可能性が強いということを橿原で今後精密に調査されまして，最終段階でいいだろうという考えなんです。物部とか平群とか膳とか，橿原の内部でもいろいろ意見が分かれているようなんですけれども，とかく被葬者論が先行しがちですね。

高田良信さんの大変な執念に近い調査で文永２年（1265）５月の法隆寺の文書がみつかりました。「庚陵寺ミササキ」は鎌倉時代の史料だからという議論にはあまり賛成してないんです。「庚」というのはご承知のように西を意味しますね。「陵」は御陵の陵の異体字であることは間違いない。そうすると法隆寺の西に陵寺があって，そしてミササギということですね。あるいはその後の文献にも陵山とか出てきますね。それですぐはっと思い出したのは朝鮮民主主義人民共和国の定陵寺の問題なんですね。東明王陵かどうかは疑問で，長寿王陵の可能性のほうが強いと思っておりますが，とにかく平壌力浦区域の地に陵寺があったことは間違いないわけです。陵に関してはカンヤマトイワレヒコの陵と『日本書紀』の巻28は書いている。壬申の乱ですから672年のところに出てきます。『古事記』や『日本書紀』にも陵という表現はかなりある。律令制が整ってから陵と墓の区別ができたんだということをおっしゃっている方もあるけれども，『古事記』や『日本書紀』のかなり信頼できる近き代の伝えにもはっきり陵あるいは御陵と使い方を明確にしているわけです。『古事記』や『日本書紀』の伝承がどこまで正しいかという議論をすればまた簡単には言えないかもしれませんが，１例や２例でなくて陵というものについての使い方はかなり明確ですね。『日本書紀』の持統天皇の巻にも陵戸が見えます。陵戸の制は持統朝にできているわけです。ここでふっと思うのはいわゆる太子廟の叡福寺ですが，あれ元は香華寺なんですね。だから叡福寺以前に香華寺という寺がいわゆる太子廟の前にあったわけですよ。それが叡福寺になっていくわけでしょう。

それからこれは藤沢一夫先生がいつか討論会でお話をしていたときにおっしゃっていたんですが誉田山（こんだやま）古墳の上に六角の堂があったと言われるんですね。それはどうも後円部の上らしいんです。瓦も出ている。これは平城宮から出土した瓦と同系の瓦だと。そうすると，時期はわかりませんが８世紀ごろには古墳の上に堂があったわけですね。それが後の護国寺になるわけです。

それからいわゆる神武陵が，もちろん伝承ですけれども壬申の乱のときにカンヤマトイワレヒコの陵があったということは事実だと思うんです。そのそばに国源寺という寺があったという伝承もあるんですね。そういうことを考えますと，なるほど鎌倉時代前半の文書なんだけれどもこれは遡る可能性もある。陵とする意識はかなり古くからあったのではないか。だからすぐ崇峻天皇だと言うのではありませんが，やはり王族を含めて被葬者の問題を考えていただきたい。

それから今までの話に出ませんでしたが，筒型銅製品については私も実物を観察させていただきましたが，腰鼓だとか被り物ではないかとかいろいろ説がございますね。和田萃君にも，あなたも橿原のメンバーなんだから，いずれ報告書を執筆するときは恐らく古代史の担当でしょうが，——長く受講生であった人ですから気やすく言うんですが，鎌倉時代ぐらいまでの絵巻物などのほうからも類推して考えたらいいと私見を申したことがあります。鎌倉時代なんですが，例えば一遍上人の聖絵です。一遍上人絵伝と言うけれど聖絵ですが，あれの甚目寺の場のところです。そこで上人が祈っている，そこに同行者がいるわけです。その同行者の一人が，歩揺は付いておりませんよ，付いてはおりませんが，首から筒型銅製品と言われているものと似たようなものを吊している図があるんですね。だから筒型のお守りだと短絡的に言うのではありませんが，例えば中国，朝鮮を含めて絵画との比較も必要です。高句麗の壁画の腰鼓，これは紛れもなく腰鼓ですね。そういうものだけじゃなくて，内外の絵画の類なんかとの比較もしてほしい。これは今後，いずれ報告書をおまとめになるときの多少とも参考になればということですけれども，学際的な調査を是非やっていただきたい。恐らくされるだろうと思いますが。

それから最後に，恐らく早く発表しないと報道関係が勝手な報道をするということもあったんだと思いますが，副葬品に関しても取り上げたら間髪を入れず報道されたでしょう。あれはやはり非常に大事なことじゃないか。国民的に文化財への関心を高めるというだけでなくて，もちろん完結したところで現地説明会をおやりになるんでそれは重要ですが，その都度こういう遺物が出土したと研究者にも問いかけられたらと思うんですね。よほど知り合っている考古学者の方がおれば，上田さん，こんなの出たよ，と言われるけれども，普通はあまり言われないでしょう。ありようは今後の調査のあるべき姿をオープンにされた。今後の考古学の発掘でも先例をつけられたのではないか。今度の吉野ケ里でも橿原に倣っているのじゃないかという印象ですね。

大塚　橿原考古学研究所が，いま上田先生がおっしゃったようなことで速報し，公開しているものだから，あれは逆に見ると考古学研究者の資質を橿考研がチェックしている。だれが何を言うかをちゃんとリストアップしているのではないかとね（笑）。それは冗談ですが，藤ノ木古墳の埋葬年代については研究所の中でも多少幅があるだろうと思うんですよね。河上さんなどはちょっと古くしている。研究所では古くしているほうでしょう，河上さんは。

石野　そうですね。

大塚　550 年かちょっとぐらいというところですか。しかし多くの人が，私もそう思うんですが 570 年から 580 年ぐらいのところが常識的な見解じゃないかと思うんです。最近岡安光彦君が『考古学研究』第 35 巻第 3 号に，石棺外の金銅製馬具の鞍金具の年代を 600 年ぐらいまで下がると発表している（「心葉形鏡板付轡・杏葉の編年」）。ほかの鉄地金銅張りの 2 つの鞍金具は古く， 6 世紀後半だろうと言っています。あの金銅製のものはどうしても下がるんだと。それは追葬論とか，追葬でなくても後からまた入れてもいいんだけれどもそういうことにかかわってくるんです。つまり 580 年代は例の物部と蘇我の対立の時代です。だから藤ノ木が 587 年までは絶対に下がらないのか，馬子に物部がやられるという 587 年よりも下がるのかということで，それがはっきりしてくると，古代史の先生方にもかなり影響を与えるということですよね。

上田　そうです。私も橿原の多数意見に従って考えているんですけれども，なかなか実年代の決定は難しいです。文字資料が出てくれば別ですが……。所内でもいろいろな意見があることは仄聞しておりますが，よくまあここまでまとめてこられた。石野さんらの努力がうかがわれます。調査が進めばもう少し両被葬者の時期もよりわかってくるとは思いますけれども。

大塚　藤ノ木の横穴石室構造論，あるいは藤ノ木の家型石棺の形式論から言って，私も藤ノ木古墳の最初の，追葬があったかどうかは別として，年代を 600 年ごろまで下げることはできないのではないかと思っています。この家型石棺をもし 600 年まで下げたとしたら，日本の家型石棺の研究もほかに非常に大きな影響がありますし……。

泉森　藤ノ木古墳の石室の石の組み方をみると奥壁は 3 枚の大きな石を使っておりますが，側壁はやはりまだ小さい石材ですし，それから羨道の石もやはり小さいわけですね。それに比べて平群谷の烏土塚古墳，これは前方後円墳ですけれども奥壁が 2 枚石になっておりますし，羨道の石もやはり大きい石を連ねております。石室の構造その他からみると，明らかにこれは烏土塚古墳のほ

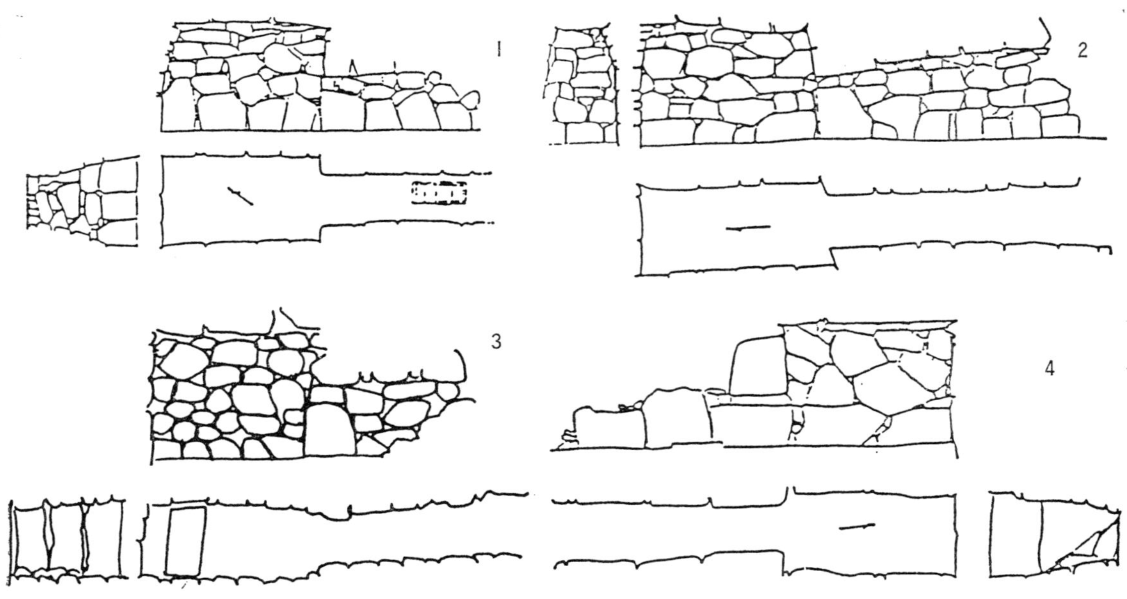

図 8　奈良県の後期古墳の横穴式石室図（1：平林古墳，2：二塚古墳，3：藤ノ木古墳，4：烏土塚古墳）

うが新しくて藤ノ木のほうが古い形式をもっているということは言えると思います。当麻町の平林古墳とか新庄町の二塚古墳なんかを見ていきますと，やはり藤ノ木古墳にはいく分二塚古墳的な要素が残っていますね。ただ奥については二塚古墳にしろ平林古墳にしろ小さい石を積み上げています。藤ノ木古墳の場合は奥壁が3枚の大きい石になっているという点では，平林古墳，二塚古墳の次に藤ノ木古墳が出てきてそれから烏土塚古墳へいくという流れがあると思います。それから牧野古墳についてはすでに石室の形が変わってきておりますし，側壁の石もかなり大きいということで，これは烏土塚古墳の次ぐらいにくると思います。やはり烏土塚古墳がキーポイントですね。

石野　大事な点は大塚先生も言われたように，前方後円墳のある時代の円墳なのか，なくなった時代の円墳なのかという点だと思います。私は前方後円墳のある時代の円墳だと思っているんです。烏土塚古墳のほうが新しいと思っています。ただ直接調査を担当したスタッフの5人の中にも須恵器などから言って烏土塚古墳より新しいと考えているのもいます。須恵器は生産地である窯を基準に編年をやっていますが消費地から出てくる須恵器にはかなり形式的な幅があります。6世紀の木棺直葬墳でも年代の古いものと新しいものが一緒に出てくる。その辺の整理が十分なされていないように思うんです。そのために意見の違いが生まれてきているので，少なくともまず奈良県全体の消費地の須恵器の編年を再検討した上でまた藤ノ木へ帰ってくる必要があると思います。

大塚　そうすると藤ノ木古墳の被葬者なりその周辺の関係者が，もし前方後円墳にしてやろうと思えば前方後円墳になりえたのですかね。48mの大型円墳であれだけの内容をもっているとなれば一般的な概念で言う豪族よりももう1ランク高い階層の人物のように思えるのです。そうすると，570年から580年のころということになると，やはり王族というか皇族というか，そういう階層に相当深くかかわるのじゃないかと思っています。特定個人名は言えないんですけれども。

石野　被葬者個人はもとより豪族名も難しいだろうと思います。しかし考古学をやっている者としては，古墳そのものの階層はできるだけしぼっていく義務はあるだろう。その場合，仮に藤ノ木古墳の副葬品がゼロだとして，ほかの古墳と比べて見る必要があります。例えば石舞台古墳は中身が空っぽで何もわかりませんから，そういう比べ方をした場合には，墳形では，石室では，石棺では，というように比べてもなかなかトップクラスに出てくる古墳じゃないと思うんですけれども，どうでしょうか。

大塚　まあ，もし石棺が空っぽで石室に何もなかったら，大和盆地周辺の6世紀代の並の古墳ということになるでしょうね。

石野　だれも見にきてくれない……。

大塚　でしょうね。

泉森　奈良県内の他の古墳と比べてみますと，平林古墳ぐらいになる。平林古墳の遺物は金銅のいい馬具もありますし，石棺も入っておりますしね。盗掘を受けて石棺が砕かれているので詳しい内容がわからないだけです。平林古墳は前方後円墳ですが，そういう点で藤ノ木古墳は前方後円墳が築かれている時代の円墳で，直径が 48m というかなり大きい円墳であると言えます。

それから石棺の比較では，石棺を1列に並べてみますと，相前後するころでは新宮山古墳に少し大きいぐらいの石棺になります。都塚古墳，あるいは赤坂天王山古墳，艸墓古墳などの一番大きい石棺をもったグループから見ると次のランクに入っています。藤ノ木古墳の石棺も確かに石室の中に安置しますと大きく見えますが，二番手のランクじゃないかと。これは豪族を解明する重要な手掛りであろうと思います。

それからもう一つ，実年代を決めるのは非常に難しいのですが，土器の形式その他から570年から580年ぐらいの時期が妥当なところであろうと。私はこれまで烏土塚古墳が新しくて藤ノ木古墳が古いが，ただ土器形式だけは逆かなと思っていたのです。烏土塚の場合は須恵器が坏の身と蓋がセットで出ていまして，藤ノ木には坏類が出ていないんです。有蓋の高坏が出ているんですね。有蓋の高坏の坏部分と烏土塚の坏とを比較しているわけです。そうすると高坏の坏部と普通の坏との比較で，逆に形式差が出てくるのです。それで逆転するような感覚に陥っていたわけです。今度は有蓋の高坏同士を比べたらどうなのか。やはり藤ノ木のほうが前にくるのではないかと。そうすると，私が考えていた石室の形態的な変化と土器の変化とでは矛盾が起こらないことになります。藤ノ木古墳は円墳で，しかも時期的には烏土塚古墳の前にくることになります。そうすると前方後円墳のまだ造られている時代の円墳だということを重視したらどうかと。

次に被葬者論はなかなかできませんが，藤ノ木古墳の築造時期を570年代にするのと580年代にするのでは，当時の政治状況から見るとこれはがらりと変わってくるだろうと。70年代にあげると古代史の先生方がおっしゃっている物部氏系の影響をうけた豪族になるでしょうし，80年代に下げていくと蘇我氏系の影響のある豪族が考えられるでしょうか。皇族にしましても蘇我氏系の皇族がこの辺にお墓をつくったというのは記録にありますから。だけど残念ながら今わかっている考古学の資料ではこれ以上立ち入ることはできませんね。

大塚　上田先生，平群谷の古墳をにらみながら藤ノ木古墳を見ると，古文書に出てくる平群氏とかそういうふうなものとのかかわりはどうですか。

上田　平群氏の勢力がこの地域に強かったというのは事実なんですけれども，先ほどもお話のように570年代から 80 年代となれば衰退していますからね。ですから各説も情況証拠なんで，どれがより説得力があるかと言うことですよね。閉棺された藤ノ木古墳は静かな眠りについたわけですが，橿原のみなさんの今後の研究で次第にはっきりしてきた点もあります。それらを改めて報告書で提示していただいて，その上でわれわれで協力できることがあれば，「このようにお考えいただいたらどうでしょうか」ということを新たに付加するということでしょうね。

高松塚古墳の報告書のときも一番最後に民間伝承を付けていただきました。古宮講という講のことなど。私は古代史を専攻しておりますが，欲が深いものですから朝鮮も中国もそして民俗も幅広くやらなければ単に記録や文書だけでは古代史は解明できないんだということを言っている一人なんです。ぜひ藤ノ木古墳をめぐる民俗を，これは前園実知雄さんにもお願いしておいたんですが，民間伝承というのは決してそれがすぐ歴史事実とはならないんですけれども，藤ノ木をめぐってこういう伝承があるということは被葬者論も含めてやはり考える参考資料になると思います。ぜひ付編でも言及していただきたいですね。

石野　いろいろと宿題をいっぱいいただきましたが，これは報告書をつくるまでに少しずつ検討していきたいと思います。

まだまだ語りつくせないことばかりですが，時間も予定をすぎてしまいましたので，一応これで終わらせていただきたいと思います。

今日はどうもありがとうございました。（了）

（1989年3月16日，京都にて収録）

（掲載した藤ノ木古墳出土遺物および出土状態写真はすべて奈良県立橿原考古学研究所の提供による）

副葬品から推定する被葬者の性格

茨城大学教授 茂木雅博
（もぎ・まさひろ）

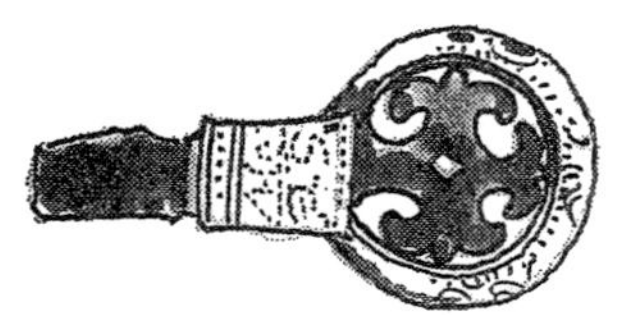

古墳の副葬品は被葬者の性格を知るうえで数多くの情報を与えてくれるが，なかでも鏡と飾太刀はその代表的なものといえよう

日本で墳丘を持つ墓が築造されるようになるのは，弥生時代中期である。最近話題となっている佐賀県吉野ヶ里遺跡では，弥生時代中期の甕棺を埋葬施設とする墳丘墓が発掘調査され，銅剣や管玉が副葬されていた。この遺跡では明らかに墳丘完成後に掘り方を持つ甕棺の埋納が行なわれていることも判明している。

こうした弥生時代墓制が古墳と大きく異なるのは，墳丘を被葬者が生前に築造した前方後円墳に始まることで，しかも原則的には単一埋葬にある。本項は弥生時代の墓制を論ずるものではないので，弥生の墳丘墓と古墳との副葬品を論ずることはさけたい。

私は奈良盆地南東部に存在する箸墓（はしはか）古墳の築造をもって古墳時代を一応開始すると考えることにしている。その絶対年代は研究者間で必ずしも一致している訳ではないが，4世紀前半説に従っておきたい。

古墳時代はこれら前方後円墳を中心に追求するのが一般的である。この種古墳の築造は早い地域では6世紀後半には終え，または墳丘の縮小化が進む。地域によっては7世紀中頃まで築造している所もある。しかしこうした地域でも7世紀の第3四半期になるとみられなくなる。

このように長期間築造されつづけた古墳は時代とともにその性格を異にし，変化しており，単に副葬品のみをとりあげて論ずることは必ずしも生産的とはいえない。

古墳時代には前方後円墳のみが築造されたのではないし，遺骸を埋葬した施設もさまざまである。副葬品は墳丘の形態や埋葬施設の種類によってもその組合せを異にするものである。要するにこの時代は，墓に政治的・精神的モニュメントを求めたため，現在のように墓が死体処理の場所ではなかったのである。しかも記録を残すことのなかったわが国の古代社会において精神的な面を明らかにすることは，きわめて困難な作業を必要とする。言い古されている如く，考古学的遺物は物質的なものであって，精神的な部分は表面にあらわれてない場合が圧倒的に多い。

物質は制度や精神的産物の属性として生ずるべき性質であって，物質が精神的文化現象や制度的文化現象を規定することは大変稀なことである。

古墳に埋葬された被葬者を知る上で最も注意しなければならないものは，わが国の場合，必ずしも副葬品がすべてではない。このことはすでに藩政期に徳川光圀が栃木県の上侍塚古墳および下侍塚古墳で実証済みである[1]。

河上邦彦も説かれるように，被葬者の性格を知る上で墳形および埋葬施設を重視することは副葬品に優るものである[2]。しかしそれも時代によって異なる場合がある。

古墳時代前期の場合，前方後円墳→竪穴式石室に規定される副葬品と，前方後円墳→粘土槨に規定される副葬品とでは，墳丘の規模や副葬品の組合せに差異が生じている。

1　メスリ山古墳と黄金塚古墳

ここでは具体例として畿内の代表的な二つの古墳を比較しておこう。

(1) **メスリ山古墳**（桜井市高田）[3]

全長224mの前方後円墳。3段築成で周濠はなく，円筒埴輪が3段に囲繞する。後円部頂に主軸に直交して竪穴式石室が設けられている。石室をとり囲むように二重の矩形埴輪列が存在する。石室は長さ8.06m，幅南端1.14m，北端1.35m，深さ南端1.76m，北端1.26mを測り，その東側4.75mの位置に長さ6m，幅約70cmの副室が設けられている。

主室は盗掘を受けており詳細は知り得ないが，玉石製品（硬玉製勾玉6，碧玉製管玉55，鍬形石片3，石釧片29，車輪石片1，椅子形石製品片3，櫛形石製品片3，石製合子片6，棒状石製品1），武器（鉄直刀片5，鉄剣片4），鏡鑑（鏡片3）などが採集された。

盗掘を受けなかった副室からは，

碧玉製石製品――翼状飾付石製品1，鉄芯付翼状飾付石製品1，十字形翼状飾付石製品2，筒形石製品2，鉄芯付紡錘車形石製品1，鉄芯付管状石製品4，大形管玉状石製品3，紡錘車形石製品1，鏃形石製品1，管玉状石製品16。

武器――鉄製弓1，銅製弭1，鉄製矢5，銅鏃236，石製鏃50，鉄刀1，鉄剣1，鉄製ヤリ先212以上。

鉄製工具――斧頭14，手鎌19，のみ3，鉇51，刀子45以上，用途不明鉄製品19，鉦1。以上が発見された。

主室から他に何が発見されたか知る由もないが，寛永通宝1枚が含まれていたといわれ，また京都国立博物館蔵の椅子形石製品片がここから出土したことが判明しており，鏡・石製品・武器の他は不詳である。鏡の研究から内行花文鏡と神獣鏡が確認されている。

(2) **黄金塚古墳**（和泉市上代）[4]

全長85mの前方後円墳。2段築成で周濠があり，円筒埴輪が2段に囲繞する。後円部頂に主軸に並行して3基の粘土槨が検出された。3棺のうち中央槨と東槨は同時と思われ，西槨は少し遅れて埋置されたらしい。

中央槨は全長約10m，幅約2.5mで棺身は8.7mという長大な木棺が想定される。副葬品は棺内に鏡2面（半円方形帯文神獣鏡，周是作二神二獣鏡），玉類2群（硬玉勾玉12，滑石勾玉17，碧玉管玉85，硬玉棗玉5，滑石棗玉多数，滑石臼玉多数，ガラス小玉若干），石製品（碧玉製石釧1，碧玉製車輪石1，筒形水晶製品1）などが検出された。棺外からは刀剣類（直刀9，剣3，短剣8，刀子1），鉄器類（斧頭9，鎌身7，工具若干）が発見された。

東槨は全長8.5m，幅約75cmである。副葬品は棺内から鏡3面（盤龍鏡1，環状乳神獣鏡2），玉類（硬玉製勾玉4，硬玉製棗玉2，碧玉製管玉68，ガラス小玉972），石製品（碧玉製筒形品2，碧玉製鍬形石1，碧玉製紡錘車1，水晶製大形切子玉1），特殊遺物（方孔円銭1），刀子5，甲冑類（革綴短甲1，革綴衝角付冑1，肩鎧残欠1対分，漆製革摺1），刀剣（刀2，剣4），工具類（斧頭9，鋸1，扁平横形工具2，扁平斧頭3，刀子状工具1，鉇状工具1，刺突具2），棺外遺物（剞鑿形工具1，鑿形工具1，長い刀子1，漆製盾2，巴形銅器3，鉾1，剣身3，鏃110）以上である。西槨は追葬の可能性が強いとあるので除外しておこう。

メスリ山古墳と黄金塚古墳では時代的な差があるため好例とはいえないかも知れないが，ある程度の差異は埋葬施設の相違によって理解していた

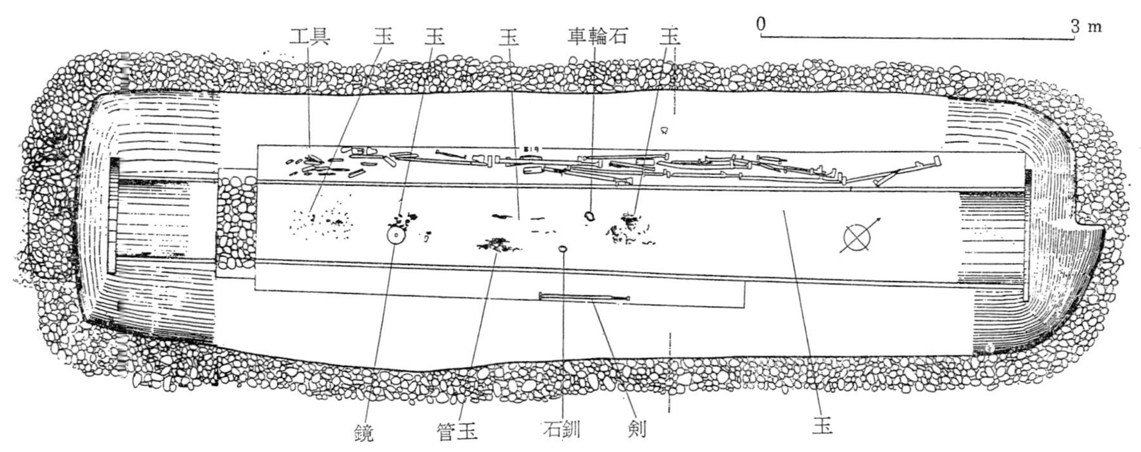

図1 和泉黄金塚古墳中央槨遺物配置図（註4文献を一部改変）

だけるものと思う。メスリ山を椿井大塚山古墳や紫金山古墳と置きかえても良い結果が得られるかも知れない。黄金塚古墳は粘土槨を埋葬施設とした古墳の中では，最も豊富な副葬品を伴った例である。

前期古墳の場合，鏡の複数埋納が注目される。

横穴式石室が採用されるようになると古墳時代の内容は一変して来る。要するに石室が重視されることによって，墳形にあまりこだわらなくなって来るのである。それに伴って鏡重視の傾向に変化があらわれてくる。

2 銅鏡から飾太刀へ

古墳時代前期の副葬品として珍重されたものに，弥生時代からの伝統的な鏡がある。中国ではすでに殷代の婦好墓から確認されており[5]，戦国期に定形化するといわれる。東アジアの中で銅鏡を最も好んだのは日本である。弥生時代から古墳時代前期にかけて，一つの墓から 20〜30 枚という多数の鏡を発見することがある。この時代わが国では，主要墓域に銅鏡を複数埋納することが盛んであった。

例えば福岡県三雲遺跡では前漢鏡が35面以上も副葬されていたというし，井原遺跡や須玖(すぐ)岡本遺跡でも同様である。最近では福岡県平原(ひらばる)遺跡や同立岩遺跡などからも銅鏡の複数埋納が確認されている[6]。

こうした風習は古墳時代前期にも引き継がれ，主要な古墳からは弥生時代の遺跡同様多数の銅鏡が発見されている。具体的な例では京都府椿井大塚山古墳（37〜38 面），奈良県佐味田宝塚古墳（36 面），奈良県新山(にいやま)古墳（34 面），奈良県天神山古墳（23 面），大阪府御旅山古墳（22 面），岡山県車塚古墳（13 面），大阪府紫金山古墳（12 面），愛知県東之宮古墳（11 面），福岡県一貴山銚子塚古墳（10 面）などである。

前方後円墳→竪穴式石室に複数鏡の副葬は一般的である。また古墳時代前期の大形前方後円墳は奈良県茶臼山古墳やメスリ山古墳が示すように被葬者が生前に墳丘を築造したものが多い。そしてこの時期の墳丘を持つ墓はかなり限定されたものだけである。

時代が降り５世紀後半になると造墓観念に変化があらわれ，一墳一葬の原則から一墳多葬（家族墓ともいう）へと移行する。すなわち横穴式石室の採用である。

横穴式石室の出現は，この時代を大きく転換させ，墳丘の寿墓化が次第に失われ，それまでの墳丘に変わって石室が重視されるようになった。それは副葬品にもあらわれ，鏡中心から飾太刀へと変化することになった。

単龍式，双龍（鳳）式，獅噛式，三累環式，三葉環式などと呼称される環頭太刀は，鏡に変わる下賜品である。とくにこうした太刀は，柄頭から鞘尻に至るまで豪華に飾られている。

こうした飾太刀は儀仗であり，その一端を中華人民共和国西安市の乾陵や永泰公主墓の陵園に建つ武官達の石像から忍ぶことができる（図２)。

この頃になると墳丘そのものよりも，横穴式石室内あるいはそれ以外の埋葬施設内に副葬された遺物から被葬者像を検討する糸口も可能となる。

図 2　中国・乾陵の石人像

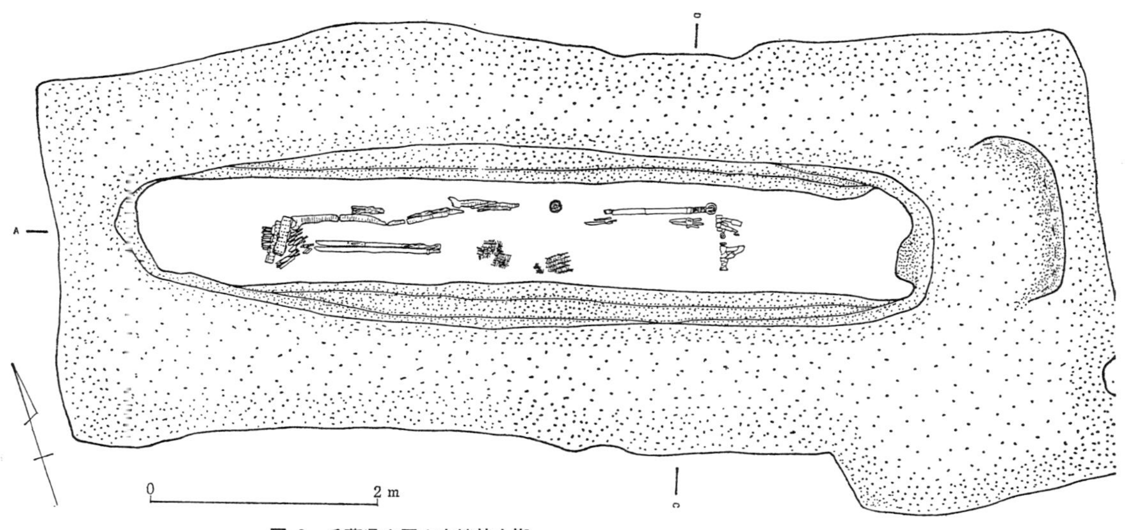

図 3　千葉県山王山古墳粘土槨遺物配置図（註7文献より）

図 4　山王山古墳出土の環頭太刀（註7文献より）

千葉県山王山古墳の副葬品[7]を中心に具体例をあげてその性格を推考してみたい。

本墳は東京湾に面する市原市姉崎の丘陵上に西面して築造された前方後円墳である。全長69mの規模は関東地方でも小形の部類である。後円部に主軸に並行して長さ6.8mの粘土槨が発見された。その時期は6世紀前半である。粘土槨からは1体の遺骸と金銅製冠1，銅地銀覆耳環一対，変形四獣鏡1，竪櫛3，金銀装単龍式環頭太刀1，直刀3，刀子5，鉄地鍍金金具付胡籙1，弓1，鉄針3，半円形金銅金具1などが副葬されていた。

副葬品の出土状況から注目される点は，冠を頭におき，飾太刀が重視され，鏡は遺骸から離されて置かれていた。とくに環頭太刀は銀装の鞘金具に包まれ，単龍の柄頭と千段巻の柄と呑み込まれた刀身はみごとな作品である。しかしどうみても外装の飾に気をとられてしまうのは飾太刀の特徴であろう。

山王山古墳のように飾太刀とともに天冠を副葬した例はあまり多くない。その具体例をあげることにしよう。

愛媛県東宮山古墳（三葉環式環頭太刀2，金銅製広帯冠），鳥取県長者平古墳（三葉環式環頭太刀，金銅製広帯冠），滋賀県稲荷山古墳（双龍式環頭太刀，金銅製立飾付広帯冠），千葉県城山古墳（単龍(鳳)式環頭太刀5，頭椎太刀1，円頭太刀1，金銅製冠残欠）などであり，最近奈良県藤ノ木古墳から捩り環式の太刀と金銅製の広帯冠が発見されている。

金銅装の飾太刀である環頭太刀は日本ではすでに200基以上の古墳から発見されている。しかし畿内からの発見例は藤ノ木古墳を含めて奈良県東大寺山古墳，同珠城山1号墳，大阪府塚脇9号墳の3基である。こうした遺物が畿内地方ではいかに必要のない品物であったかが理解されるだろう。環頭の太刀と共伴した天冠についても同様のことがいえるのである。千家和比古氏の研究によると，わが国で発見された金属製冠帽は28ヵ所である[8]。藤ノ木古墳[9]を加えて29基である。

その内訳は，福岡県（筑前）2，佐賀県（肥前）3，熊本県（肥後）1，愛媛県（伊予）1，島根県（出雲）2，鳥取県（伯耆）1，福井県（若狭）1，同（越前）1，滋賀県（近江）2，奈良県（大和）2，静岡県（遠江）1，同（駿河）1，長野県（信濃）1，群

図 5　茨城県三昧塚古墳出土天冠（『三昧塚古墳』1960 より）

馬県（上野）3，栃木県（下野）1，茨城県（常陸）1，千葉県（上総）2，同（下総）1，東京都（武蔵）1，福島県（磐城）1 である。これらの事実が示すことは，天冠や冠帽は地方豪族への下賜品であることが理解されてくる。日本の場合この時期の大王陵は発掘調査されておらず実態を知り得ないが，冠帽や飾り太刀の発見が地方に広がっていることを考えると，百済や新羅などのように大王墓にこうした遺品が含まれることは少ないのかも知れない。いずれにせよ畿内の古墳からの出土が少ない点にこの時期の被葬者の性格を知る上で注目したい。仗刀としての飾太刀は東アジアとしての広がりを持っている。

3　頭椎太刀の出現

こうした仗刀としての飾太刀に変わって出現するものに円頭太刀，方頭太刀，鶏頭太刀，頭椎太刀などという腰佩太刀があらわれる。

中には島根県（出雲）築山古墳のように円頭太刀と金銅製立飾付細帯冠を伴出するものや福岡県（筑前）宮地嶽古墳のように大形頭椎太刀と金銅製透彫広帯冠を副葬するものもあるが，この頃になると天冠はあまり認められなくなる。平出智子氏の集成[10]によると，頭椎太刀出土古墳の内訳では前方後円墳 12，円墳 49，横穴 5，双円墳 1 とあり，横穴式石室は 54 とまとめられている。その出土別内訳は，宮崎 1，長崎 1，福岡 1，高知 1，山口 2，奈良 1，三重 1，愛知 1，福井 1，富山 2，長野 13，静岡 13，神奈川 3，東京 1，埼玉 6，千葉 11，茨城 4，群馬 16，栃木 3，福島 4，宮城 2 とある。頭椎太刀 88 例の分布の広がりをみると東国に集中する傾向がある。

とくに長野，静岡，千葉，群馬で全体の 60% を占めていることは，6 世紀から 7 世紀にかけての東国開発を無視しては考えられない。頭椎太刀が東国に多く出土することと馬具の共伴も無視できない。とくに長野，群馬では高い共伴率を示している。

4　むすびにかえて

古墳時代の副葬品を鏡と飾太刀を中心に述べてみたが，これらの遺物が日本の古墳の副葬品の中でいかに大きなウエイトをしめているかは，ある程度理解していただけたと思う。副葬品の個々を微細に分析しても，被葬者の性格を浮びあがらせることは不可能である。鏡と飾太刀に焦点を絞ったのは，これらの遺物から精神的な部分を演繹することが可能であると考えたからである。

先に触れた通り，物質的な文化遺産から制度的・精神的遺産を引き出すことは，困難な場合が多い。日本の古墳時代研究にとって被葬者を同定することはそれほど生産的とはいえない。

誰の墓であるかを論ずるより，副葬品から得られる多くの情報を読解することが先決である。

例えば最近話題となった奈良県藤ノ木古墳においても被葬者論に百家争鳴の感がある。私は静かに研究所の調査結果を俟ちたいと思うし，研究者の一人として静かに研究させてやるべきだと思う。

註

1）斎藤　忠・大和久震平『那須国造碑・侍塚古墳の研究』吉川弘文館，1986 を参照されたい。
2）河上邦彦「藤ノ木古墳の被葬者像」『藤ノ木古墳が語るもの』季刊考古学別冊 1，1989
3）伊達宗泰ほか『メスリ山古墳』奈良県史跡名勝天然記念物調査報告第35冊，奈良県教育委員会，1977
4）末永雅雄ほか『和泉黄金塚古墳』綜芸社，1954
5）中国社会科学院考古研究所編『殷墟婦好墓』文物出版社，1980
6）森　浩一「日本の遺跡と銅鏡」『鏡』社会思想社，1978
7）甘粕　健ほか『上総山王山古墳』市原市教育委員会，1980
8）千家和比古「金銅製冠について」『上総山王山古墳』市原市教育委員会，1980
9）橿原考古学研究所編『斑鳩藤ノ木古墳』斑鳩町教育委員会，1989
10）平出智子「頭椎太刀出土地名表」『城山第一号前方後円墳』小見川町教育委員会，1978

副葬品の種類と性格

古墳にはどういったものが副葬され，どういう場所に配置されるだろうか。そのもつ意味はどのように解釈すればいいだろうか

副葬品の種類と諸問題／武器・武具／鏡／玉・石製品／農工具／土器

副葬品の種類と諸問題

奈良県教育委員会
■泉森　皎
（いずもり・こう）

副葬品の問題は棺内・棺外あるいは墳丘上におかれた遺物の全体像の解明があって，副葬された精神的意味が理解されるのである

本書の「副葬品の地域性—近畿地方」で宮原晋一氏が引用した小林行雄氏の「副葬品」の説明によると，

「遺骸にそえて葬る品物をすべて副葬品というが，その性質はすくなくとも3種類にわかれる。」とある。それは，

1. 遺骸に直接着装するもの
2. 墓中に置かれた死者の生前の所有品
3. 葬儀に使用した器物を墓中におくもの。（A）墳墓の造営，遺骸の運搬に使用した器物。（B）は供物とその容器，奉納物，荘厳具などの他，死者が冥界で使用すると信じられた仮器の類をも含む。

とあって，古墳からの出土品にもいろいろな用途・性格のあることを示された。

今日，これらの副葬品の解説を読みかえすと次の点に問題が残っているように思う。

このうち，1の直接着装した装身具などは，生者の愛用品であれば副葬品とは言いにくいが，死者のためあらためて供献して身につけたものであれば副葬品の範ちゅうに含まれてこよう。3の（A）墳墓の造営，遺骸の運搬用具などは送葬のための用具であって厳密には副葬品とは呼びにくいものであろう。

しかし，棺内・棺外，あるいは墳丘におかれた遺物の全体像と副葬された意味が証明されて，各各について検討できることである。装身具や武器・武具，あるいは用途不明品，残りにくい有機物などの実体解明があって，副葬された精神的意味も理解される。

1　遺物の副葬

古墳時代の遺物は集落，住居址などの生活遺跡や窯跡，工房址などの生産遺跡，また祭祀遺跡からも出土する。しかし各種のものが，時期ごとに一括して出土するところは古墳である。

死者を葬るにあたって遺骸を飾った装身具類，そのかたわらに置かれた副葬品の数々，死者の鎮魂や再生を願い，死者に副えた祭器や供膳の容器類などがある。

装身具類には冠，櫛，玉飾，髪飾，頸飾，腕輪，足飾，帯金具，履などがある。これらは死者が生前に，日常や祭事の日々に身を飾っていたものか，あるいは死とともにあらためて遺骸を装わせたものか，また葬送のため新調して儀式のみに用い，そのまま棺内などに副葬したものなのかなど，いろいろな見方があるが，これも古墳からの出土状況を中心に判断する必要があろう。

石製腕飾類と玉類　前期古墳の副葬品に鍬形石，車輪石，石釧などの石製腕飾類がある。これらは弥生時代の貝釧に起源を求めることができ，あきらかに身につけていたものでない。しかし，二・三の古墳では死者の手首の位置に添わして置かれているものがあり，弥生時代の釧のように身につけるもの，身につけたものとの意識があって，たとえ石製品であっても本来の意味を踏襲しようとするものがある。しかし，鏡などと一括して，頭部や足部に置かれた時，死者への鎮魂や宝器的性格なども生じてくる。しかし，石製腕飾類は貝釧を仮器化したもので本来的には葬具であったと考えたい。

玉類も首飾と葬具，あるいはそれ以外の目的で置かれたものがあったと考えられる。小玉類と琴柱形石製品がセットで置かれていたり，棺上，棺外で出土するものがある。一種の祭事や玉の緒を切って死者との訣別が行なわれたものと推定されている。韓国の天馬塚古墳では棺内の装身具以外の数ヵ所からの玉類の出土について，殉死にかわる象徴品と考えている。

鏡と刀剣　鏡と刀剣は古墳副葬品の中で重要な位置を占めている。鏡も死者を取り囲むように配置されたり，あるいは頭部中心のあり方から，化粧道具とみるよりも，宝器的性格や呪術的な性格が推定されてきた。頭部や足部に置かれた鏡には鎮魂と，鏡そのものの霊力による死者の保護説があるが，どう理解すべきであろうか。

刀剣類も鏡とよく似た性格が論じられている。生前愛用したものを副葬したのか，あるいは生前の権力のシンボルとして死者に持たせたのか，あるいは副葬品として新調して，棺内に入れたのか，死者の肩口から脚部の両脇に整然と置かれた出土状況をみると，刀剣の呪術的性格を強調した護身の刀剣と考えることもできる。

2　副葬品の変遷

古墳副葬品の移り変わりをみると，前期古墳では，鏡，玉類，鉇，斧，鎌などの工具，刀剣，銅鏃，鉄鏃などの武器，碧玉や緑色凝灰岩製の石釧，車輪石，鍬形石などの石製腕飾類が多い。とくに鏡と石製品は被葬者の司祭者的権威をあらわしていると理解されてきた。

しかし前期古墳の奈良県メスリ山古墳にみられるように大量の武器を保有するものもあり，このような例は特別な上層階級の墳墓とみられ，地域の首長墓との格差を示しているのかも知れない。

中期古墳になると鏡の副葬も少なくなり，石製腕飾類の減少とともに，これに変わって，滑石製模造品とよばれている刀子，斧，鎌などの農工具，紡織機，案などの生活用具が副葬される。また武器・武具類も著しく多くなる。河内黒姫山古墳の甲冑 24 領，野中古墳の 11 領は大量埋納として著名なものであるが，被葬者の集中管理品の副葬とみるのか，被葬者が死後の世界でも武力ある支配者であることを誇示するためのものなのか，あるいは支配下に属した人々の奉納品であったのか，さらにつきつめる必要があろう。

中期古墳以降，馬具と金銀製品，さらに朝鮮半島製の陶質土器が副葬され，その後，国産の須恵器も副葬される。

後期古墳になると，装身具類は多種多様となる。玉類はいろいろな材質のものや色彩感覚も変わってくる。また金属製の玉類や耳飾が一般化してくる。

土器類も棺上に置かれたものが墳丘裾や空溝内に一括して置かれ，さらに，木棺直葬墳の棺側や棺上にまとめて置かれて一種の供膳形態が完成してくる。横穴式石室の採用後も，土器は奥壁や袖部など，置かれる場所と，種類にまとまりがみられる。

馬具類も一式以上置いたものと，轡，革帯などの馬具の一部を副葬したものがある。馬具の部分副葬については，馬を持てる階層であることを死後の世界でも示したと理解したことがある。

3　まとめにかえて

「物」をもって精神面を含めた歴史の裏面を説明することはむつかしく，武器・武具以下土器に至るまで，副葬品の意味と被葬者像にどこまでせまれるかを試みてもらったが，同一レベルでの推考はむつかしく，後日に課題を残すことになった。また副葬品の地域性についても，どの時代に問題点を置くかでその記述もかわってくる。『季刊考古学』第 10 号「古墳の編年を総括する」のように，記述内容をあらかじめ設定しておけば統一的記述ができ比較検討がやりやすかったかも知れない。しかし古墳副葬品の問題点がどこにあるかを知るためにも，あえて執筆要項を統一しなかったのである。

武　器・武　具

御所市教育委員会
藤田和尊
（ふじた・かずたか）

武器・武具の代表格である刀剣と甲冑は前期では棺外副葬が中心であったが中期に入ると多くが棺内にとり入れられるようになる

葬送にあたっての祭祀主宰者（次代の首長）が被葬者個人にとって，より重要度が高いと判断した物が棺内に入れられ，それ以外は棺外に配置される。被葬者個人にとって重要な物とは祭祀主宰者にとっても重要度の高い物であり，後者が将来的に葬られる時には同様に棺内へ副葬されることを期待した品目によって占められているであろうことは想像に難くない。

刀剣副葬の思想的背景について言及したものに泉森皎の大作[1]があるが，これは現在の筆者の能力に余る分野である。ここでは多くの先学によって進められてきた古墳での副葬品配置方法の分析を足掛りとして，武器・武具の代表格である刀剣と甲冑の副葬方法の変化を棺内・棺外の区分を中心に概観し，その意味について考えてみたい。なお，用田政晴[2]，今尾文昭[3]，田中新史[4]の論考は，いずれも多くの示唆に富む好論であるが，事実関係，各種事項の評価などについて，筆者の理解とは異なる部分が数多い。逐一触れるべき所であるが，紙数の関係でその一切を省略させて頂く非礼を，さらにはわずかな紙幅であまりにも多くのことについて言及しようとするがための各種手続きの不十分さをお詫びするとともに別稿を約して御寛容を請うておきたい。

1　刀剣の副葬状態から

三種の神器として鏡・玉とともに並び称される剣。しかしながら，前期古墳においては必ずしもこの（刀）剣が他の二者とともに棺内に副葬されたわけでになかった。全国的に見れば刀剣を棺内に入れる前期古墳と入れないそれの比率はほぼ相半ばしており，とくに畿内では棺内に刀剣を入れるものが寺戸大塚，新沢500号，（見田大沢4号），板持3号，北玉山の5例であるのに対して，入れない例は確実なものだけでも長法寺南原，園部垣内，平尾城山，椿井大塚山，宇治一本松，尼塚，富雄丸山，新沢213号，タニグチ1号，真名井，ヌク谷北，駒ヶ谷宮山1号，同2号，弁天山 C_1 号，紫金山と15例にも達する[5]。

ところが続く中期に入ると，津堂城山，和泉黄金塚東・西槨といった早い段階で，畿内中枢部においても刀剣の棺内への副葬も一般化し，刀剣を出土するほとんどすべての古墳が棺内にも刀剣を入れるようになる。後期に入っても同様で，藤ノ木古墳で計6本の大刀が鋒（きつさき）を足方向に向け，石棺の長辺に添って副葬されていたことは記憶に新しい。

前期古墳の被葬者は司祭者，中期古墳の被葬者は武人としての性格が濃厚であるとされるが，以上のように刀剣の出土状態を検討することによってもそれを指摘できる。また，畿内の前期古墳において，棺内に刀剣を副葬しないものが他の地方に比して著しく高い比率で存在したが，このことは，彼らがより伝統的な司祭者としての被葬者像に固執していたことを示唆している。ところが中期に入ると，一転して刀剣はほとんどすべての古墳で棺内にも副葬されることが知られるのであり，これは被葬者像の大幅な転換を意味している。さらにこの転換が畿内において，より顕著であることは，政権の所在にも関わってくる問題であると考える。

さて，ここで古墳出現期の墳墓についても言及しておきたい[6]。纒向一式期の楯築（たてつき）墳丘墓では剣1と玉類，二式期の神門（ごうど）4号墳では剣1，玉類，鉄鏃，銅鏃の出土が知られ，鏡の副葬の見られないことは多くの研究者の注目するところであるが，ここでは剣がいずれも棺内遺物であることを強調しておきたい。一方，二式期の弘法山（こうぼうやま）古墳や三式期の新豊院山（しんぽういんやま）D_2 号墳ではいずれも棺内への鏡，剣（刀）の副葬が知られ，また，二式期の見田大沢4号墳以降，最近調査された三または四式期の権現山51号墳などでも，鏡・玉・剣のセットが成立し，棺内へと副葬されている。

すなわち，古墳出現期において棺内に副葬される事例が広く知られ，成立したかに見えた鏡・玉・剣のセットなのではあるが，出現期のある段階に至って早くも崩壊するものと見られる。古墳時代前期では剣（刀）が畿内ではとくに高い比率で棺外遺物となり，むしろ棺内に入れるのを避けることに象徴されるように，被葬者は，司祭者としての性格を強烈に強めていくのである。この，ある段階をもって古墳時代前期の開始とするべきで，鏡・玉・剣のセットが出揃うことをもって古墳時代の開始とすることはできない。長い断絶を経た後，中期に至って畿内中枢部でそのセットが棺内に入ることが通有となる。この時期に至ってようやく“三種の神器”が成立するのではないだろうか。

それでは，ある段階とはいつか。纒向（まきむく）四式期の椿井大塚山古墳の多量の鏡や剣などがすべて棺外遺物である点は興味深い。後述するように，中期における甲冑配布の中心的位置にあると目される盟主墳では，大量の甲冑もすべて棺外遺物である。つまり，このような立場にある被葬者にとっては，中期を画する遺物である甲冑もまた，彼個人としてはさほど重要度の高いものではなくなっている。椿井大塚山古墳の鏡についても同様の視点で捉えるべきもので，このような立場の人物の出現をもって画期とするべきである。その人物とは墳丘規模において他と隔絶する三式期の箸墓（はしはか）古墳の被葬者であると言えば軽率の謗りを免れないだろうか。

2　甲冑の副葬状態から

甲冑副葬の位置と状態には，前期においては，①竪穴式石室内棺外（立位），②粘土槨棺外立位，③石棺棺外別区内立位，④粘土槨棺外墓壙内横臥の4種の類型があり，その他⑤副次施設への横臥埋納の例もある。①～③はいずれも小口部分への立位状態，④は長辺部分への横臥状態の差違はあるものの，いずれも棺外への副葬という点では共通している（図参照）。

ところが中期に入ると，この棺外副葬の原則は大きく崩れ，粘土槨系（木棺直葬を含む）の埋葬施設を中心に，棺内への副葬が広く知られるようになる[4]。まず粘土槨系の埋葬施設での甲冑の副葬位置および状態を概観すると，中期前葉の比較的早い段階では前期以来の伝統的な棺外立位副葬も知られるが，当該期の圧倒的多数は⑦棺内立位副葬となる。その後，中・後葉と時期が下るに従って減少の傾向は認められるものの，その変化は漸移的である。他方，前葉に⑧棺外横臥で始まった系列は，中葉に至って⑫棺内横臥となり，後葉には主流をなす。

③（在地型）石棺の系統では⑨の箱形石棺では棺内に入り，その分布域は山陰，北陸地方に集中する。⑩の箱形石棺は前期の③と同様，小口に別区を設け，立位に副葬するもので，中期に限って言えばさきの⑨とは対照的に九州，四国，近畿地方に分布している。⑪石棺直葬棺外墓壙内横臥の系列は産土山古墳に始まるが，長持形石棺外の小口部分に横臥副葬したもので異例中の異例と言え，後葉の大谷古墳や三昧塚古墳の副葬方法へと直接に影響を与えたものではない。両墳の場合には石棺を埋設するにあたって異様なまでの広い墓壙を掘り，そこに木箱を納めて短甲を入れたもので，冑や草摺など甲冑の一部を棺内に入れる点でも共通している。その方法はむしろ，木棺直葬墳ではあるが，④の系統に属する堂山1号墳にその初現を求められる。

①竪穴式石室では，首尾一貫して前期以来の棺外立位副葬の伝統を守り続けている一群がある。後葉に入ると⑭横臥副葬のものも現われるが，主流を占めるものではなく，しかも土保山（どぼやま）古墳のように棺内に甲冑を納めたことを確認できる例も存在する。⑥横穴式石室系（地下式横穴を含む）では，石室の空間に余裕があるためか，ほとんどが棺外立位副葬と思われるが，石障を設ける小坂大塚古墳や，地下式横穴墳である，西都原（さいとばる）4号地下式横穴においてはその限りではない。また，地下式横穴墳には⑮棺内横臥副葬や島内3号地下式横穴のような特異例も存在する。

以上，甲冑の副葬位置と状態を主体部構造の差違ごとに概観したが，前期においては棺外副葬のみであったのが，中期に入ると多くが棺内に甲冑を取り入れることにまず注目したい。その要因としては，通常，石室や槨と棺の空間の大小の関係が考えられようが，実際にはあえて狭小な棺内に甲冑を取り入れる例が大半を占めており，このことについては別の理由が考えられなければならないだろう。

前期においては大和のみに認められた中小規模墳への甲冑の副葬が，中期に入るとほぼ全国的に知られるようになる[7]が，棺内に甲冑を納める古墳の大多数が，実はこの中小規模墳であることに注目させられる。すなわち，甲冑の個人保有者と

甲冑の副葬位置と状態の系統

前期

①竪穴式石室
石室内棺外立位
椿井大塚山
安土瓢箪山
松林山

②粘土槨系
棺外立位
岩内幡宮
上殿

③(在地型)石棺
棺外別区立位
(熊本山)
中山B1
(大丸山)

④粘土槨系
棺外墓壙内横臥
城山2号
タニグチ1号
園部垣内

⑤副次施設
横臥
新沢500号

中期 前葉

系統
影響

⑥横穴式石室系
石室内立位
老司
鋤崎

池ノ内5号

⑦棺内立位
旗振台・月の輪・黄金塚東槨
黄金塚西槨・盾塚・束車塚・
新沢508号・私市円山(1)・
私市円山(2)・わき塚1号

⑧棺外横臥
長良龍門寺

⑨箱形石棺
棺内立位
(赤妻)
古郡家1号
円山1号

⑩箱形石棺
上高宮
(恵解山2号)

⑪石棺直葬
棺外墓壙内横臥
産土山

中期 中葉

(久津川車塚)

西都原170号・豊中大塚
鞍塚・珠金塚(南)・亀井
新開1号

⑫棺内横臥
亀山1号
赤堀茶臼山

加賀狐塚
(湯山6号)

岩橋前山A17号

堂山1号
(珠金塚)(南)

⑬立位
七観

中期 後葉

月の岡・雲部車塚・
仁徳陵前方部・唐櫃山
随庵・天狗山・宮山(3)
印南野2号・鶴山

⑭横臥
川上
西小山
土保山
八幡山

西都原4号地下横
東屋大塚・小坂大塚
稲童21号・かつて塚
塚堂・向山1号(1)

⑮棺内横臥
六野原6号地下横
下北方5号地下横

六野原6号・浄土寺山
新沢510号・兵家12号
雲雀山2号・埼王稲荷山
(八重原B1号)(亀山(1))

西都原207号・珠金塚(北)
狐塚・池殿奥5号前方部南棺
新沢115号・新沢173号
新沢281号・後出3号(1)
後出3号(2)・後出7号
向山1号(2)・東間部多1号
金塚・烏山2号

岡の御堂1号
塚山

大谷
三昧塚

(後出7号)

野中
黒姫山

後期

⑯横穴式石室
石室内棺外立位
(一部立位・横臥不明)

御所山・番塚・新原奴山17号・龍王崎3号・山ノ神・王塚・王墓山・八幡大塚2号・岩橋天王塚・藤ノ木・割塚・東乗鞍・珠城山1号・珠城山3号・大塚山・富木車塚・賤機山・古城稲荷山・綿貫観音山・八幡観音塚・篠瀬二子塚・富岡5号・諏訪神社・御手長山・海老塚・足利公園3号・益子天王塚・大日塚・城山1号・法皇塚

して新たに台頭してきた中期の中小規模墳被葬者にとって，甲冑はまさに前期の鏡に取って替わる権威の象徴なのであり，自ずと甲冑も棺内へと取り込まれることになったと考えられる。この際，刀剣もまた普遍的に棺内へも副葬されることになり，中期古墳被葬者の武人的性格を一層際立たせている。

一方，粘土槨系の棺内副葬には立位と横臥の二者があり，中期前葉には立位が，後葉には横臥が主流を占めることは先述したが，これは明らかに棺の空間の大小が関連しているとみてよいであろう。彼らはさきの理由により，甲冑を棺内に入れねばならなかったのであるから，棺の空間は当然それより高く，また広くなければならなかった。したがって中期前半（前葉〜中葉）においては前期以来の立位副葬の伝統を保持し続けるが，この伝統が巨大な棺材の調達という現実に直面し，後者の制約が前者に勝った時，より空間（この場合はとくに高さ）としては小さくて済む棺内横臥副葬という系列が成立すると考えられ，それならばこの系列が後半（中葉〜後葉）に至って主流を占めることも，また，東海・中国・関東といった，畿内からの遠隔地で成立してくることも首肯できる。

こうして棺外立位副葬という前期以来の伝統が次第に色彩を薄めていくなか，この伝統を首尾一貫して保持し続けた系統も存在した。まず新出の⑥横穴式石室系について述べると，わずかの例外を除き，すべてが九州地方に所在することはむしろ当然である。それらが棺外立位の系統上に存在することについては，もちろん前期以来の棺外立位副葬の伝統の影響も考慮しなければならないが，それよりもむしろ，広大な空間を持つことのできた横穴式石室を内部主体としている事情が，あえて棺内に甲冑を納めることを避けさせたと考えたい。福岡県セスドノ古墳は中期後葉の築造で横穴式石室を内部主体としているが，4回以上の追葬によって短甲はもはや初葬の状態を保っておらず，のみならず短甲内には成年女性と小児の骨が集骨して葬られていた。このように棺として短甲を利用するといった，全く型破りの事例の存在することから，九州地方の中期の横穴式石室の被葬者は，前期以来の各種伝統的葬法にさほど固執していたとも思えず，伝統的な甲冑副葬法である棺外立位の方法も，自然発生的と考えておきたい。

さて，これまであえて言及を避けてきた⑯後期の横穴式石室墳での甲冑出土状態をみると，摂津南塚古墳・上総金鈴塚古墳と小見真観寺（おみしんかんじ）古墳のわずかな例外を除き，現在筆者が知りえたもののすべてが石室内棺外立位もしくは立位副葬と推定できるものであることを指摘できる。横穴式石室として空間は閉じているから，あえて⑩のような小口に別区を設ける例は存在せず，結局，甲冑の棺外立位副葬の系統は，前期・中期を通じて行なわれた①竪穴式石室の系列からのみ，⑯後期の横穴式石室でのあり方に引き継がれて行くことがわかる。そして，この系統に所属する古墳個々について，前・中・後期の時期を問わずに一瞥すれば，それらが各地方で極めて顕著な位置を占める盟主墳もしくはそれに準ずるものであることに気付く。換言すれば，盟主墳もしくはそれに準ずるものでは甲冑は首尾一貫して棺外立位の副葬状態をとるのであり，後期に入って甲冑の副葬の知られる古墳が激減するのは，前期と同様，このような階層しか甲冑を個人保有できなくなったことを示しているのである。

なお，後期の横穴式石室墳における甲冑の棺外立位の副葬法も，九州地方の中期のそれで見たような，自然発生的なものではないかとの批判があるかも知れない。その批判には，さきに棺内副葬を認め得る点で例外的とした摂津南塚古墳・上総金鈴塚古墳と小見真観寺古墳の事例が明快な解答を用意してくれている。摂津南塚古墳・上総金鈴塚古墳の場合は，追葬の石棺内に（立位）副葬したもの，小見真観寺古墳の場合は，前方後円墳のくびれ部に付設された横口式石槨内の立位副葬で，いずれも二次的な埋葬に伴うものである。

中期においても一部見られたのと同様，このように後期の横穴式石室墳においても棺内への甲冑の副葬があり得るものであるにも関わらず，盟主墳もしくはそれに準ずるものの初葬に伴う甲冑には，そのような事例は認められない。したがって初葬と二次葬での甲冑副葬法の差は，棺外立位の副葬法が自然発生的なものとの理解に立つ限り説明しきれないのであって，この差は，むしろ初葬の人物と二次葬の人物との甲冑保有形態の差として認識するべき性質のものである。

このことについて説明する前に，盟主墳もしくはそれに準ずる古墳で，甲冑が前・中・後期を通じて棺外副葬品であり，被葬者個人にとってはさほど重要度の高くない遺物であった理由を考えてみたい。まず，前期については被葬者の司祭者としての性格が強固であるためと考えられる。先述したように，甲冑のみならず，刀剣についても棺内から排除するものが存在した。畿内において刀剣を棺内に入れない古墳の比率が高いことは，彼らが司祭者としての姿により固執する傾向のあったことを示している。

一方，中期については別の理由が考えられねばならない。この場合，棺の狭小さを説くことは実態にそぐわない。彼らの内には月の岡古墳，雲部車塚古墳，鶴山古墳と在地主導型武器・武具集中管理体制[7]の長と考え得る者も含まれており，彼らの周囲には甲冑は豊富に存在したものと思われる。このような事情で彼ら個人としては甲冑もまたさほど重視されることはなかったと考えることが最も合理的な解釈であろう。

後期に入ると甲冑は前期と同様，盟主墳もしくはそれに準ずるもののみが副葬できる遺物となる。甲冑の生産量が前期の水準にまで後退したとは考えられない。彼ら首長層のみが甲冑を個人で保有できたが，その周囲には配下に貸与するに足る豊富な量の甲冑が存在したと考えるべきで，これは前稿で後期における在地主導型武器・武具集中管理体制[7]と呼んだものである。以上のように考えれば，自らの古墳さえも築くことのできなかった摂津南塚古墳・上総金鈴塚古墳や小見真観寺古墳の二次葬の被葬者が，おそらくは血縁によってようやく個人の所有物とし得た甲冑を棺内にとり込み，黄泉の国へ持ち込もうとしたのは，むしろ当然であったと言うべきだろう。

註

1）泉森　皎「刀剣の出土状態の検討一刀剣の呪術的性格の理解のために一」末永先生米寿記念献呈論文集，1985

2）用田政晴「前期古墳の副葬品配置」考古学研究，27—3，1980

3）今尾文昭「古墳祭祀の画一性と非画一性一前期古墳の副葬品配列から考える一」橿原考古学研究所論集，第6，1984

4）田中新史「五世紀における短甲出土古墳の一様相一房総出土の短甲とその古墳を中心として一」史館，5，1975

5）今尾は前掲書3）で同様のことを指摘しているが，そこで言う前期古墳には筆者が中期古墳とするものもかなり含まれているため，この事に対する評価も微妙に異なったものとなっている。

6）各墳墓の築造期については，石野博信「古墳出現期の具体相」関西大学考古学研究室開設三十周年記念考古学論叢，1983によった。

7）拙稿「古墳時代における武器・武具保有形態の変遷」橿原考古学研究所論集，第8，1988

鏡——副葬品の配列から

橿原考古学研究所
今尾文昭
（いまお・ふみあき）

鏡の副葬は弥生以来一貫して頭優位をとるが，前期に鏡をたて被葬者を写すという配列が顕現し，これは中期，後期には変容する

1　汝の好物——はじめに

魏は東方の大海より渡り来た朝貢の倭の使者への返礼に「汝の好物」を下賜した。汝の好物は紺地句文錦（こんちくもんきん），細班華罽（さいはんかけい），白絹，金，五尺刀，銅鏡，真珠，鉛丹であって，このうち銅鏡は「百枚」に及ぶ。数量の実際はともかく，3世紀の倭が銅鏡を渇望していたのは考古学的事実からも推測できる。これは，弥生時代以来の鏡の供給地である中国の墓地単位での出土数量と比べても明白なことである。

たとえば後漢光武帝の子劉焉（りゅうえん）（54～91）の墓とされる河北省定県北荘漢墓では銅鏡3面，鉄鏡5面の計8面の鏡の出土があるが，報告のあるものとしては，これが最多という[1)]。あるいは洛陽焼溝漢墓225基のうち鏡類の出土は95基で，内訳は銅鏡118面，鉄鏡9面の計127面である。つまり比較的豊富な副葬品をもつ墓でも1～2面，副葬されるにとどまっている[2)]。

対して日本列島では，福岡県三雲遺跡の甕棺に35面以上の前漢鏡，須玖岡本遺跡の支石墓下の甕棺に30数面の前漢鏡，立岩遺跡の甕棺で6面の前漢鏡の出土があって，一埋葬施設への銅鏡の多量副葬の例をあげることができる[3)]。

このように弥生中期以来の北部九州の倭人社会の王の銅鏡多量保持に対する格別の熱意は，発掘

事例に明らかであって，それは「邪馬台国」の王に限られる風ではなく，少なくとも「北部九州諸国」に広がる現象であったといえる。ところが，弥生後期の墓地には総じて銅鏡の複数副葬例が少なくなる。これは後漢の勢力の低下と遼東半島公孫氏の勢力の介在による交渉の断絶状態に素因があるとされる。ついては鏡を渇望する倭人は，自国生産や鏡の分割によって補ったというのである。

このような情勢下，新王朝たる魏から新たに将来した銅鏡には，重い政治的意味が付与されていたものと推察できる。はたして邪馬台国が，その鏡に付与された政治性，思想性を周辺諸国に行使したかどうか。本稿はその考古学的検証を意図するものではないが，いずれにせよここでは『魏志』倭人伝の「好物」の義が，倭の諸王渇望の品目を指したものと了解したい。この認識の下，弥生時代から古墳時代を通しての各時期の銅鏡の副葬行為に質的変化がつかめないかどうか，その可能性を模索した。

2　頭優位――弥生時代・様相 1

銅鏡の副葬は北部九州の弥生前期の墓への東北アジアの多鈕細文鏡の副葬にはじまる。以下に弥生中期以降の二，三の例を示すが，被葬者に対する配列位置は様々で，一見，何らかの傾向を摘出するのに困難な様子を示す。

福岡県立岩遺跡10号甕棺内では，被葬者の体側と推定される左右に各々鏡面を上に3面ずつ計6面がおかれ，片側には鉄剣・鉄鉇・銅矛が重なって配列されていた。28号甕棺内では鏡面を上に素環頭刀子と相重なって配列されていた。34・35号甕棺内では肩部で鏡面を下に，39号甕棺内では頭部で鏡面を上にしていずれも前漢鏡が検出された[4)]。

佐賀県二塚山46号甕棺では小型仿製鏡が棺内副葬品としておかれていた。76号甕棺の被葬者は女性であるが，棺外頭上方の下甕の口縁部にかかる目張り粘土中，および直下に破砕状態で前漢鏡が出土した。17号土壙墓では推定頭位に連弧文鏡の出土があった。29号土壙墓では被葬者の肩上方の棺外，石蓋に近い目張り粘土中に破砕の獣帯鏡が出土している[5)]。

佐賀県三津永田104号甕棺では，棺外目張り粘土内に素環頭大刀，棺内に座臥した被葬者の足元に鏡面を上にした獣帯鏡がおかれていた[6)]。

福岡県宝満尾（ほうまんお）遺跡4号土壙墓では，内行花文明光鏡が頭位付近南側の長側壁に鏡面を内にむけて斜めにたてかけられていた[7)]。

さてここに挙げた例だけでも1頭位・頭側，2肩部，3体側，4足部，5棺外頭上方といった配列位置の違いがある。ただし被葬者の頭位を中心に肩，胸部を含めて上半身とすると，対する下半身の体側や足辺への副葬例はかなり少ない。つまり銅鏡副葬の頭優位の傾向が北部九州の弥生墓のなかにいち早く指摘できるのではなかろうか。もう一点，鏡面，鏡背の向きであるが破砕もあってどちらかに統一されるわけではないが，鏡面を上ないしは内側に向ける，すなわち被葬者を照写する状態で副葬される傾向に偏るものとみられる。

中国でもやはり頭優位に副葬されている。たとえば洛陽焼溝漢墓の人骨の残りの良い30例では，胸・肩より上への副葬が9割方を占める。これら被葬者の頭に近く配列された鏡について「死者を守護する霊器」といった解釈がなされている[8)]。

北部九州の弥生人も中国本土における取り扱いと同じ傾向，すなわち「頭優位」の傾向をその副葬の開始時期にすでに示すのである。

3　日月鏡，四規鏡――古墳時代前期・様相 2

弥生後期前半の宝満尾例は鏡を斜めに土壙墓の壁にたてかけて配列していた点で弥生墓としては，特異な配列を示した。しかしこの特異性は古墳時代前期に到ると一定の普遍性をもつようになる。

ところで4世紀初めの江南の人葛洪（かつこう）の著わした『抱朴子』は，古典的な道教の書物として知られているが，そのなかの鏡と神仙についてふれた記事に次のような話がある[9)]。

> 修業中の道士が千里眼や予知力を得る方法として，九寸以上の明鏡を用いて自分を照らし七日七晩の間冥想し，神仙の姿がみえてくればそれらを得るに至る。そして明鏡の用い方として，一つの場合もあるが，二つの場合は日月鏡といい，四つの場合は四規鏡という。四規をつかって照らすときは，体の前後左右にそれぞれ一つずつおく。

といったもので，鏡を用いて神仙の力を得る方法を説明している。古墳前期の鏡の取り扱いに上の記述を参考としなければならない情況がある。

掲げた表は各地の代表的な前期古墳の鏡の配列

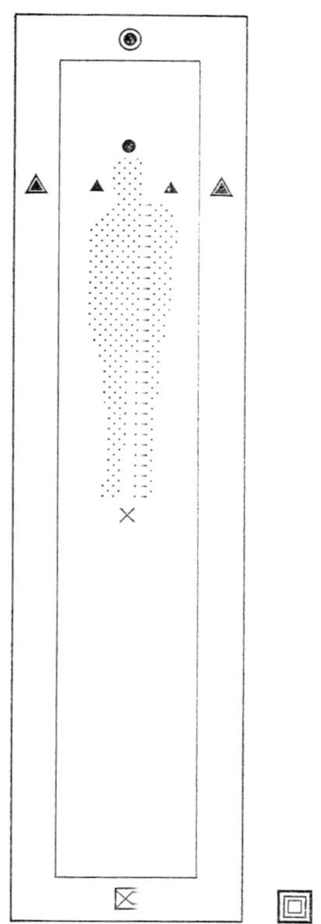

図 1 副葬品配列段階と位置関係説明図
第 1 段階（棺内）
●頭位，頭方向
▲頭側，体側左右
×足位，足方向
第 2 段階（棺外）
◉頭方向（棺小口部分）
▲左右方向（棺長側部分）
☒足方向（棺小口部分）
回第 3 段階（室外・槨外）
網目は被葬者。左右は推定の被葬者からみての左右を指す。

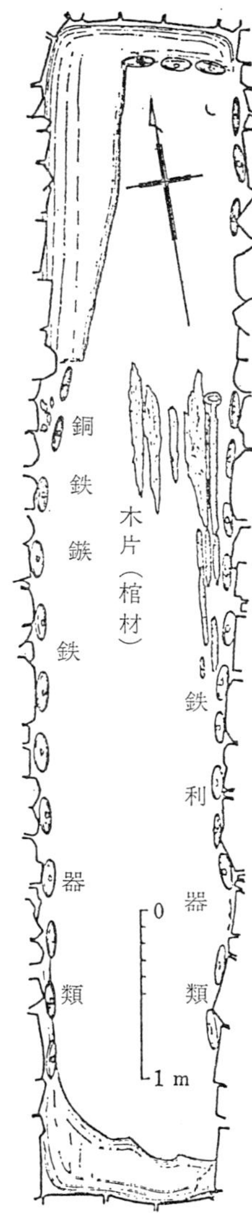

図 2 椿井大塚山古墳石室内副葬品遺存状況聴取指示図（報告書による）

状況について示したものである。もちろん弥生墓にみられた 1〜5 の配列位置の違いは古墳においても認められる。それ以上に墳丘内の各施設のあらゆる部分に鏡の出土例は存在するが，まず被葬者の推定頭位周辺を中心に配列された例の多いことに気付く。棺外・棺側への配列についても被葬者の頭位に並行する位置におかれる例が多い。つまり「頭優位」は古墳前期にも指摘できる傾向といえる。また地域的傾向としては，近畿の古墳では鏡を単数副葬する場合，棺内配列を原則としたことも指摘できる。

以上の傾向のほかに取り扱い上，弥生墓に比べると，2 点の大きな違いがある[10]。

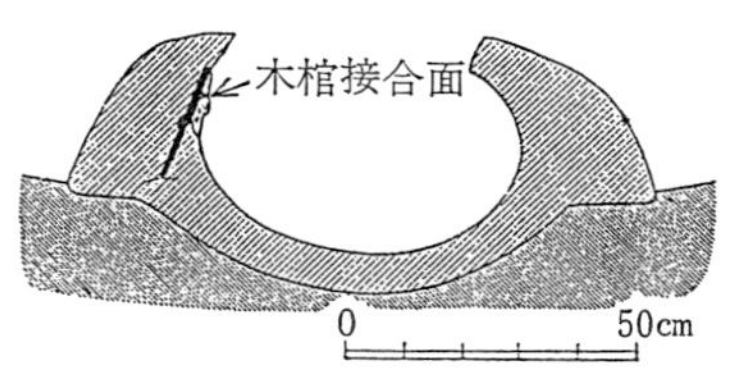

図 3 駒ヶ谷宮山古墳前方部 2 号粘土槨断面図（報告書を一部改変）

第 1 点は，鏡の配列の際に棺の側板，小口板，および四壁にたてかける点があげられる。しかもなかには鏡面を内側，すなわち被葬者を照写する状態に配列する古墳もある。さきに述べたように弥生墓では宝満尾例が挙げられるが，古墳前期に顕著になる配列傾向といえよう。

第 2 点は配列行為に“対置と反復”が確立することである。銅鏡のあり方にはこれが明確である。

反復とは，第 1 段階—棺内，第 2 段階（棺蓋搬入後）—棺外（竪穴式石室内，粘土槨内），第 3 段階（埋葬施設構築完了後）—室外・槨外の各段階にわたって配列する行為を指す。鏡を第 2 段階まで配列するのは，たとえば大阪府紫金山古墳，和泉黄金塚古墳，京都府椿井大塚山古墳などがあげられる。第 3 段階に及ぶのは京都府園部垣内（かいち）古墳があげられる。佐賀県経塚山古墳では竪穴式石室の壁体のなかに方格規矩鏡を配列しており，第 2 段階と第 3 段階の間の配列行為を示す。これらの古墳では埋葬施設の構築途中に二度，三度と繰り返される配列行為の度，他の副葬品とともに鏡の配列も反復されるのである。

対置とは，被葬者をはさんで上下・左右に配列する行為を指す。鏡の場合は，1. 頭位・頭方向と足位・足方向（棺内），2. 頭位・頭方向と左右方向（棺内），3. 頭側・体側の左と右（棺内），4. 頭方向と足方向（棺外），5. 棺側の左と右方向（棺外）などの各場合がある（図表参照）。つまり被葬者を二方向ないしは三方，極めて稀には四方にとりかこむのである。古墳以外の例としては，立岩10号甕棺（体側の左と右方向—棺内），平原遺跡方形周溝墓（棺外四方向）があげられるが，前期古墳に顕在化する配列といえよう。

京都府椿井大塚山古墳（図 2）はこの 2 点を典型的に示した例である。棺内の頭辺に中国鏡の長宜子孫内行花文鏡を配列したとみられ，棺外には三角縁神獣鏡を主とする30面を越す銅鏡を配列する。しかも竪穴式石室に併行する副室にも鏡の配列がなされていた[11]。すなわち鏡の配列行為に“反復”があったことを示す。棺外に配列の鏡

表　主要前期古墳の銅鏡配列状況（図形の記号は図1参照）

	古墳名	第1段階（棺内）	第2段階（棺外）	鏡種	状態
九州	那珂八幡		△	三角縁神獣鏡	斜・鏡面内
	若八幡宮	●		三角縁神獣鏡	斜・鏡面内
	一貴山銚子塚		◉ △ △ 1・2 3〜6 7〜10	1内行花文鏡　3〜10 三角縁神獣鏡 2方格規矩鏡	1〜10鏡面上
	向野田	● ▲ 1・2 3		1内行花文鏡　3方格規矩鏡 2鳥獣鏡	1・2鏡背上 3斜・鏡面内
	免ヶ平		△ △ 1 2	1三角縁神獣鏡 2斜縁神獣鏡	1斜・鏡面内 2斜・鏡背内
中国・四国	備前車塚		◉△△☒	1内行花文鏡　3〜13 三角縁神獣鏡 2画文帯神獣鏡	斜か
	馬山4号	● ×		三角縁神獣鏡　方格規矩四神鏡 画文帯神獣鏡　内行花文鏡	
	高松茶臼山		△	画文帯神獣鏡	斜か
近畿	城ノ山	● × 1〜3 4〜6		1四獣鏡　3方格規矩鏡 2重圏文鏡　4〜6三角縁神獣鏡	1〜6鏡面上 （箱内か）
	弁天山C1	● × 1・2 3		1斜縁神獣鏡　3三角縁神獣鏡 2四獣鏡	1〜3鏡面上
	紫金山	● 1	◉ ☒ 2〜12	1方格規矩四神鏡 2勾玉文鏡 3〜12三角縁神獣鏡	（報文より推定）
	真名井	● 1	◉ 2	1画文帯神獣鏡 2三角縁神獣鏡	2斜・鏡背内 1は推定位置
	駒ヶ谷宮山		△	三角縁神獣鏡	斜・鏡面内
	和泉黄金塚 中央	× 1	△ 2	1斜縁神獣鏡 2画文帯神獣鏡	1鏡背上 2斜・鏡面内
	和泉黄金塚 東	● ▲ 1・2 3		1三角縁盤龍鏡 2・3画文帯神獣鏡	1斜・鏡面内 2・3鏡面上
	園部垣内	● 1	◉ 2・3	1龍虎鏡　3〜5三角縁神(仏)獣鏡 2擬銘帯神獣鏡　6四獣鏡	1〜6鏡面上 4〜6回
	長法寺南原	● 1	△ △ ☒ 2〜3・4 5〜6	1〜4三角縁神獣鏡 5内行花文鏡 6盤龍鏡	1鏡背上 2〜4斜・鏡背内 6斜・鏡面内
	寺戸大塚	● × 1 2・3		1獣帯鏡　3方格変形獣文鏡 2三角縁神獣鏡	1〜3鏡背上
	芝ヶ原	●		四獣鏡	鏡面上
	椿井大塚山	● 1か	◉△△ 2〜	1内行花文鏡　3画文帯神獣鏡 2方格規矩鏡　4〜(36)三角縁神獣鏡	2〜斜・鏡背内 一部回
	新沢213号墳	● × 1〜3 4		1斜縁二神二獣鏡　3内行花文鏡 2獣形鏡　4変形鏡	1〜4鏡面上
	マエ塚		△ 1〜9	1〜3内行花文鏡　8変形獣文鏡 4〜6四獣鏡　9変形文鏡 7八獣鏡	1〜9斜・鏡面内
	安土瓢箪山	● 1・2		1夔鳳鏡 2二神四獣鏡	1・2鏡面上
東海・中部	東之宮	● 1	◉ 2〜8	1変形四獣鏡　7方格規矩鏡 2〜6三角縁神獣鏡　8変形三獣鏡	2〜8斜・鏡面内
	竜門寺	● ▲ × 1 2 3		1三角縁神獣鏡 2方格規矩鏡 3五獣鏡	1鏡背上（箱内か） 2斜・鏡面内 3斜・鏡面内
	弘法山	●		獣形鏡	鏡面上
	松林山	● ▲ × 1・2 3 4		1三角縁神獣鏡　3四獣鏡 2内行花文鏡　4内行花文鏡	1〜4鏡面上 3は二次移動か
	三池平		△ 1・2	1方格規矩鏡 2四獣鏡	1・2鏡背上
	新豊院山2号墳	● 1		1三角縁神獣鏡 2小形鏡	1鏡面上 2鏡背上回
関東・東北	前橋天神山	▲ ▲ 1・2 3〜5		1・2三角縁神獣鏡　4二禽二獣境 3四獣鏡　5神人画像鏡	1〜5鏡背上か （報文より推定）
	那須八幡	●		夔鳳鏡	鏡面上（箱内か）
	常陸丸山	●		内行花文鏡	鏡背上
	会津大塚山 南	▲ × 1 2		1三角縁神獣鏡 2四獣鏡	1鏡背上 2鏡面上
	会津大塚山 北	●		1捩文鏡	鏡面上

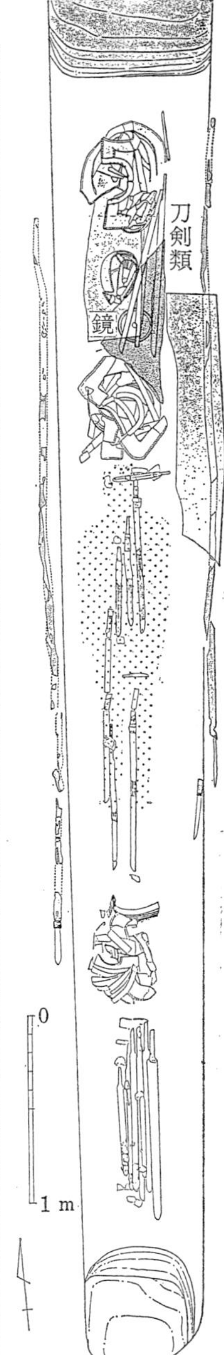

図4　摂津豊中大塚古墳東槨副葬品配列状態図（報告書による。網目は報告に基づく推定埋葬位置，一部追加改変）

斜：壁体などにたてかけている状態
鏡面内：鏡面を内側すなわち被葬者側にむける状態
鏡面上，鏡背内，鏡背上もそれぞれ鏡の配列の状態を示す
空欄：判然としない場合

は長側壁の左右二方向にたてかけられてあったという。これは配列行為に“対置”が意図されたことを示す。

被葬者の照写は棺蓋上でも為された可能性がある（図3）。福井県小山谷古墳も参考となる。舟形石棺蓋上の長側方向左右に4つずつの円形の浮彫があり，鏡を表わしたものとみられる。中心には鈕の表現があり，鏡面を下にむけた様子を示す[12]。意識としては棺内への配列行為が終了し，棺蓋の設置後に棺内を上方の左右二方向から照写するのを目的としたとも読める。

さて『抱朴子』の「日月鏡」・「四規鏡」であるが，以上述べた考古学上の事例との間に一脈を感じるのである。果して二方，三方，四方に鏡を配し，時に照らし写る古墳の被葬者たちは，中国の道士たちと一衣帯水の思慕を枕に棺に横たわったのであろうか。

4 鏡と刀剣あるいは鏡と玉と
——古墳時代中期・様相 3

唐代道教の司馬承禎『含象剣鑑図』には，鏡と剣とが道教の「道」の象徴，また帝王の霊感の象徴としてその宗教性・哲学性が対称に組み合わされて論じられているという[13]。わが国では「鏡と剣」あるいは「鏡・剣・玉」の組み合わせが「二種の神器」，「三種の神器」と称され王権の象徴とされてきた。古墳前期はもとより弥生後期の高塚にもこの種の「神器」の遡源をみようとする論調もある。確かに弥生墓や前期古墳出土の鉄刀剣と銅鏡が被葬者の傍で相重なって出土した例は存在するし，素環頭鉄刀に銅鏡と一体化した配列例が多いことを指摘したこともある[14]。しかしながら次の様相は，『記紀』より弥生時代への淵源を想定する立場に疑問をなげるものとなろう。

大阪府豊中大塚古墳西槨（図4）では，木棺の両小口端に甲冑や刀剣類が配列されるが，被葬者の推定頭位より図上計測で，約80cm頭方向に離れて方格規矩鏡が短甲と冑にはさまれた状態で出土している。鏡面は下向きで，鏡の上には刀剣類がかぶさっていた[15]。この例は刀剣と鏡が一体的に用いられたことを示したものと考えられる。

大阪府和泉黄金塚古墳西槨では，被葬者は手玉を纏っていたと考えられているが，頸への玉類の着装はなかった。ところが推定頭位の右側に画文帯神獣鏡が面を上に配列されており，玉類はその上にかぶさっていた。玉類は大型勾玉を親玉に，管玉を子玉にした整然とした一連のもので，着装可能のものであった[16]。奈良県新沢48号墳北槨では，大腿骨とみられる骨片の傍らに2面の捩文鏡が面を下に配列されていたが，3連以上の連珠となった玉類は2面の鏡の間に検出された[17]。

紹介した古墳では出土状態より鏡と刀剣あるいは鏡と玉が組み合わされ，一体と意識して配列したものと推察できる例である。とくにうち2例は，被葬者の頭優位の原則からはずれる位置に鏡を配列した点が注意できる。配列行為に用いられた副葬品のうちで鏡と刀剣あるいは鏡と玉という二種の「もの」どうしが組み合わさって従来にも増して強く一体的な意識が働いた配列行為が顕在化したといえそうである。さきに述べてきた様相1・2の被葬者と「もの」との関係とは別の意味を付与できるものと考える。古墳時代中期に顕在化する様相としておきたい。

5 頭優位ふたたび——古墳時代後期・様相 4

奈良県斑鳩藤ノ木古墳は後期古墳の棺内副葬品の配列状況のわかる稀少な例である。棺内2体の被葬者のうち北側被葬者の頭骸骨下には画文帯神獣鏡2面と獣形鏡1面の出土があり，いずれも鏡面を下に向ける。南側被葬者では推定頭位より少し頭上方に離れて獣帯鏡が配列されており，鏡面を上に向ける[18]。被葬者との関係，他の副葬品との関係から勘案すると，この頭位および頭辺に検出された銅鏡は，遺骸搬入前に配列したもので，他の棺内副葬品より一等はやい段階に配列された可能性が高いのである。

被葬者の推定頭位・頭辺に出土した鏡のうちで，その推定頭側左右におかれた大刀との関係から同様の配列段階が想定できる例に滋賀県鴨稲荷山古墳，茨城県三昧塚古墳があげられる。3面の銅鏡が頭辺に集中する栃木県桑57号墳例も付け加えられるかもしれない。関連を考慮する事例としては，百済武寧王陵があげられる。

武寧王陵では，王，王妃ともに銅鏡を推定頭位に配列している。王は頭位に獣帯鏡を鏡面下向きに配列する一方，足辺の木箱内には方格規矩鏡を配列する[19]。銅鏡副葬の少ない朝鮮南部の古墳としては，異例の3面の複数副葬例である。

弥生時代以来の頭優位は継続する。さきに古墳時代前期になると被葬者の頭を中心に囲み，場合によっては斜めにたてるといった配列上の変容を示す例があらわれることを指摘した。実は銅鏡をたて被葬者を写す配列は，中期古墳や後期古墳(たとえば三重県井田川茶臼山古墳)にも散見できる。古墳時代後期にも依然，頭優位は貫徹されているのだが，もはや複数副葬の減少，各段階への同種副葬品の反復した配列がみられなくなる情況下にあり，伝統的な配列行為として理解するだけではその配列の意図を読みとれないと考える。とくに横穴式石室の石棺内の一等最初の副葬品として被葬者の「予定頭位」にあたかも地面に伏せたようにおかれた銅鏡は，これまで述べた様相1・2・3とは違う新たな様相4として認識する必要があると考える。

6 あとがき

弥生時代以来の銅鏡副葬の配列上，各時期に顕在化する諸様相について述べた。本稿では銅鏡副葬に込められた古代人の思惟にも時代ごとの変容が生じ，それが配列行為に顕現したものと考えた。また銅鏡の流入が各時代を通して，ほぼ大半を中国から為したことを想えばその思惟に古代中国人との一脈が相通じていたものと考えた。

今後，検証すべき事項を含んだままの見通しをもって稿としたが，研究なかばのノートとして御了解いただきたい。

註

1) 杉本憲司・菅谷文則「中国における鏡の出土状態」『日本古代文化の探求　鏡』1978

2) 前掲 1) に同じ

3) 森　浩一「日本の遺跡と銅鏡」『日本古代文化の探求　鏡』1978

4) 立岩遺跡調査委員会編『立岩遺蹟』1977

5) 石限喜佐雄・七田忠昭『二塚山』佐賀県文化財調査報告書第46集，1979

6) 金関丈夫・坪井清足・金関　恕「佐賀県三津永田遺跡」『日本農耕文化の生成』1961

7) 山崎純男『宝満尾遺跡』福岡市埋蔵文化財調査報告書第26集，1974

8) 樋口隆康「古鏡に映じた古代日本　序説」『西田先生頌寿記念　日本古代史論叢』1960

9) 小南一郎「鏡をめぐる伝承」『日本古代文化の探求　鏡』1978
村上嘉実『抱朴子』中国古典新書，1967

10) 今尾文昭「古墳祭祀の画一性と非画一性」『橿原考古学研究所論集』第6，1984

11) 梅原末治『椿井大塚山古墳』京都府文化財調査報告第24冊，1964
出土状態は採掘者の聴聞による推定復元であるが，その後の正式調査でほぼ検証されているものと判断した。以前の認識を若干改めた。

12) 前掲 3) に本例の紹介がある。

13) 福永光司「道教における鏡と剣」『東方学報』第45冊，1973

14) 今尾文昭「素環頭鉄刀考」『橿原考古学研究所紀要　考古学論攷』第8冊，1982

15) 柳本照男ほか『摂津豊中大塚古墳』豊中市文化財調査報告第20集，1987

16) 末永雅雄・島田　暁・森　浩一『和泉黄金塚古墳』1954
松前　健・森　浩一「対談　鏡のもつ意味と機能」『日本古代文化の探求　鏡』1978

17) 伊達宗泰「48号墳」『新沢千塚古墳群』奈良県史跡名勝天然記念物調査報告書第39冊，1981

18) 前園実知雄ほか『斑鳩藤ノ木古墳第2，3次発掘調査概報』1989

19) 大韓民国文化財管理局編『武寧王陵』永島暉臣慎(訳)金元龍・有光教一(監修)1974

玉・石製品

石川県立埋蔵文化財センター
伊藤雅文
(いとう・まさふみ)

玉は前期における呪的意味が時代とともに薄れていくが，反対に石製品は宝器的な埋納からしだいに呪的な面を増長させていった

あたりまえのことだが，玉類とは身体を装飾する小道具の一つで，それに紐を通して連珠し懸垂するものを指す。石製品とは石で作られた器物を指し，狭い意味での装身具と異なる。玉類は石製のものも多く石製品と同じ材質のものであり，製作において密接な関連が推定されている。それが被葬者の手元に届いた時，二者の機能は異なったものになっている。

また，玉類は古墳時代を通して使用されるが，石製品は主に古墳時代前半期によく出土し，時代的な背景を色濃く示すものとして理解できる。しかし，玉類を装身具，石製品を宝的・呪的器物と

厳密に区別することは無意味であり，それぞれの使われ方を検討することによって，それらが持つ社会的な意味の時代的な変化を把握できると考える。

1 玉の検討

被葬者の胸部あるいは手首・足首付近から出土するものは生前身につけていたものと理解される。頸飾では長さ 40 cm 前後（頸巻式），手玉・足玉では 13 cm 前後がひとつの長さの単位であるようである[1]。垂繋式の頸飾は 50～60 cm の長さが平均的である。大阪府珠金塚古墳北槨や2連の頸飾と左右手玉が出土している大阪府黄金塚古墳西槨でも同様の結果を得ている。一組の玉類しか出土しない場合それが被葬者個人に伴い，着装した状態での埋葬が考えられる。

遺骸に着装したとは考えられない状況での出土例も少なからずあり，ほとんどの場合棺内からの出土で複数の玉群である。黄金塚古墳中央槨では着装状態の玉2群の他に4群の玉が出土している。それぞれに特徴があるようで玉5群はかなり散乱し，玉4群とともに滑石製の玉からなっており，狭長な管玉や面取りのある管玉を使用している。そして，被葬者に直接伴うと考えられる玉2群は玉の質および飾りの構成において卓越している点に注目できる。

一方，大阪府ヌク谷北塚古墳からは4群の玉が出土している。それぞれ遺骸に着装した状態ではなく添えられた状況で出土している。玉2・3群はともに同じような玉，すなわち前期古墳に通有のやや太身の管玉からなっているが，玉1・3群は弥生的な小さい管玉を中心とし対照的である。どれが被葬者に伴うものか明確にできない。

かつて後藤守一氏はこのような複数出土の頸飾の意義を，儀礼時に使うものと日常使うものという区別で説明した[2]。たしかに複数出土の場合，1群の優越性がうかがわれる事も多い。また，頸飾が置かれたと推定される状況のものもあり，鉄製品の大量埋納の説明でよく使われる「供献」の場合も考えねばならない。

さて静岡県三池平古墳からはおそらく一組と思われる玉の飾りが石棺内全体にわたって出土しているが，散乱したような状況ではなく纏まってある。一方，同墳出土ガラス玉は石棺内全体から散乱した状態で出土している。大阪府鞍塚古墳や珠金塚古墳などからは多量のガラス玉が出土している。かなり散乱した状態であるが棺内全体にわたるものではなく，鞍塚古墳では鏡の周囲とか珠金塚古墳では棺内東・および中央とかある一定範囲内の散乱である。玉の緒を切ったためと解され，滑石製臼玉との機能的類似性を指摘できる。すなわち，ガラス玉が装身具としての機能と，呪具としての機能の二者を併せもっていると考えることができる。

時間的に大きな流れの中で，青色主体の玉から色彩の鮮やかな玉へと変化していくことが指摘されている。石製玉類では深緑色あるいは灰緑色の碧玉から少数ながら滑石が加わる。ともに同系色の玉であり用材の不足を補完するものと考えられる。滑石製玉は古墳前期にほとんどみられず，黄金塚古墳中央槨中の丁字頭勾玉と棗玉（第 4・5 群）が最も古い例であろう。しかも整った形態で中期によく見られる大量埋納する粗製の玉とは明らかに趣を異にしている。両者の石材が同じ飾り中に使用されている例は筆者の知りうる限りにおいて見られず，使用に際して厳密な区分がなされたものと考えられる。

中期中頃以降にはメノウ（赤）や水晶（白）・コハク（茶）製の玉が加わり，同時に管玉の比率が低下するようである。すなわち，これらによって作られる玉は勾玉・丸玉・棗玉であり，単純な構成の玉から多彩なものへと変化している[2]。古墳中期前半には北陸の玉生産が終息し，前後して畿内の中で曽我遺跡に代表されるような畿内政権による集中的な玉生産が始まる[3]。必然的に畿内政権は頸飾りを構成する玉の種類を決定するのにイニシアチブを取ったものと考えられる。ガラス玉も古墳前期からまま出土し弥生的なスカイブルーやネイビーブルーのものであるが，中期後半以降は緑・黄・茶などの色が加わり石製の玉とほぼ同じような変化をたどる。しかも金属製あるいは土製の玉も加わり，色彩かつ材質の面において飾りのバリエーションが広がったことがわかる。

そして全体的に球形の玉主体の飾りになり，形態上の変化は少ないが，個々の飾りの変化が大きいものとなっている。前期の玉は管玉の間に勾玉を配し1重あるいは多重につらねている。そしてガラス玉を部分的に使うものもあり，一見して中期同様多様性があるように思えるものの実際の使用例を見る限りそのように断定できまい。中期は

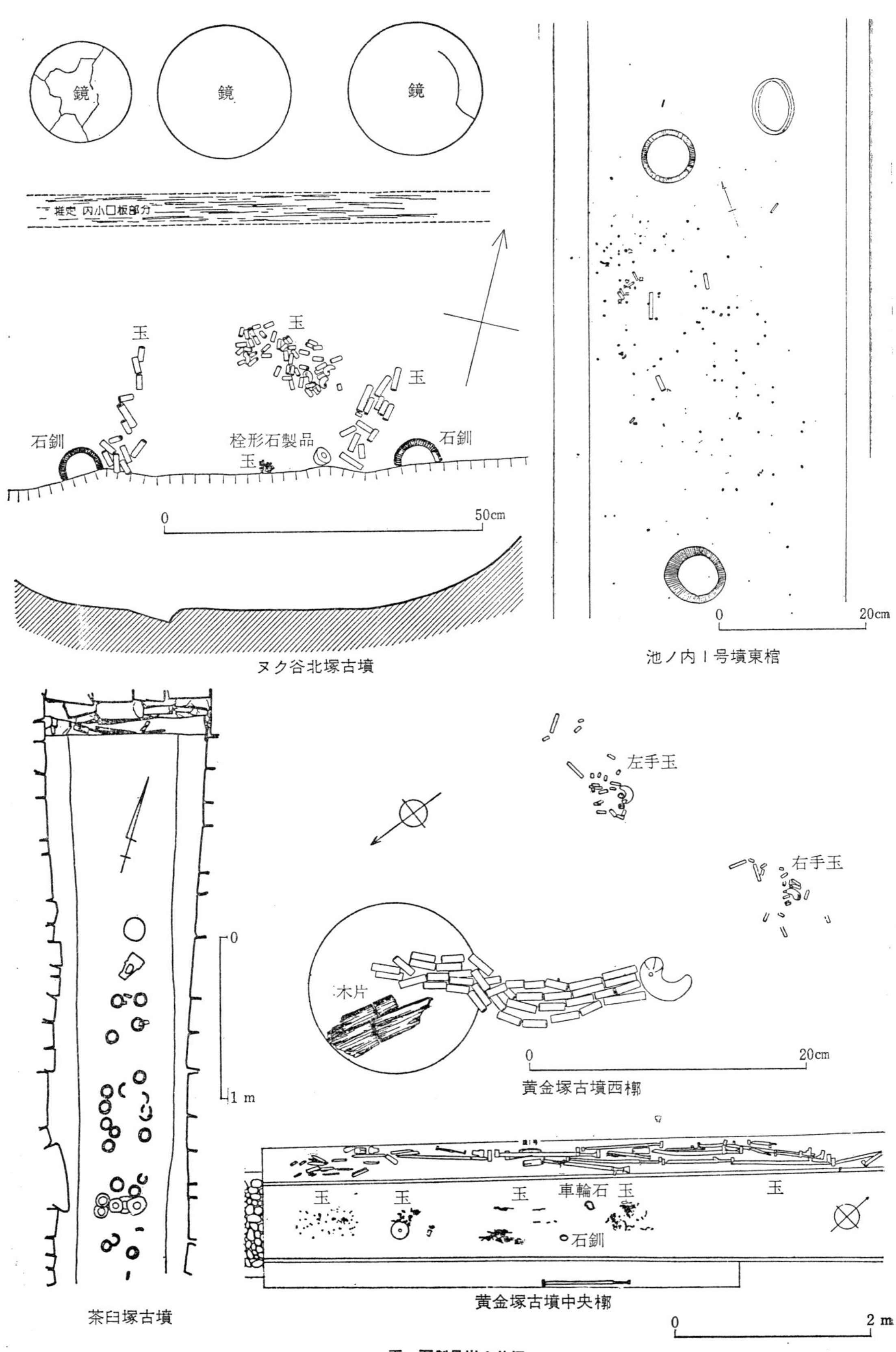
鏡
鏡
鏡
推定 内小口板部分
玉
玉
玉
石釧
栓形石製品
石釧
玉
0
50cm
ヌク谷北塚古墳
0
20cm
池ノ内1号墳東棺
左手玉
右手玉
木片
0
20cm
黄金塚古墳西槨
0
1 m
茶臼塚古墳
玉
玉
玉
車輪石
玉
玉
石釧
黄金塚古墳中央槨
0
2 m

玉・石製品出土状況

渡来人によるものや倭の五王に代表されるような大陸との通交の結果による大陸文化の流入が顕著になる。実蔡の文物の副葬は5世紀後半にならねばならないが，それに付随するかのように大陸的な装身具である冠帽，腰佩，指輪，鞜などの金製品が多数見られるようになる。そして前後して玉の変化があり，両者に密接な関連が予想される。

つまり，「自己顕示」という装身本来の目的からみれば，前期では頸飾のみであったものが中期にいたり各種の装身具が加わることによって頸飾はその一要素にすぎなくなっていき，玉ばかりではなく全体として多様なものになっている。その背景には古墳被葬者数の絶対的な増加が係わっていると考えられる[4]。

なお，奈良県塚山古墳や滋賀県新開1号墳などに見られるような装身具を副葬しない古墳が中期以降見られる。いずれも甲冑に代表されるような武器・武具の埋納が顕著でありそれが注目されている。このような古墳を武人的性格が強いと解釈できようが，一つの可能性として装身具を必要としない人々と考えることもできようか。

2　石製品の検討

概ね碧玉製品と滑石製品に区別される。前者は腕飾類に代表されるように宝器として，後者は模造品に代表されるように呪具として理解できよう。しかし実際には判然と区別できるものではない。すなわち碧玉から滑石へという材質転換の傾向が見られるからであり，意識された器物によって使われ方が異なると思われるからである。

碧玉製腕飾類は前期でも新しい遺物相と考えられている[5]。それ以前のものとして奈良県桜井茶臼山古墳出土の各種の碧玉製品があげられようが，茶臼山古墳例は盗掘にあっているのでその埋納方法の検討はできない。また，類例に乏しいので特殊な事例と思われる。碧玉製腕飾類は複数埋納を基本としているが，稀に単体で出土する。ともに棺内副葬が主である。

車輪石・石釧各1個出土した黄金塚古墳中央槨はあたかも腕につけた状態である。しかし，これらの宝器が実際に装着していたか疑問であり，遺骸に添えられたものと考えられ，それだけ被葬者に近いものであったと思われる。すべての資料を調べたわけではないが，この傾向は出土個体数が少ないほど見られるようである。石釧5個を出土したヌク谷北塚古墳では遺骸に添えられてあり，奈良県池ノ内1号墳でも遺骸の両脇に置かれ，岐阜県龍門寺1号墳も同様である。黄金塚古墳東槨では鏡の脇に置かれた冑の下に鍬形石および大型水晶切子玉，筒形石製品が出土している。つまり，鏡の埋納位置の近くにあることが多く腕飾類の本来的な姿を暗示していよう。

一方，三重県石山古墳や奈良県櫛山古墳などの古墳からは多数の腕飾類が出土している。大阪府松岳山(まつおかやま)古墳に接してある茶臼塚古墳から計32個体が出土し，頭部に鏡を頂いて遺骸を取り囲むような状態である。岐阜県長塚古墳も鏡を中心に並べた状況で，茶臼塚例と同じと見てよいだろう。このような埋納方法は少数出土で遺骸に添えられていたような腕飾類を連想させる。反対に石山古墳は木棺の両小口に集積された状態で出土している。奈良県メスリ山古墳も石室の両小口を中心に破片が分布しているので，石山例と同じと考えてよい。小口に集積されている腕飾類の例は多いとはいえず，少なくとも先に見たような宝器的色彩は薄いと思われる。ともかく，多数出土の場合遺骸の周囲に並べられた鏡の埋納方法と形態的に同じであり共通する性格を予想させる。

櫛山古墳は前方部の特殊な遺構中から出土し特異な事例である。また滋賀県北谷11号墳は棺内から鏡とともに鍬形石が3個，棺側の棺外に鉄器とともに2個が出土している。鍬形石に未製品や滑石製品を含んでいることからも，本墳における特殊性がうかがわれる。この2例は先に見たような腕飾類の本来的な埋納方法とやや離れていると考えられるものの，沖ノ島で検出したような一連の祭祀の範疇で捉えることもできる。

腕飾類が主に棺内で出土することが多いのに対し，石製品は棺外で出土することも少なからずある。奈良県マエ塚古墳は木棺北小口に接する「副室」中に鏡9面とともに合子2個，坩1個が並べられた状態で出土している。京都府園部垣内(かいち)古墳では棺外に置かれた靫(ゆき)の中に鉄鏃，銅鏃とともに鏃形石製品が置かれていた。一方，奈良県東大寺山古墳では腕飾類と石製品がともに棺内から出土している。

いずれにしても石製品の祭祀的性格あるいはその一部の宝器的性格を否定するものではない。このうち祭祀的・呪術的な面を強く受け継いだものが滑石製模造品である。そのほとんどが棺内外から出土し，その使用法の傾向を捉えるのは困難である。中期における副葬品の質的な変化，すなわち宝器的遺物の減少に伴う石製模造品の増大がある。同時にその思想性の普及に伴い粗悪化・大量埋納の傾向にある。

3 まとめ

おもに玉類を中心にみてきた。従前よりいわれていた玉類の変化は単なる嗜好の変化というよりも大陸文化に影響された装身面における文化変化であり，その前提として「司祭者」的性格をもつ支配者からより現実的な支配者へ変質していった首長[6]の存在が重要である。同時に古墳を造ることができる人間の数が増えることによって社会的な階層分化が進行し，前期のような玉のもつ呪的意味が薄れていったのではないかと考える[4]。

反対に石製品は宝器的な腕飾類の埋納に始まるが，次第にその側面よりも呪的な面を増長させている。剣・鏃・刀子・農工具刀の石への材質転換はそれらの非実用性を強調するものであり，それだけ祭祀性が強いといえる。カトンボ山古墳などに代表される滑石製模造品の大量埋納は最も発展した姿と捉えることができるであろう。また，祭祀遺跡と共通する点を重視すれば，前代のような「司祭者」的性格を払いきれない支配者像を垣間見ることができよう。

註

1) 橋本博文『常陸梶山古墳』大洋村教育委員会，1981
2) 後藤守一「古墳副葬の玉の用途に就いて」考古学雑誌，30―7，1940
3) 関川尚功「古墳時代における畿内の玉生産」『末永先生米寿記念』1985
4) 拙稿「古墳時代装身具の社会性について（覚書）」『網干善教先生華甲記念』1988
5) 小林行雄「前期古墳の副葬品にあらわれた文化の二相」『古墳時代の研究』1961
6) 小林行雄『古墳の話』1959

なお引用した報告書は紙数の関係で割愛した。

農工具

広島県埋蔵文化財調査センター
■松井和幸
（まつい・かずゆき）

農工具類は前期以降大量に副葬されるが大部分は棺外副葬品である。そして後期になると，鉄製農工具類の副葬はみられなくなる

古墳副葬の農工具，とりわけ農具には本来木製のものが存在した可能性も考えられる。しかし現在まで残っているのは鉄製品と，石製のいわゆる滑石製模造品と呼ばれているもののみである。

滑石製模造品は，本来実用品であった副葬品がその性格の結果，雛型のように形骸化したものといえる。副葬品としての本来の意味づけも若干変化してきていることも推察される。本稿では，したがって鉄製品に限定して述べる。

1 鉄製農具の種類

鉄製農具には，鍬・鋤先，馬鍬（まぐわ），鎌，摘鎌（つみがま）などがある。

鍬・鋤先は，長方形鉄板の両端を折り曲げて木器着装部分を作った方形鍬・鋤先と，平面形態がU字形を呈し，近世の風呂鍬・鋤先に類似した断面V字形の木器着装部を有するU字形鍬・鋤先の2種類が存在する[1]。前者は弥生時代に日本列島内で独自に製作された鉄器であり，後者は5世紀代に朝鮮半島方面から伝わってきた鉄器である。方形鍬・鋤先は木器に装着した場合の耐久性に劣るためか，やがては後者にとって代られる。この時期は，ほぼ6世紀前半頃である。こうした変化の背景には鍛冶技術の進歩も考えられる。

鍬先であるのか鋤先であるのかは，方形，U字形ともに刃先の形態のみから区別できない。

方形鍬・鋤先には，幅 4～8 cm，長さ 3～8 cm ほどの比較的小型のグループと，幅 10～17 cm，長さ 5～10 cm 程度で弥生時代例と同程度かやや大型の2種類がある。小型のグループは，大阪府野中アリ山古墳北施設49例，奈良県新沢（にいざわ）千塚500号古墳副槨 21 例など前，中期の古墳で大量に副葬される例がある。奈良市大和6号古墳の179例も詳細は不明であるが，大部分小型のグループに属するのであろう。

U字形鍬・鋤先にはこのような大量副葬の例はなくなる。このことは，後述するように農工具副葬の衰退とも関連するのかもしれない。

耕作具である馬鍬（又鍬）は，詳細な変化を把握できるほど出土例は多くない。歯は 3～4 本で頭部に木柄着装のための袋部をつけている。歯の断面形には長方形のものと，丸いものとの 2 種類がある。大きさは，大阪府紫金山古墳例のように刃先の長さ 18 cm の大型のものと，広島市池ノ内第 2 号古墳出土例のように歯の長さ 11 cm 程度の小型のものが存在しており，何らかの機能差を示しているようである。

鎌は，平面形態に 2 種類の差がみられる。刃部が直線で基部から刃先まで同幅で続く直刃鎌と，先端部がとがって鳶口のような形態で，刃部が内湾する曲刃鎌の 2 タイプである。5 世紀前半を境に前者から後者への変化がみられる。弥生時代の鉄鎌は，大型から小型へ変化し，しかも曲刃から直刃鎌へ変化してゆく[2)]。古墳時代の直刃鎌は弥生時代鉄鎌の延長上にあるといえる。

着柄のための基部折返しには，刃部に直角に基部全体を折り曲げるタイプと，基部上端角を斜に折り曲げるタイプの 2 種類が存在する。着柄の角度によって刃部が柄に対して直角をなすタイプと鈍角をなす 2 タイプ存在することを示しているのであろう。ただ基部の折り曲げ角度と着柄角度とは必ずしも一致しない。柄の木質残存状況などからそのことが裏付けられる。新沢千塚500号古墳出土例のように折返しの見られない例もある[3)]。

摘鎌は，幅に比べ長さが短いだけで前述の方形鍬・鋤先とほぼ同様の形態をしている。出現時期は弥生時代終末と考えられる。消失の時期は，6 世紀後半～7 世紀初頭である。基部の折曲げ部に横板をはめ込み，稲などの穀物を収穫するための道具と考えられる。大阪府豊中市大塚古墳出土の 7 点は両端に明瞭な折返しがみられないが，大きさ，木質の残存状況などから，同様な摘鎌の一種と言えよう[4)]。

2　工具の種類

鉄製工具には，斧，鉇，刀子，鑿，錐，鋸，鉄鎚（かなづち），鉄鉗（かなはし），鉄鏨（たがね），鉄砧（かなとこ）などがある。

斧は，大部分斧頭のみの出土であるが，大阪府百舌鳥大塚山古墳，同七観古墳，滋賀県北谷11号古墳，山梨県大丸山古墳例などのように鉄製の柄のつく例（この場合は手斧に限られる）も存在する。

斧頭の種類には，長方形鉄板の一端に刃をつけた短冊形鉄斧と，着柄のための袋部を有する有袋鉄斧の 2 種類がある。いずれも鍛造品である。有袋鉄斧にはさらに刃部幅が広く，袋部と刃部との間に段を有する有肩鉄斧と，袋部と刃部の幅があまり違わない鉄斧の 2 種類がある。

短冊形鉄斧は，弥生時代にみられる両刃の板状鉄斧の系譜を引くと考えられ，各地の前期古墳から出土する。京都府椿井大塚山古墳をはじめ多くの前期古墳で，有袋鉄斧と共伴して出土する。短冊形鉄斧は縦斧として木の伐採，荒割り用に，有袋鉄斧は手斧（横斧）として木材の加工に用いられたのであろう。

その後 4 世紀末～5 世紀になると板状鉄斧は消失し，大型有袋鉄斧と，小型有袋鉄斧のみの組合せとなる[5)]。この時期になると鉄斧の副葬量も多くなり，大阪府野中アリ山古墳北施設下層から 134 点，奈良市大和 6 号古墳 102点などのように大量副葬の例もみられる。これらの大量副葬例も野中アリ山古墳では，木柄を着装したもの10本前後あるいはそれ以上を一括して束ねて埋納している（図 1）[6)]。しかも前述のように，

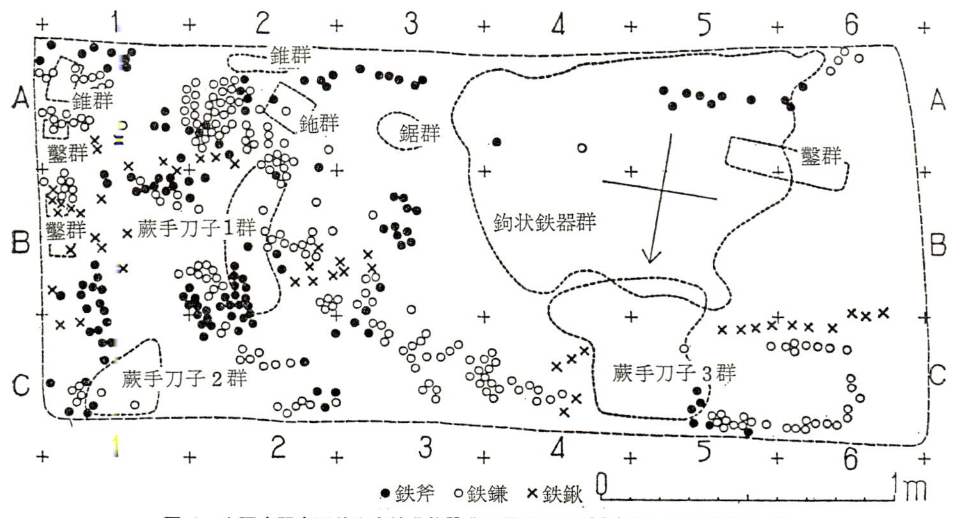

図 1　大阪府野中アリ山古墳北施設農工具群の配列分類図（註 6 文献より）

大きさによって（おそらくは機能別に分けて）埋納場所が異なっている点が把握されている。

これらの鍛造鉄斧以外に，方筒袋部を有する鋳造鉄斧が存在する。朝鮮半島方面で長く使用されている器種の鉄器であるが，鉄斧であるのかあるいは鍬先のような耕作具であるのか結論は出ていない。岡山市金蔵山古墳中央石室副室から5点など前半期古墳から出土している。この種の鋳造鉄斧は，5世紀代には消滅しているようである。

鉇は，弥生時代前期から出現する木材加工具である。古墳時代の鉇は刃部の長さから，大型，中型，小型の三種類に分れる。大型は刃部の長さ6cm以上，中型は同じく3〜5cm，小型は1〜3cmである。小型鉇は弥生時代鉇の延長上にあると言えるが，大型，中型のものは5世紀になって出現してくる。背景に木材加工技術の何らかの変化を暗示しているようである[7]。

なお鉇は，副葬の本数がせいぜい10数本である。奈良市大和6号で9本，大阪府アリ山古墳北施設で14本など鉄製農工具が大量に副葬されている中期古墳でも他の農工具類に比べれば数は少ない。逆に奈良県新沢千塚500号古墳副施設でも16本出土している。出土位置などから考えて，まとめて束にして収められたと考えられる。大量の鉄製農工具を副葬した中期古墳において，鉇は副葬品の器種構成を示すために副葬はされても，大量に副葬されることはあまりなかったようである。

刀子は，弥生時代前期以降数多く出土する割にはほとんど整理のされていない鉄器の一つである。木柄や鹿角装のものを始め，身と柄を同時に作る素環頭刀子，蕨手刀子などがある。また，鉄刀として分類されているもののうち長さ30cm以内のものは書刀で，本来は刀子として分類すべき鉄器と考えられる[8]。

機能は，大きく分けると，木を削ったりする木材加工用の木工具と，脇差的な武器の二つが考えられる。とりわけ後者は，被葬者が生前（日常）使用していた可能性が高い。このことは出土状況からも裏付けられる。すなわち，工具としての刀子は，奈良県メスリ山古墳副室などでは斧，摘鎌，鑿，錐，鋸など他の農工具類と一括して副葬され，槍先や鏃などとは区別されている。新沢千塚500号古墳後円部副施設の遺物にも同様の傾向がうかがえる。

一方，大阪府黄金塚古墳東槨では，大小2本ずつの刀子がそれぞれ絹布で幾重にも丁寧に包まれ，鏡や鍬形石，玉類などと同一の場所から出土している[9]。大阪府豊中市大塚古墳では，第2主体部西槨北側に鎌，摘鎌，鍬・鋤先，斧，鉇，鑿，錐などの農工具類と計37点の刀子が一括して出土している。ところが東槨は，短甲，冑，剣，槍などの武器・武具類のみの副葬品で構成され，遺体の腰部と推定される場所から刀子が1点出土している。埼玉県稲荷山古墳第1主体部では，同じく被葬者の腰部で刀子の柄部分が検出されている。復元された銙帯（かたい）（図2）などからみると，刀子は帯金具に近い所から腰に下げていたか，帯間に差していたと推定されている[10]。

鑿，錐，鋸などの工具も前期段階から出土する。前述の斧，鎌，鉇などの農工具類と混同して出土する場合が多く，出土状況などにあまり特色は認められない。

鉄槌，鉄鉗，鉄鏨，鉄砧などはいずれも鉄器の鍛冶加工に主として使用する道具である（図3）。なお，鉄槌のみや鉄槌と鉄鏨のみ出土の場合はそれらを鍛冶具と認定する確証はない[11]。現在までのところ5世紀段階から出土し，後期の横穴式石室を内部主体とする古墳の副葬品としても残る。副葬場所には，福岡県池ノ内6号墳では棺外副葬の馬具などとは別に，刀剣類とともに棺内に副葬している例と，岡山県随庵古墳や埼玉県稲荷山古墳のように棺外に副葬している例がある。前者は鍛冶工人そのもの，後者は鍛冶工人を掌握している人間という被葬者の差を推定することも可能である。今後類例の増加を待って総合的な解釈を加

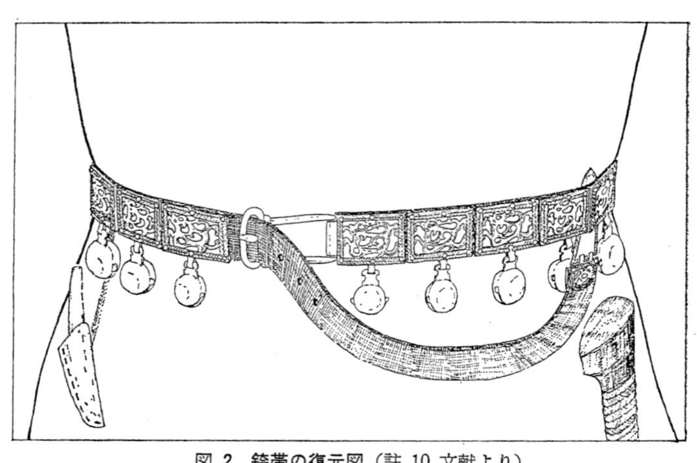

図2　銙帯の復元図（註10文献より）

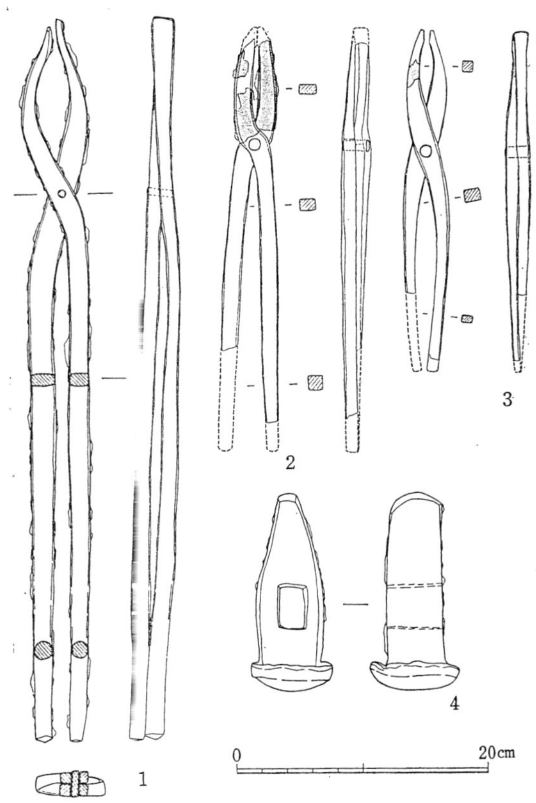

図 3　古墳出土鍛冶具（1・4 福岡県池ノ内6号，2・3 埼玉県稲荷山）

える必要があろう。

3 む す び

弥生時代以降の墳墓において，副葬品とは本来被葬者の生前の権力を象徴するような品物であった。それらは，青銅製鏡であり，ガラスあるいは碧玉製の玉類であり，刀剣に代表される鉄製や青銅製の武器であった。したがってこれらは被葬者が生前から所有し，愛用していた品物である。

ところが，古墳時代前期以降，古墳がより大型になり，したがって石室などの埋葬施設も巨大化する。そしてそうした空間に被葬者の生前の生活を復元するかのように種々の品物が副葬されるようになる。こうした背景のなかで農工具類も大量に副葬されるようになってゆく。しかしあくまでこうした農工具類は副葬品の中心を占めることはなかった。そのため，棺外副葬品として，あるいは副槨などに，遺体とは離れた位置に収められる場合が大部分である。

その後後期になると，古墳の規模が小さく，副葬品も須恵器や土師器などの土器類が中心になってくると，鉄製農工具類の副葬はみられなくなる。

こうした状況の中でも金工具である鉄槌，鉄鉗，鉄鏨，鉄砧などは依然として副葬され続ける。これらの鉄器類は，副葬される古墳も限られている。おそらく，被葬者が鍛冶に関係する人間であったことを示しているのであろう。したがって，古墳に葬られた人間が生前使用していた道具類を副葬した可能性が高い。

定形化した前方後円墳の成立に伴い，副葬品の種類もある程度定形化したと考えられる。すなわち，そのことは古墳における葬送儀礼の確立を示しているのであろう。こうした中で鉄製農工具類の副葬も確立してくる。ただそこには種々の差がある。その差がはたして古墳時代の政治的動向を反映したものなのかどうか[12]，ここで論じるには問題が余りにも大きすぎる。

こうした葬送儀礼の確立，発展の中で農工具の大量副葬も行なわれるようになる。古墳時代後期になるとそうした葬送儀礼は変化し，それとともに鉄製農工具類の副葬も行なわれなくなる。

唯一被葬者が生前使用し，愛用していた刀子や金工具などを除いてである。

註

1）松井和幸「日本古代の鉄製鍬先・鋤先について」考古学雑誌，72—3，1987
2）松井和幸「12鉄鎌」『弥生文化の研究』5，雄山閣出版，1985
3）奈良県立橿原考古学研究所編『新沢千塚古墳』1981
　副槨出土の18点の鎌はすべて基部折返しのない小型，直刃タイプである。他の共伴鉄製工具の形状などを参考にすれば，鎌のみその実用性を疑うことはできない。
4）豊中市教育委員会『摂津豊中大塚』1987
5）潮見　浩『東アジアの初期鉄器文化』吉川弘文館，1982
6）藤　直幹ほか『河内における古墳の調査』臨川書店，1964
7）古瀬清秀「古墳出土の鉇の形態的変遷とその役割」『考古論集』松崎壽和先生退官記念事業会，1977
8）前掲註 5）文献
9）森浩一は，鉄刀子を他の工具や利器から区別し宝器的に取り扱うのは，中期の石製刀子出現の前提とも見られる現象であると考えている。
　森　浩一「第5章　東槨」『和泉黄金塚古墳』1954
10）埼玉県教育委員会『埼玉稲荷山古墳』1980
11）前掲註 5）文献
12）寺沢知子「鉄製農工具副葬の意義」『橿原考古学研究所論集』4，1979

土　器

早稲田大学助手
■橋本博文
（はしもと・ひろふみ）

副葬される土器にはそれ自体が宝器的に副葬される場合と，土器の内容物の供献を目的に容器として埋納される場合とがある

「副葬品」という概念は，漠然としているが，広義に「副葬品」とは，遺骸にそえて埋納する品物のすべてを指す。土器に関して言えば，①被葬者の生前の所有品，②葬儀に使用した容器，③被葬者が冥界で使用すると信ぜられた仮器の類などが想定される[1)]。

1　前期古墳における土器の「副葬」

古墳時代前・中期には，土器が主体部に副葬されることは稀である。しかし，前期前方後円墳の千葉県木更津市手古塚（てこづか）古墳[2)]では，主体部の粘土槨の排水施設付近から底部に穿孔を有する畿内系の布留式の甕が出土した。内面には朱の付着があり，畿内からもたらされた朱を葬送儀礼に際して使用し，祭儀終了後，容器も共に埋納したものであろう。群馬県前橋市天神山古墳[3)]・大阪府富田林市真名井（まない）古墳[4)]などの粘土槨の内部からも畿内，布留（ふる）式の甕形土器が共通して出土している。とくに，後者の真名井古墳では手古塚古墳と同様粘土槨の一端の排水口付近で検出された。これらは皆，土器の内容物として朱が確認されており，「朱壺」として使用されたことが伺われる。畿内を中心とする共通した古墳祭式，葬送儀礼の存在を垣間見ることができる。

「景初三年」銘三角縁神獣鏡の出土で著名な方墳・島根県大原郡加茂町神原（かんばら）神社古墳[5)]の場合は，主体部の竪穴式石室に平行して土器埋納坑があった。この中に納められた5個体の土師器甕類のうち最も小さい土器の周辺から朱塊などが検出された。あるいは，これも「朱壺」の役割を果たしていたものとも考えられる。ちなみに，土器は在地の甕である。

一方，古墳時代前・中期の副葬品の中に，坩・器台，それらが合体してできた脚付坩などの土器をかたどった石製品がある。前期には碧玉で作られ，中期になると滑石が素材として選ばれる。土器の器台の消失と共に石製器台・石製脚付坩も見られなくなる。そして，儀礼化の進行につれて，石製坩自体も5世紀中頃には姿を消してゆく。この種の遺物は，他の副葬品と一緒に主体部の中に納められる。ところで，それに先行してモデルとなった土器が主体部に入れられる例が認められる。静岡県藤枝市釣瓶落（つるべおとし）1号墳では，棺東端部において高杯や坩のほか，小型器台の上にのった小型坩が検出された。また，同・若王子（にやくおうじ）7号墳では，土師器の坩と脚付坩が主体部内から出土した[6)]。これらは4世紀後葉のものである。

2　陶質土器・初期須恵器の副葬

5世紀中頃の大阪府藤井寺市野中（のなか）古墳[7)]は，古市古墳群中の一辺 28m の方墳である。墳頂部表土直下より TK 73 型式～TK 216 型式の須恵器器台や高杯・台付坩・壺などが大量に出土している。その下方の第2木櫃中央から，複数の陶質土器が多量の鉄鏃や眉庇付冑・短甲各1他の副葬品と共に検出された。把手付壺4と蓋3の計7点で，いずれも小型である点が注意される。土器類の出土状態は他の遺物に比べると雑然としており，元々棺蓋上面に配列されていたものが，棺蓋の朽失によって内部に落下したとも解釈されている。いずれにせよ，本木櫃には，水銀朱の痕跡や遺物の出土状態などから人体埋葬の可能性が指摘されている。その他の木櫃には，刀剣・鉄矛・鉄斧・鉇・刀子・鉄鋌・石製刀子・石臼・石杵などが副葬されていた。副葬土

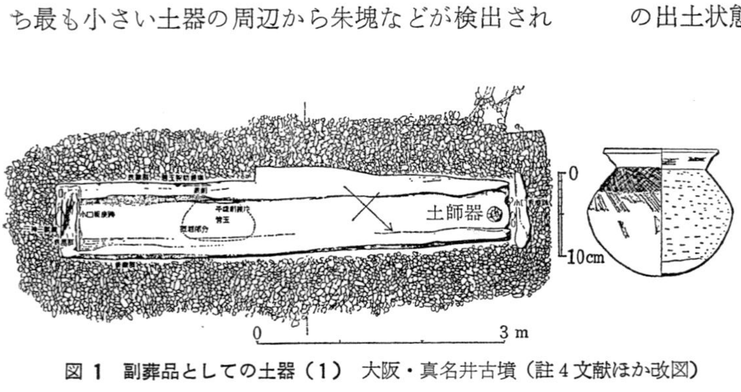

図1　副葬品としての土器（1）　大阪・真名井古墳（註4文献ほか改図）

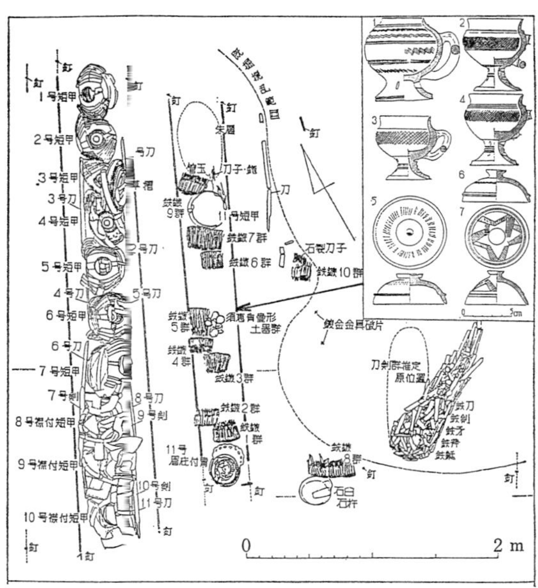

図２　副葬品としての土器（2）　大阪・野中古墳（註７文献改図）

器は墳頂部出土の土器群とは器種・出土状態など様相を異にし，いずれも優品で胎土分析の結果からも舶載品の可能性が高い。あるいは舶来の器物として珍重され，宝器としての扱いを受けたものとも推定される。それは木下氏が言うように，折損して発見された把手の問題や２次的に生じた蓋身のセット関係[8]などと矛盾するものではなく，却ってその事実を裏づけるものといえよう。

野中古墳と同様に，舶載陶質土器を副葬した数少ない古墳がある。岐阜県大垣市に所在する全長約 80 m の前方後円墳遊塚(あそびづか)古墳[9]がそれで，前方部遺物埋納施設から銅鏃 33・鉄鏃 74・鉄剣４・鉄刀 13 の武器と鎌４・斧１・手斧１・鑿５の鉄製農工具類，板状鉄製品，鎌４・斧８・鑿５・鉇１・刀子 135 の石製模造品，さらに碧玉製車輪石１，そしてその近くから陶質土器の把手脚付短頸壺蓋１が盾の上に載った状態で検出された。ペアであるべき身が無いのは，見慣れぬ硬質土器への憧憬と入手しがたい珍重さを伺わせる。時期は古く，４世紀末～５世紀初頭に遡る。

兵庫県姫路市の宮山古墳[10]は径 30 m ほどの円墳である。３基の埋葬施設をもち，その最古の埋葬施設である第３主体部の竪穴式石室から TK 73 型式の古式須恵器の壺・器台・高杯・杯・𤭯など土師器の壺・杯が出土している。その他の副葬品として，画文帯神獣鏡・純金製垂飾付耳飾り・銀製指輪・玉類・短甲・衝角付冑・刀剣・鉄鏃・鎌・鋤・刀子・馬具などがある。土器を含めほとんどが組合せ式箱形木棺の棺外副葬品で，東方頭側の石室小口付近中央に土師器壺，コーナーに須恵器器台を置き，反対の足元には短甲を立て，鉄鏃・衝角付冑・鉄鉾などに囲まれて須恵器壺・把手付高杯・土師器壺などを副葬していた。棺の上ないし下には鉄鋌なども置かれていたと推定されている。

また，同県加古川市の帆立貝式古墳・カンス塚古墳[11]の竪穴式石室からは，武器・武具・農工具類と共に TK 216 型式新段階の須恵器𤭯１・高杯３・壺３・把手付椀１と土師器壺１が出土した。その西方 500 m のところに位置する印南野(いなみの)２号墳[12]の竪穴式石室内には馬具・武器・武具・農工具などの副葬品の他に，TK 73 型式～TK 216 型式古段階の須恵器𤭯３と高杯２が北側の長側壁に沿って並べられた状態で出土した。この中では，板状台石の上に置かれていた脚付２連𤭯のような特種な器形が注目される。

さらに，大阪府大東市の堂山１号墳[13]でも TK 73 型式～TK 216 型式古段階の初期須恵器が主体部から確認された。径約 25 m の円墳で，組合せ式箱形木棺の棺内より滑石製紡錘車と玉類，墓坑内より須恵器把手付椀・𤭯・直口壺各１が出土した。なお，副棺内には鉄剣３・直刀 18・鉄鉾１・鉄槍１・鉄鏃 198 の武器と三角板革綴式短甲１・三角板革綴式衝角付冑１の武具，鎌６・鍬先５・鑿３・斧１・刀子４の鉄製農工具が副葬されていた。墳裾の円筒埴輪列内側からは須恵器有蓋高杯７・器台２が検出され，主体部内の副葬須恵器との器種の違いが注目される。時期は５世紀前半代である。

岡山県笠岡市七ツ塚古墳[14]は径約 10 m の円墳であるが，その主体部の箱式石棺に土器を副葬する副室を伴っていた。主室からは，鉄剣・直刀・鉄鏃・鍬先・滑石製勾玉・臼玉が出土し，副室からは完形の須恵器甕・𤭯と土師器埦各１が正位で検出された。𤭯は TK 208 型式併行で，５世紀第Ⅲ四半世紀前後のものである。

北部九州，福岡県甘木市の池の上墳墓群[15]や古寺(こでら)墳墓群[16]では，石蓋土壙墓の内部，被葬者の頭部や足部から陶質土器の壺やジョッキ形土器などが出土している。とくに前者の池の上墳墓群では，伽耶系陶質土器，初期須恵器の供献・副葬が全体の約７割を占めるというように，その被葬者群の性格を暗示する。ちなみに D-1 石蓋土壙墓

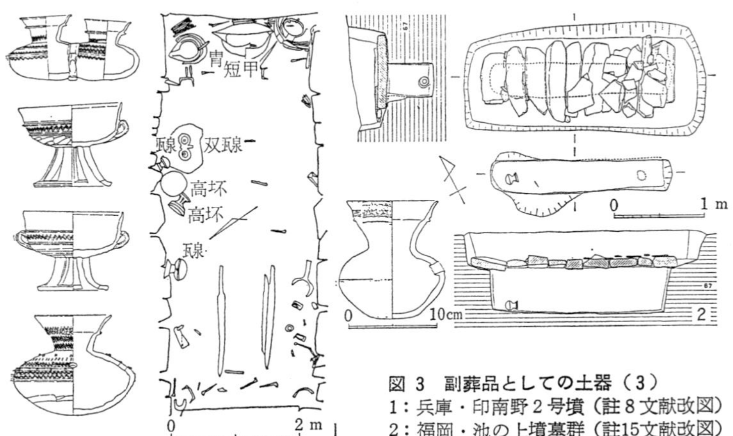

図3　副葬品としての土器（3）
1：兵庫・印南野2号墳（註8文献改図）
2：福岡・池の上墳墓群（註15文献改図）

には，朝鮮半島系の算盤玉形の陶製紡錘車が共伴している。同県朝倉郡杷木町志波千代島石棺墓の箱式石棺内からも，古寺6号土壙墓例と類似したジョッキ形土器が出土している。

同じく筑紫野市隈・平原古墳群2号墳の竪穴式石室内から須恵器壺と甕が各1個体置かれた状態で検出された。そのうち甕は胎土分析の結果，地元の小隈窯産のものと推定されている。5世紀後半代のものである。

これら初期須恵器などの副葬は，それまで土器類を主体部に副葬するという慣習のほとんど無かったわが国においては異例なことである。その背景には，新来の文物の朝鮮半島からの輸入と共に，その主体部内への副葬という習俗も持ち込まれた可能性がある。しかし，それはしばらく一般化せず，その特殊例は渡来系の人々または彼らと密接な関係にある人物が受容したものとも考えられる。カンス塚古墳からは，金製垂飾付耳飾が1対，宮山古墳からはそれが2対と銀製指輪・画文帯神獣鏡・金銀貼金環頭大刀・鉄鋌など外来的要素の強い副葬品が出土しており，各々の被葬者の性格が示唆される。ちなみに，宮山古墳の鉄鋌が僅少ではあるが，もしも棺床に敷かれたものならば，朝鮮半島，韓国釜山市東萊の福泉洞11号墳例などと通じることになる。その後の主体部内への須恵器・土師器の多量埋納は，白石太一郎氏が言われるように，大陸・朝鮮半島からの葬送儀礼に関連する新たなイデオロギーの移入[17]と軌を一にするものであろう。

3　土器と内容物

千葉県富津市野々間古墳[18]は終末期の方墳である。横穴式石室内より7世紀中葉～後半にかけての静岡産の須恵器などの他に新羅焼長頸壺が出土した。新羅土器は半円圏文・スタンプ文などの文様で飾られ，明緑色の美しい釉のかかったもので，美術品的価値から当時も宝器的に珍重され，副葬されたであろう。

このように，土器そのものに価値を認めて，それ自体が宝器的に副葬された場合と，土器の内容物の供献を目的に容器として埋納された場合の最低2通りがあったものと推考される。

奈良県野山遺跡野山支群11号墳東棺[19]では，須恵器蓋杯セットが木棺直葬主体部掘り方内の棺小口部棺側で土師器杯1個体と共に検出されている。蓋杯内からは貝殻が出土しており，蓋杯には貝が納められ，高杯にはその他の食物が盛られて供献されたものと思われる。この種の，容器としての土器という本質に小林行雄氏は逸速く着眼され，『記紀』にみられる「ヨモツヘグイ」との関連から，死者に黄泉国の食物を給する儀礼を復元された[20]。

4　木棺直葬墳における土器副葬例

奈良県橿原市新沢古墳群[21]は木棺直葬などの竪穴系主体部をもつものが多く認められる。このうち，棺内ないしはそれに近い墓壙内小口部から土器を出土する例が10数例知られた。おおかた完形品である。その中で，器種構成として提瓶を1～2個体副葬する例が目立つ。その他，高杯・𤭯・短頸壺・長頸壺などが見られる。なお，この傾向は棺側部も同様である。提瓶や𤭯という液体，酒を容れた器と，供膳形態の高杯の存在などから被葬者への水や酒食の供献を目的に納められたのであろう。ちなみに，主体部内における杯の出土量が少ない点は注目される。

一方，棺上ないしは墓壙埋土上に置かれたと考えられる土器群がある。高杯・杯などが多く，台付壺・短頸壺・𤭯が続き，提瓶は少なくなる。甕はまだ認められない。なお，一部高杯などを故意に破砕している例も見られるようになる。

墳丘盛土中から出土した土器群もある。器種構成に初めて甕・器台が加わる。換言すれば器種が

木棺直葬墳における土器副葬例（奈良県新沢古墳群）

古　墳	棺　　内	棺　　上	封 土 内	墳　丘　上	備　　考
50	高杯 2，台付長頸壺 2，𤭯 1			甕 4，器台 1，提瓶 1，土師甕，高杯，𤭯 1，杯蓋 3	須恵甕底部穿孔，土師甕破砕
122	提瓶 2，高杯 2	台付壺 1，杯身1，杯蓋1	短頸壺 2，杯身 1	大甕 2	大甕破砕
137	提瓶 1	高杯 1，提瓶 1		高杯，杯，短頸壺	
160-前方部第 3	提瓶，台付壺，𤭯，高杯，杯，短頸壺				
170	高杯，台付長頸壺，台付長口壺				
179	頭位提瓶 2，𤭯 1，高杯 1		壺，杯一完形	子持高杯，器台，丸底壺	丸底壺破砕
212－3	提瓶 1	器台	土師長頸壺 1 蓋杯(身 8，蓋 6)		
274-前方部	杯身，蓋（各 1，枕状）			土鍋	土鍋破砕（括れ部）
284-東　棺	短頸壺 1 一完形		広口壺 1，短頸壺 1		
312	短頸壺 1，提瓶 1			大型壺 1，長頸壺 1 𤭯 1，高杯 1	
318	長頸台付壺 2	杯身 3，杯蓋 3 一完形	高杯 1，𤭯破片		
322	土器盌	短頸壺，𤭯，杯身，杯蓋		短頸壺 1，壺 1	
329	杯身 2，杯蓋 3			𤭯，坩，壺一破片	
333-西　棺	提瓶 1，高杯 1			甕，器台，高杯，短頸壺，蓋，土師器	甕No. 1 内 𤭯 1，杯身 5，杯蓋 5 提瓶，土師脚付盌 甕No. 2 内 小型横瓶 1，𤭯 1，杯蓋 1
452	提瓶 1 一頭部 提瓶 1，高杯 1 一脚部		杯身 1，蓋 1		

豊富になる。子持壺も存在する。

墳頂部では甕・器台の出土が目につく。甕や壺は意図的に破砕されたり，底部を穿孔されたりする例が結構多い。子持器台も認められる。

以上，各所における土器の出土は，葬送儀礼における土器使用祭祀の数段階の手順を示すものといえよう。白石太一郎氏は，横穴式石室墳における土器類の出土位置とその器種構成との関連を指摘しておられる[22]。それによれば，(1) 棺内には杯・高杯・壺類，(2) 棺側には杯・高杯，(3) 石室内には器台・壺・杯・𤭯などが多く，(4) 羨道閉塞部には甕・壺・杯などがみられ，(5) 石室外の前庭部・墳丘頂部・墳丘麓・造出し部では器種も多様で，とくに須恵器の器台と甕・壺の組合せの例が多いとされている。これは先の木棺直葬墳の分析とほぼ対応する。また，横穴墓でも，遺骸のそばにはとくに瓶類が選んで置かれたようである[23]。なお，棺内に杯類を倒置する例は枕への転用例が多い[24]。

5　土器副葬にみる階層差

奈良県能峠（のーとうげ）遺跡[25]の 6 世紀後半の土壙墓群は，須恵器高杯ないしは杯身，土師器皿の完形品を 1 ～ 2 個体副葬する。正置，あるいは倒立の状態で出土しているが，これらは恐らく供献されたものであろう。土器の器種として最低限のセットで，被葬者の階層差を伺わせる。さらには，須恵器の 1 点たりとも副葬されない土壙墓もあった。

6　神亭壺と装飾付須恵器

中国では，三国時代の 3 世紀後半から 4 世紀の初期にかけて，浙江省を中心とする墳墓に副葬された土器があった。「神亭壺」などと称され，家や人物，時には佛像や墓誌と思しき亀趺を伴う銘板なども表現された。一見，日本の須恵器装飾付壺にも類するが，一種の明器とも言うべきものである。いっぽう，日本の装飾付須恵器は，詳細な型式学的研究と出土位置の分析によれば，その初期の段階において，墳丘およびその一画である造り出し・括れ部から出土し，遺体と共に埋納される副葬品として出現していないという。さらには，それが首長墓における儀礼用土器であったという性格付けがなされている[26]。

7　対馬における土器副葬の変化

北部九州では，弥生時代前期の甕棺墓・土壙墓・木棺墓に小壺を副葬（供献）する風習が見られるが，それは中期以降まで継続しない。

ところで，朝鮮半島と九州との間の玄海灘に浮かぶ対馬島の 3 例[27]は面白い事実を提供してくれる。弥生後期の塔ノ首石棺墓では，棺内の被葬者右足側の棺壁に沿って甕・鉢・双耳付短頸直口壺の３個体の百済系土器が完全な形で副葬されていた。伴出した銅釧と共に半島から輸入されたものという。一方，棺外からは北九州後期前半代の弥生土器壺・高杯の破片が出土しており，土器の取扱い方の相違が注目される。続いて，古墳時代前期・４世紀後半代とされる大将軍山石棺墓では，棺内被葬者の足部両側に百済系土器の短頸双耳付瓦質壺２と土師器丸底長頸壺・丸底短頸長胴壺各１が２個体ずつ並置されていたという。さらに，もう１個体瓦質壺が棺外に在った状態で出土している。半島系の土器に加えてわが国の土師器が棺内に副葬されたことは，両者の文化的複合状況を物語っている。次に，５世紀中頃のトウトゴ山２号石棺墓では，土器類は棺内には無く，すべて故意に割られて棺外に一括された状態で検出された。土器は百済系の陶質高杯と土師器丸底坩・大型壺などである。

以上，対馬の弥生後期から古墳時代中期の諸例において，土器副葬の遷移をみてきた。はじめ，半島系の土器主要セットを棺内に完形のまま副葬し，倭系の弥生土器のうち，高杯・壺を客体的に棺外に供献するという段階から，古墳時代前期になって百済系の壺と倭系の土師器壺を半々の割合で棺内に副葬するようになる。さらに，中期になると半島系の土器も倭系の土師器も棺内に納めず，しかも故意に破砕して棺外に一括する。そこでは，器種の上でも半島系の土器と倭系の土器とで逆転現象が見られる。すなわち，１世紀後半～２世紀前半代には，朝鮮半島からの影響が強く，倭の影響は影が薄い。４世紀代には，両者のそれが拮抗する。そして５世紀中頃には，逆に倭の影響が主体的になる。ただし，それは一方的なものではなかった。ほぼ同じ頃，北九州では，先述したごとく，池の上墳墓群や古寺墳墓群などのように半島渡来系の人々ないしは彼らと緊密な関係にあった人物の墓も造営されたのである。このように，土器の副葬の在り方から文化変容の姿が看取される。さらには，朝鮮半島と九州との中間に位置する対馬島をめぐる政治情勢の変化，ひいては，朝鮮三国と倭との国際関係の変化も読み取ることができる。

註

1）小林行雄「副葬品」『図解考古学辞典』東京 創元社，1959
2）杉山晋作「千葉県木更津市手古塚古墳の調査速報」古代，56，1973
　市毛　勲『朱の考古学』雄山閣出版，1975
3）尾崎喜左雄『前橋天神山古墳図録』前橋市教育委員会，1970
　土器については，加部二生氏の御教示を得た。
4）藤　直幹ほか『河内における古墳の調査』大阪大学文学部国史研究室，1964
5）前島己基・松本岩雄「島根県神原神社古墳出土の土器」考古学雑誌，62―3，1976
6）藤枝市教育委員会『若王子・釣瓶落古墳群』1983
7）北野耕平『河内野中古墳の研究』大阪大学文学部国史研究室研究報告第二冊，1976
8）木下　亘「古墳出土の初期須恵器をめぐって―畿内及びその周辺地域の資料を中心として」『原始古代社会研究』6，校倉書房，1984
9）岐阜県『岐阜県史通史編』原始，1972
10）姫路市教育委員会『宮山古墳発掘調査概報』姫路市文化財調査報告 1，1970，同『宮山古墳第二次発掘調査概報』姫路市文化財調査報告Ⅳ，1973
11）喜谷美宣『加古川市カンス塚古墳発掘調査概要』1985
12）加古川市教育委員会『印南野―その考古学的研究』1，加古川市文化財調査報告 3，1965
13）大阪府教育委員会「堂山古墳群発掘調査概要」『大阪府文化財調査概要 1972―8』1973
14）長福寺裏山古墳群・関戸廃寺調査推進委員会『長福寺裏山古墳群』1965
15）甘木市教育委員会『池の上墳墓群』1979
16）甘木市教育委員会『古寺墳墓群』第14集，1982，同・第15集，1983
17）白石太一郎「ことどわたし考」『橿原考古学研究所論集　創立三十五周年記念』1975
18）石井則孝「千葉県富津市出土の新羅焼土器」史館，8，1977
19）楠本哲雄ほか『野山遺跡群Ⅰ』奈良県立橿原考古学研究所，1988
20）小林行雄「黄泉戸喫」『考古学集刊』第２冊，1949
21）伊達宗泰ほか『新沢千塚古墳群』奈良県立橿原考古学研究所，1981
22）前掲 17）に同じ
23）渡辺康弘『遠江の横穴群』1983
24）豊岡市教育委員会『北浦古墳群・立石墳墓群（第２分冊）』1987
25）楠本哲雄ほか『能峠遺跡群Ⅰ』南山編，奈良県立橿原考古学研究所，1986
26）岸本雅敏「装飾付須恵器と首長墓」考古学研究，22―1，1975
27）小田富士雄「西日本発見の百済系土器」古文化談叢，5，1978

副葬品の地域性

地域によって副葬品はどんな特徴を有するだろうか。またその配置は一体何を語るだろうか。代表例をあげて具体的に解説する

関東地方——上野を中心に

群馬県埋蔵文化財調査事業団
右島和夫
(みぎしま・かずお)

東国では前方後円墳の最終段階に至って豪華で豊富な副葬品が顕著にあらわれる。こうした意味について上野地域を中心に考える

昨年の秋，次々と報じられる藤ノ木古墳の豪華な副葬品の数々は，全国の多くの人々を興奮の渦の中に久しく巻き込んだものである。この時，副葬品の組成の類似からにわかに脚光を浴びるようになったのが群馬県高崎市綿貫観音山古墳である。元々，藤ノ木古墳に劣らぬ多種多様の副葬品を有していたから，これに関わる首長がどのような歴史的経緯の中でこれらの品々を得たのかについては，長く関心が持たれてきてはいた。

ところで，これと相前後する時期の上野地域あるいは関東地方の他の古墳に目を転じてみると，この豪華な副葬品のあり方が一人観音山古墳に限られたものではなく，各地に同様な古墳が数多く存在していることに気づくのである。その例を上げれば，高崎市八幡観音塚古墳，前橋市山王金冠塚古墳，埼玉県行田市小見真観寺(おみしんかんじ)古墳，同将軍山古墳，千葉県小見川町城山1号墳，同木更津市金鈴塚古墳などである。これらの古墳に見られる豪華で豊富な副葬品のあり方は，全国的なレベルでの普遍的な現象ではなく，とくに関東地方に顕著な傾向として把えることができる。

これらの古墳は，従来の研究成果によれば，おおよそ6世紀後半から7世紀初頭の間に位置づけられるものであり，各小地域の最終段階の前方後円墳と考えられている。これ以降，大和政権による造墓規制の中で前方後円墳は営まれなくなり，中央集権的な支配体制を目指した地域の再編成が進行していくとされている。

それでは，この前方後円墳の最終段階における関東地方の古墳の溢れんばかりの豪華な副葬品の山は何を物語るのであろうか。現在の群馬県にあたる上野地域の様相を通して具体的に考えてみたい。

1　前方後円墳消滅前後の上野地域

上野地域の最終段階に該当する主要な前方後円墳を整理したのが表1である。これを見渡してみると，主として県央の平野部を中心とする広い範囲に各小地域を単位として比較的大型の前方後円墳が数多く築造されていることがわかる。この単位については従来からよく令制の郡の単位に近いもの[1]との指摘がされてきているが，実際にはそれよりはかなり密度の高いものであることがわかるし，また吾妻川流域や利根川中・上流域などの山間部寄りには存在しない。この表に掲げたものの他，未調査のままに破壊平夷されてしまった大型前方後円墳の中にこの段階のものも多く存在したであろうし，全長 40～50m 前後の中規模の前

表 1　上野地域における終末段階の主要前方後円墳　(単位：m)

古墳名	所在地	墳丘				石室			
		全長	後円径	高	前方前端幅	全長	玄室長	玄室幅	玄室高
笹森稲荷	甘楽郡甘楽町福島	100	60	8	65	16	7.2	2.4	2.5
白石二子山	藤岡市白石	57	33.4	8	34				
観音塚	高崎市八幡町	90.60	75.50	11.50	91.10	15.30	7.45	3.42	2.80
観音山	高崎市綿貫町	97.24	61.00	9.44	63.90	12.65	8.12	3.95	2.20
総社二子山	前橋市総社町	89.80	44.20	8.50	60.00	後円部 9.40	6.88	3.40	
天川二子山	前橋市文京町	104	72	11	87				
後二子	前橋市西大室町	76	48	8	55	8.40	5.00	2.60	2.30
山王金冠塚	前橋市山王町	52.25	32.30	4.20			3.64	2.42	
桂萱大塚	前橋市東片貝町	57				8.30	5.60	3.80	
安堀	伊勢崎市安堀町	75							
上淵名双児山	佐波郡境町上淵名	90	60		82				
二ッ山一号	新田郡新田町天良	74	43	6	62	7.1	4.8	2.0	2.2
赤岩堂山	邑楽郡千代田町赤岩	80							

方後円墳は，これらにもまして数多く営まれている。

上野地域の最終段階の前方後円墳のあり方は，その造営活動が消滅直前の最終末にさしかかったというよりは，むしろ最も充実したピーク期を迎えているといった方がふさわしい盛況ぶりを示している。

この時期の上野地域では，全長70～100mの大型の前方後円墳が各小地域を単位に割拠する如く築造されていたことと，これらの中から他を圧倒するような卓越した勢力の存在を見い出すことはできないわけである。前方後円墳で70～100mの規模ともなれば，近畿地方でもこの時期には指折り数えるほどしか見い出せないのであるから，その格段の多さは地域的特性として注意する必要がある。

これらの前方後円墳を見てみると，その前代より継起的に首長墓が営まれてきたものも多いが，その多くは観音塚，観音山，桂萱大塚，天川二子山，二ッ山1号のようにこの時期により充実した前方後円墳を実現したものや笹森稲荷，上淵名双児山，赤岩堂山のようにこの時期に飛躍的な展開を遂げたものであることから，この段階において各小地域の首長層が一段と成長したことが窺われる。このことは，当地域における古墳時代後期前半に顕著に見られる耕地の飛躍的な拡大の動きが，後半期に至り生産力の上で実を結んでいったことに呼応したものであろう。

ところが，7世紀初頭に推定される大和政権による前方後円墳造営に対する強い規制が及ぶと，これら大型前方後円墳を築造してきた各小地域には，これに続く顕著な大型古墳がほとんど見られなくなってしまう。その中で一人総社古墳群のみがその後にもより充実した内容を拡大的に維持していったわけである。ここに明らかに総社古墳群を頂点とする上野地域の再編成の動きが認められるのであり，これには大和政権によるきわめて積極的な主体的動きが読み取れるところである[2)]。

2　副葬品の特徴

観音山古墳のように本格的な発掘調査によって未盗掘の石室内から大量の副葬品が発見されたものは皆無である。笹森稲荷古墳や総社二子山古墳後円部石室などは早くに開口してしまったらしく，また桂萱大塚や安堀古墳，上淵名双児山などは盗掘と破壊が著しかったため，副葬品の内容をほとんど知ることができない。そのような中で，本格的な調査を経たわけではないが，観音塚古墳，白石二子山古墳，山王金冠塚古墳，二ッ山1号墳などは，明治以降，地元の人たちによって開口され，多量の副葬品が発見されたが，幸いにもその大半がその後，公的な機関の管理下に落ち着いたため，全体とまではいかないが，その内容を十分に窺うことができる。また，前記の古墳を初めとして副葬品の内容が不明確なものについても，墳丘規模がこれらに近似することから，副葬品についてもほぼ同様の内容を類推しても大過なかろう。

古墳ごとに副葬品の内容を整理したのが表2である。これを基にしてその特徴について考えてみよう。

副葬品の中でほぼ全体に共通して見られるものとしては，装身具，武器・武具，馬具，土器類などがあげられる。その主要部分をなしているのは，金銅や鉄地金銅の素材を多用した製品である。これらはきわめて装飾性の強いものであり，支配者としての地位を種々の側面から視覚的に誇示することに最大の意味を有していた。当地域ではこの傾向は6世紀初頭を前後した時期の大型古墳から見られるが，その場合，他の鉄製武器・武具・農工具，あるいは鏡などと極端な差違のない副葬品の一部を占めるにすぎないものであった。

表 2　上野地域の終末段階の前方後円墳の副葬品

古墳名	装身具	鏡	武器・武具	馬具	容器	その他
白石二子山[3)]	金環, 銀環, ガラス丸玉, 切子玉	乳文鏡 渦文鏡	頭椎大刀, 方頭大刀, 鉄直刀, 金銅製三輪玉, 銀線, 鉄鏃	鉄地金銅張方形鏡板・杏葉・雲珠・辻金具・鞍・飾金具, 鉄製素環鏡板付轡, S字鏡板付轡		
八幡観音塚[4)]	金環, 銀釧	画文帯神獣鏡 内行花文鏡 獣形鏡 五鈴鏡	銀装圭頭大刀, 銀圭頭柄頭, 銀鶏冠頭, 柄頭, 銀装横刀, 銀装刀子, 鉾, 石突, 銀弭, 鉄鏃, 挂甲	金銅透彫杏葉・鈴付辻金具, 鉄地金銅張杏葉・雲珠, 辻金具, 鞍, 鉄素環鏡板付轡	銅承台付蓋鋺 銅鋺 須恵器	鉄斧, 鎚, 刀子, 釘, 鋄, 棺金具
綿貫観音山[5)]	金環, 銀環, 銀製空玉, ガラス丸玉, 金銅製半球形飾金具, 金銅製鈴付大帯, 竹櫛	獣帯鏡 二神四獣鏡	金銀装頭椎大刀, 銀錯環頭大刀, 鉄鏃, 銀装刀子, 鹿角装刀子, 鉾, 石突, 挂甲, 鉄製冑・胸当・籠手, 臑当	金銅製杏葉・素環鏡板付轡・鞍金具・歩瑤付雲珠・花弁付鈴, 鉄地金銅鏡板付轡, 鉄製轡・雲珠・辻金具・壺鐙, 銅環鈴	銅製水瓶 土師器 須恵器	鉄鏟, 鑿, 鑷子, 鉄吊手
総社二子山[6)]	金環, 銀環, 勾玉, 銅鈴釧		頭椎大刀		須恵器	刀子
山王金冠塚[7)]	金銅製冠, 金銅製大帯, 金環, 銀環, 管玉		鉄直刀, 金銅製刀装具, 鉾, 石突, 鉄鏃	鉄地金銅雲珠・辻金具, 鉄製素環鏡板付轡	須恵器	刀子
二ツ山1号[8)]	金環		金銅製双龍環頭大刀, 金銅装圭頭大刀, 鉾, 石突, 鉄鏃	鉄地金銅製杏葉・雲珠・辻金具, 金銅製鈴, 鉄製素環鏡板付轡, 兵庫鎖	須恵器	鉄斧
赤岩堂山[9)]			金銅装頭椎大刀			

ところがこの時期になると，これらの品々が副葬品の中で完全に主役の座を占めるようになっている。装飾的な大刀以外の挂甲，鉾，石突などの品品もまた支配者の地位を飾るものとしてあったものであろう。逆に，これらが支配者としての地位を示すものであるとの一定の共通の認識があったことを窺わせる。

以上の装飾的な効果を意図する方向と別にもう一つきわめて特徴的な傾向がある。それは，稀少性ということに一つの意義を見い出そうとする傾向である。その代表的なものとして観音山古墳の金銅製鈴付大帯や銅製水瓶があり，観音塚古墳の銅製承台付蓋鋺，銅鋺や山王金冠塚古墳の金銅製冠，金銅製大帯がある。このことは，これらの製品に限られたことではなく，この時期の装飾馬具や装飾大刀の全般についても多かれ少なかれ見られるところである。それは観音山古墳の歩瑤付雲珠や花弁付鈴，観音塚古墳の光背形杏葉などに顕著に表われており，また各古墳の装飾馬具の意匠が古墳相互間で一つとして同一のものがないバラエティーに富んだものである点もこのことと関係している面もあろう。社会的にきわめて稀少なものを保有しているということもまた，支配者としての地位を視覚的に誇示するものであったことは言うまでもないところである。

3　副葬品入手の経緯

これまで見てきた副葬品の主要部分をなすそれぞれが，どのような経緯の中で被葬者の手に帰したかは極めて重要な検討課題である。根本的には，それぞれの製品の製作地がどこに求められるのかという問題に帰結されてくる。高度な製作技術が要求されるものについては，基本的には畿内において製作されたとする理解が一般的であるが，そのことが具体的にどのような製品までなのかとなると必ずしも明確ではない。その場合，5世紀後半に比定される地域首長の館址と推定されている群馬町三ツ寺Ｉ遺跡から，明らかに銅製品の製作が行なわれていたことを物語る鞴羽口や坩堝が出土している[10)]ことは注意しておかねばならない。いずれにしても高度な技術を駆使して製作するようなこれまで見てきたいわば高級品ともなると，その工房を組織できるのはやはり畿内の中枢地域であったとして誤りないところであろう[11)]。

ところで，この時期の装飾馬具なり装飾大刀なりの分布傾向を見てみると，偏在的といっても過言でないほどに関東地方を中心とした東国に分布の中心がある。とりわけ上野地域はいずれの場合も濃密な分布の中核的地域となっている。頭椎大刀や花形杏葉などは畿内では極めて少ないものであり，他地域でも若干はみられるものの東国に特有の品と言っても過言ではない。これらのことは，畿内勢力からの賜与という行為の中に，東国の首長層からの強い要請を見て取る必要があるように思われる。

このように6世紀後半を中心とした時期の大型前方後円墳に見られる豊富な副葬品の存在の背後

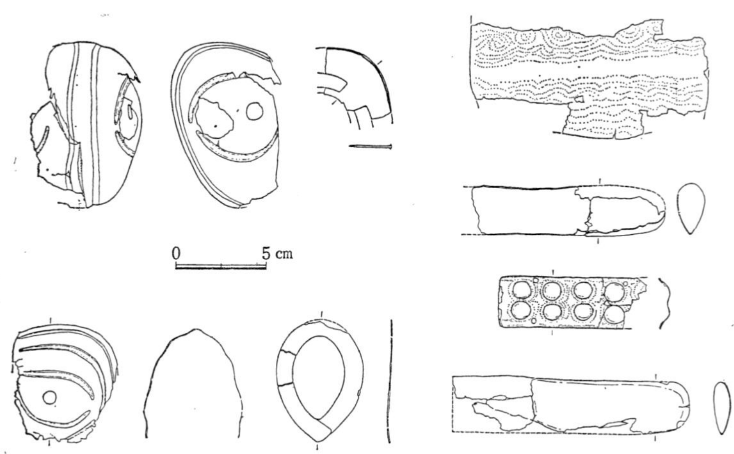

赤岩堂山古墳の金銅装頭椎大刀（徳江秀夫，註9文献より）

には，基本的には畿内から東国への製品の流れが推測されるのであるが，そこに各地域首長層の主体的側面も窺われるところである。このことを前提とした時に初めて，上野地域におけるこの時期の前方後円墳の盛んな造営や埴輪樹立の異例な充実ぶりの背景が理解されてくるのである。

一方，各地域首長がこれらの文物を畿内勢力から入手する場合，それが一元的な経路による賜与の関係であったとは考えられない。恐らく，各地域首長が結びついている大和政権を構成する有力者層との個々の関係の中で間接的に入手した可能性が高い。このことによって，同時期における古墳間の副葬品のバラエティーが理解できるのではなかろうか。

4　装飾大刀の評価をめぐって

最近，新納泉は，6世紀後半から7世紀にかけての装飾大刀の存在形態を詳細に検討する中から，畿内政権の軍事的基礎として東国が重要な位置を占めていたことを導き出した[12]。それは，従来の文献史学における井上光貞[13]や直木孝次郎[14]による，大化改新前後の大和政権の軍事的構造に対する研究成果を反映したものである。

大化改新前後以降の中央集権的支配体制への移行を全面的に図っていく中で，その軍事的基礎としての東国の位置については動かないところであろう。問題は，大和政権が東国に対してそのような方向性を持って積極的に接触するに至ったのがどの時点であるかということである。近年の東国の 6，7 世紀の古墳研究の成果からするならば，前方後円墳の消滅の時点に画期性を見い出すことが大和政権の地域進出にとっては意味あることであり[15]，たとえそれ以前の時期に畿内と地域首長との接触を認め得たとしても，そこに大和政権の軍事編成的な積極的意図を想定し得るかとなるとそう言い切れない面も多く残しているように思われる。前述したようにこの時期の上野地域の前方後円墳を見てみると，墳丘，横穴式石室，副葬品，埴輪などのあり方を通じて各地域に割拠する首長層が一段と有力化したことが窺われるからである。これを外部から物理的に規制したと考えられる前方後円墳消滅以降の段階にこそ新納の想定する大和政権の動きを見るべきであろう。

註

1) 古くは尾崎喜左雄（「群馬県の遺跡（古墳）」『群馬県の遺跡』 1963），後には甘粕　健・久保哲三（「関東」『日本の考古学Ⅳ』1966），新納　泉（「装飾付大刀と古墳時代後期の兵制」考古学研究，30—3，1983）らの見解に見られる。
2) 詳しくは近刊予定の国立歴史民俗博物館研究報告『東国古墳の地域的特性』に掲載予定の拙稿「上野」を参照いただきたい。
3) 東京国立博物館『東京国立博物館図版目録・古墳遺物篇（関東Ⅱ）』1983
4) 尾崎喜左雄・保坂三郎『上野八幡観音塚古墳調査報告書』1963，田島桂男「観音塚古墳」『群馬県史資料編3』1981
5) 梅沢重昭ほか『高崎市綿貫町観音山古墳調査概報』1968，梅沢重昭「観音山古墳」『群馬県史資料編3』1981
6) 石川正之助「総社二子山古墳」『群馬県史資料編3』1981
7) 前橋市教育委員会『金冠塚古墳調査概報』1982，および註 3）文献
8) 註 3）文献および井上唯雄「古墳」『新田町誌資料編上』1986
9) 徳江秀夫「堂山古墳出土の頭椎大刀」『研究紀要5』群馬県埋蔵文化財調査事業団，1988
10) 群馬県埋蔵文化財調査事業団『三ツ寺Ⅰ遺跡』1988
11) 小野山節「花形杏葉と光背」MUSEUM，383，1984，新納泉註 1）文献などに見られる生産地に対する見解
12) 新納註 1）文献
13) 井上光貞「大和国家の軍事的基礎」『日本古代史の諸問題』1948
14) 直木孝次郎『古代兵制史の研究』1968
15) 白石太一郎「日本古墳文化論」『講座日本史』1984

中部地方

富山大学助教授
宇野隆夫
（うの・たかお）

中部地方においては古墳時代開始期に前方後方墳が卓越するが，
その副葬品の傾向から当初より畿内との強い連携が認められる

ここで言う中部地方とは，東海，中部高地，北陸の３地域を指す。これらの地域の考古資料は，それぞれに独自の様相と，各地域内における差を持っている。また古代には，ここに東海道，東山道，北陸道という官道が設定され，東西日本の接点となるが，このような当地域の特質は，旧石器時代以来，現代にまで続くものである。したがって古墳時代においても，この地域の様相を明らかにすることは，畿内と畿外という図式をより豊かにするであろう。

なお古墳の副葬品は，それだけを抜き出すのではなく，古墳祭式の全体の中に位置づけることが重要である。しかし古墳の年代，地域，階層の区分を含めて中部地方全体の古墳副葬品の特質を論じるには，与えられた紙数も私の能力も不足している。

そしてこのような問題を簡略に扱うことには，意味がないと考えるため，ここでは古墳時代開始期の前方後方墳と，その副葬品に絞って考察を加えたい。その理由の第１は，この頃前方後方墳が卓越することに，この地域の特色があるからであり，また前方後円墳と前方後方墳の成立過程における関係を理解するに際して，副葬品の構成を明らかにすることが重要な意味をもつと考えるからである。

なお本企画の表題は「副葬品の地域性」であるが，地域色の存在を前提とするものではない。

1　前方後方形墳墓と前方後方墳の事例

中部地方において前方後方形墳墓と前方後方墳は，1986 年の時点で 60 基余りの事例が報告され[1]，現在ではさらに増加している[2]。また赤塚次郎[3]，田嶋明人氏[4]による詳しい分析と編年もなされている。ここではこれらの成果に依拠しつつ検討したい。

前方後方形墳墓のうち副葬品の判明する代表的な例として，石川県加賀市小菅波４号墳，初期の前方後方墳の例としては石川県七尾市国分尼塚１号墳をあげうる。また前方後円形墳墓であるが，関連の深いものとして石川県加賀市分校カン山１号墳がある。まずこれらの北陸の事例を見て後に，他地域の例にも触れよう。

小菅波（こすがなみ）４号墳（図１）　江沼盆地北西端の台地縁辺に立地する[5]。付近は削平をうけているため確実ではないが，単独ではなく墓群を形成していた可能性がある。周溝をもち，主丘部は 13.6×12 m，高さ溝底から約２m を測り，一辺の中央部に長さ 4.6m・幅 5.0m の短い前方部状突出部がとりつく。突出部は低平であり，前面には周溝がめぐらない。埋葬施設は箱形木棺直葬であり，１号木棺は 3.6×1.2m，２号木棺は 2.4×0.8m を測る。

副葬品は，墳丘上に置かれたと推定できる畿内，東海，近江系壺形土器，１号木棺から鉄鉇（やりがんな）１，鉄片１，ガラス玉５，２号木棺からは鉄鉇１，鉄鏃２，突出部東裾から勾玉１，管玉１が出土している。

供献土器は，白江式新（漆・６群土器）に属し，確実に畿内庄内式期に並行すると考える。

国分尼塚（こくぶあまづか）１号墳（図２）　能登半島基部をよこぎる邑知（おうち）地溝帯の東部，標高約 33m の台地状独立丘上に立地する[6]。前方に２号墳が軸線をそろえて所在する。周溝をもち，全長 52.5m，後方部一辺約 28m，周溝底からの高さは 1.8〜3.8m と低く，前方部長さ 25.5m，幅約 20m，前方頂と後方頂の比高は約１m である。周溝は前方部前面におよばないが，地山のたちあがりで画され，前方部中央には幅約５m の陸橋状突出部がある。埋葬施設は割竹形木棺であり，長さ約 4.7m，幅約１m である。なお墓坑底には棺床をとりまく井桁状の木組がある。

副葬品は，埋葬施設直上および後方部平坦面東南部とくびれ部付近に，畿内系二重口縁壺形土器・器台，東海系壺形土器・高杯などを置く。棺内からは，北枕の遺体の頭よりも北から靫（ゆき）１，銅鏃 57，鉄鏃 4，鉄鍬先 1，鉄斧 2，鉄鉇 1，鉄鑿

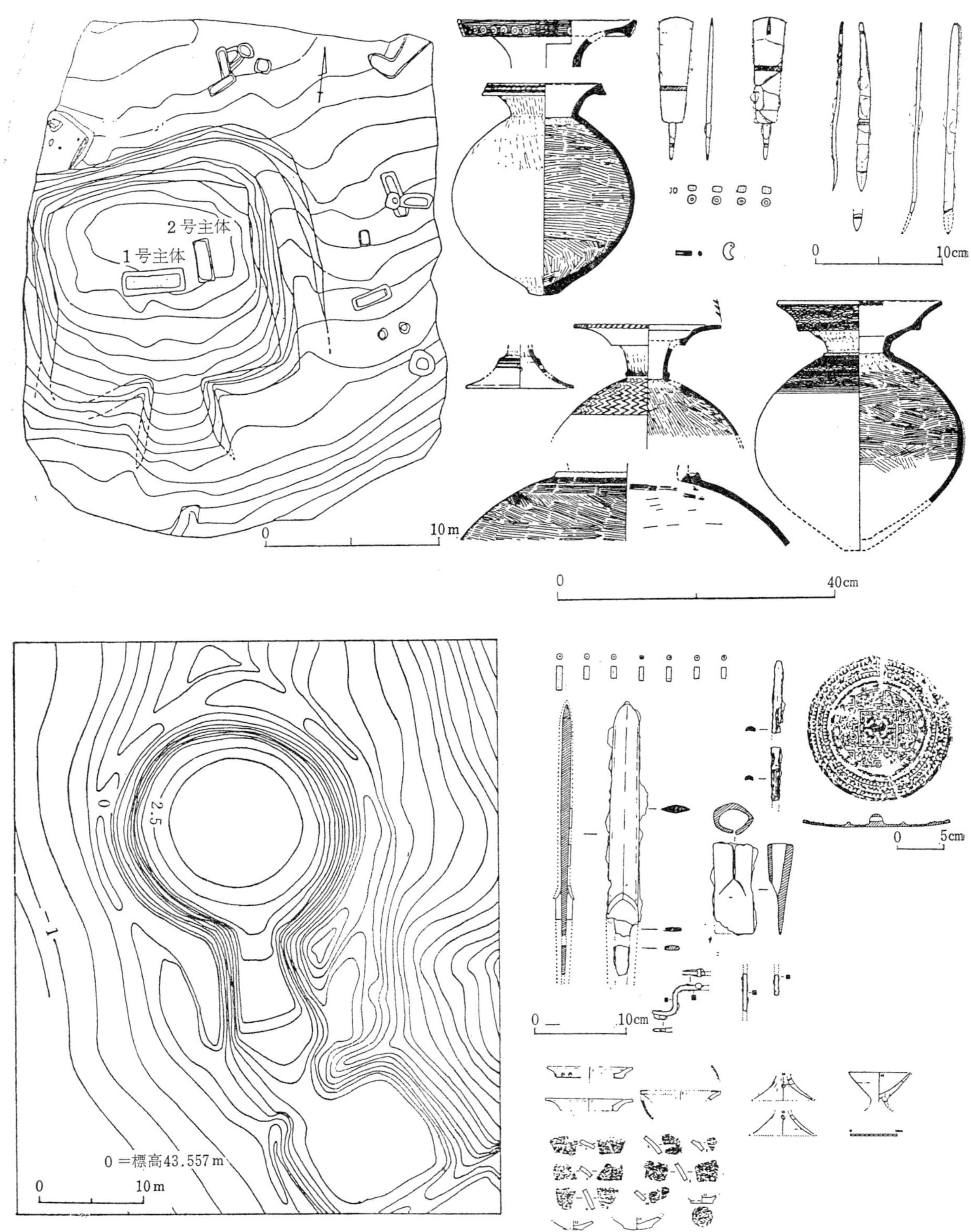

図1　小菅波4号墳（上段）と分校カン山1号墳（下段）の墳丘と副葬品

3，鉄魚叉5以上，頭と上半身付近から夔鳳鏡1，勾玉1，管玉10，鉄刀1，鉄短刀1，鉄短剣3，鉄槍1，鉄鉇1，水銀朱粒若干，棺内南西部西側に棒状有機物1，棺外（棺床）からは鉄槍1，黒漆塗り木皮若干と，多数の品々が出土している。

出土土器は古府クルビ式新（漆・8群土器）に属し，畿内布留0ないし1式に並行するであろう。

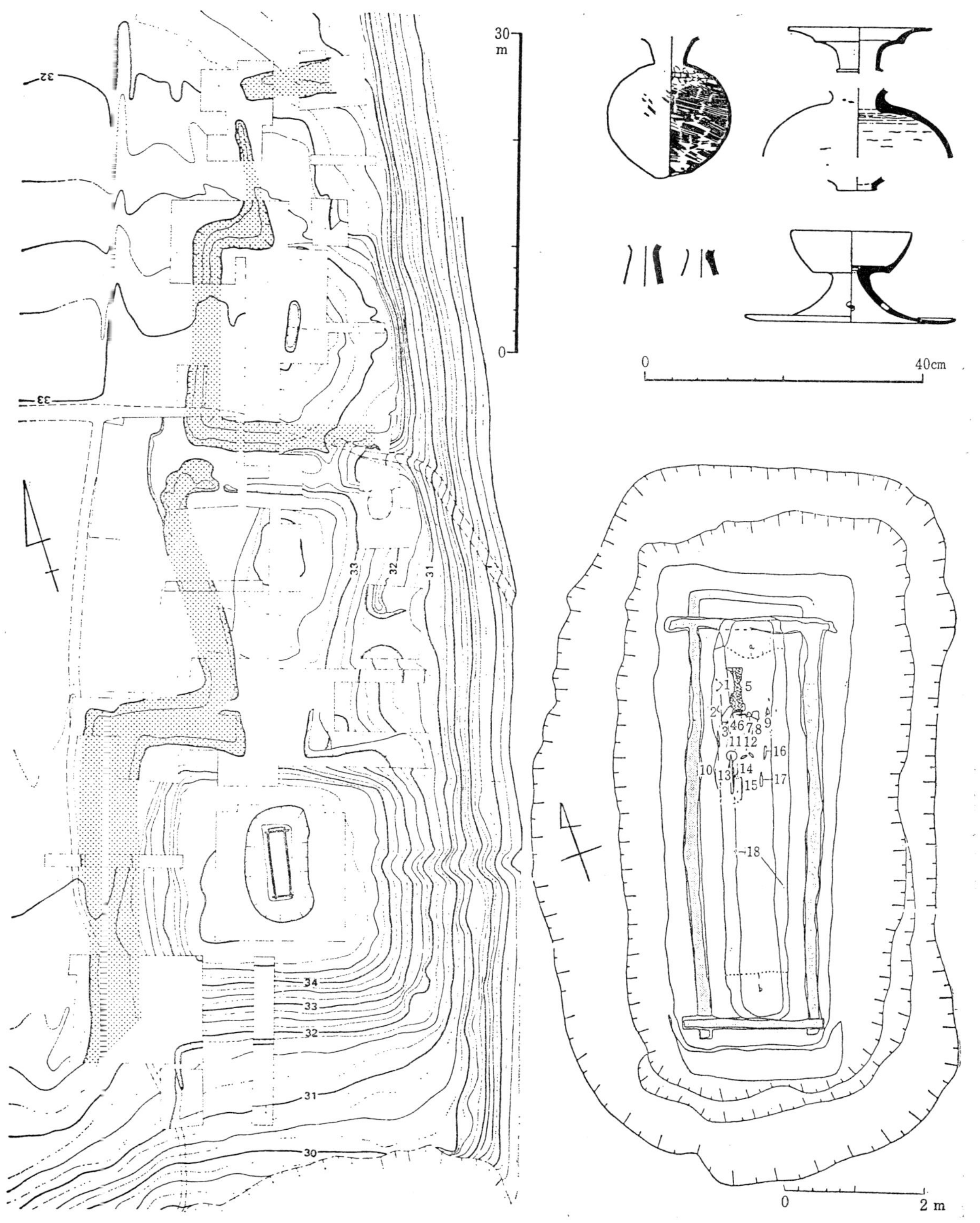

図 2　国分尼塚 1 号墳の墳丘と副葬品

1 有機物，2 槍柄，3 短冊形鉄斧，4 銅鏃，5 靫，6 袋状鉄斧・鑿・鉇，7 鍬先，8 袋状鉄斧，9 鉇・鉄鏃，10 槍，11 夔鳳鏡，12 鹿角装短剣，13 刀・鉇・鹿角装刀子・槍，14 異形勾玉，15 管玉，16 短剣，17 短剣，18 有機物

分校カン山1号墳（図1）　分校マエ山1号墳とも呼ぶ[7)]。小菅波古墳群の東約5km，標高約50mの丘陵稜線上に立地する。19基からなる墳墓群の西端に位置している。墳丘はかなり削平を受けているが，直径24.5m・高さ約5mの円丘に，長さ12.2m・幅10.7mの前方部状突出部がとりつく。周溝は突出部前面を除いてめぐっていたらしい。埋葬施設は木棺直葬であり，構造は不明であるが，遺物の出土範囲から，長さ2m以上・幅1m前後と推定されている。

副葬品は墳丘上に置かれたであろう（周溝から出土）畿内系二重口縁壺形土器，東海系高杯があり，西枕と推定される棺内では中央やや西に鋸歯文縁方画規矩四神鏡1，棺側で鋒を西に向けた鉄槍1，槍の反対側棺側に管玉7，そのほかに鉄鉇1，鉄斧1がある。

供献土器は古府クルビ式古（漆・7群土器）に属する。この段階は集落において，布留傾向甕形土器が現われることから，おそらくは畿内庄内式末あるいは布留0式に並行するであろう。

2　前方後方墳の出現過程と副葬品の変化

以上でみた小菅波4号墳と国分尼塚1号墳の様相には大きな差がある。

墳形において，前者は後方部長の約3分の1の長さの小さな突出部を持つのに対して，後者は後方部長に匹敵する長さの大きく開く前方部を持つ。埋葬施設では，前者が箱形木棺であるのに対して，後者は長大な割竹形木棺である。

そしてもっとも差が大きいものが副葬品であろう。前者がわずかの武器（鉄鏃），工具（鉄鉇），装身具（玉類）だけであるのに対して，後者は銅鏡，武器（鉄刀，鉄短刀，鉄短剣，鉄槍，靫，銅・鉄鏃），農工漁具（鉄鍬先，鉄斧，鉄鉇，鉄鑿，鉄魚叉）と，種類・量ともに飛躍的に増加している。そしてそればかりでなく，国分尼塚1号墳においては，遺体の頭・胸付近に銅鏡，装身具，刀，剣，槍，鉇，頭部より北の空間に農工漁具のほとんど，銅・鉄鏃を配置するように，割竹形木棺という新しい棺を意識した副葬品の配置を行なうようになったと考えられる。

この変化にあって，国分尼塚1号墳に先行し，小菅波4号墳型の前方後方形墳墓と共存したであろう前方後円形墳墓である分校カン山1号墳の位置づけは難しい所がある。その墳形は，直径24.5mの後円部に，その2分の1の長さの前方部状突出部が付き，全長36.7mを測る。埋葬施設は割竹形木棺と推定する考えもあるが，確実ではない。本例は，墳丘については円丘をもつこと，副葬品に関しては，完形の漢鏡が加わってきたことが重要であろう。ただし副葬品全体を見るならば，わずかの量の鉄製武器・工具，装身具からなり，小菅波4号墳に近く，国分尼塚1号墳とは大きな差がある。

3　前方後方墳の系譜と副葬品

小菅波4号墳と国分尼塚1号墳を例にとって，畿内布留0式頃を境として墳形・副葬品に大きな差が生じたことを示した。

小菅波4号墳に類するものとしては，石川県宇ノ気町宇気塚越1号墳[8)]ほか加賀地域にかなりの例がある。また長野県佐久市大字根岸平井瀧峰2号墳（全長18.3m，前方部状突出部長さ5.7m，埋葬施設は土坑，副葬品ガラス小玉，土器）[9)]，愛知県清洲町廻間遺跡SZ01（推定全長25m，前方部状突出部長さ8m，幅7.5m，埋葬施設と副葬品は削平のため不明）[10)]も小菅波4号墳と近いものであろう。

国分尼塚1号墳の副葬品に対比できるものは，北陸においてはまだ充分に明らかにし得ないが，後方部に近い長さをもつ前方後方墳は，富山県婦中町王塚古墳，やや前方部が短いものの本格的な高い墳丘を持つものとしては石川県鹿西町雨の宮1号墳ほかがある[11)]。

同様に墳形が斉一的とまでは言えないが，長野県松本市大字出川丸山弘法山古墳（四獣鏡1，銅鏃1，鉄鏃24，鉄剣3，鉄斧1，鉄鉇破片一括，ガラス小玉481前後，土器）[12)]，また前方後方墳か前方後円墳かは不明であるが静岡県磐田市向笠新豊院山D2号墳（三角縁四神四獣鏡1，小型鏡1，銅鏃6，鉄鏃21，鉄刀1，鉄短刀1，鉄剣2ないし3，鉄槍2ないし3，鉄刀子1，土器）[13)]なども国分尼塚1号墳と関連の深いものとしてあげることが出来る。

また分校カン山1号墳の墳形に近いものとしては，石川県押水町宿東山1号墳がある[14)]。これは国分尼塚1号墳よりもわずかに年代が降るが，箱形木棺に方格規矩四神鏡1のみを副葬する点で分校カン山1号墳に近いことは興味深い。なお墳頂に供献した土器は古府クルビ式新（漆・8群土器）にあたる。

また赤塚次郎氏は，東海地方において古墳時代開始期に前方後方墳が多いこと，前方部が直線的で短いものから，長く次いで幅の広いものに変化することを明らかにしているが[15]，これは北陸の事例と一致するものである。小菅波4号墳は氏のⅠa類に，尼塚1号墳はⅠc類にあたるであろう。また分校カン山1号墳の突出部はやや短いが，Ⅰb類のそれに近いものであろう。年代についても，Ⅰa・b類が畿内庄内式並行期，Ⅰc類とそれより前方部の幅が大きいⅡ類が畿内布留式並行にあてられることと符合する。

すなわち北陸の事例でみた変化は，中部地方全般にわたってあてはまる可能性が高いのである。かつ東海の例から墳丘について，北陸の例から副葬品について，畿内庄内式と布留式の境に大きな画期があったと推察する。

以上のように，中部地方の前方後方墳の出現過程を検討したが，これらの墓制の系譜はどこに求めうるのであろうか。

小菅波4号墳のように，低平な方形墳丘の一辺中央部に突出部（陸橋）を設ける例は，畿内河内地方では弥生時代中期前半に始まり庄内式新段階に顕著化すると言う[16]。周知のとおり，これらには土器の供献を除いて，それほどの副葬品を納めないことが共通する。

ただし年代と築造地域とから，直接に小菅波4号墳と関係すると推定するものは京都府城陽市寺田大谷芝ヶ原12号墳である[17]。これら2墳墓については，短い突出部を持つ低平な前方後方形墳墓であると推定できること，埋葬施設が組合式木棺直葬であること，墳丘上に二重口縁壺形土器を置くことなど，多くの共通点を指摘できる。ただし芝ヶ原12号墳においては，四獣鏡1，銅釧2，硬玉製勾玉3，碧玉製管玉187，ガラス製小玉1,276，鉄鉇1，鉄錐ないし針8と，三角縁神獣鏡，銅鏃，鉄刀剣，鉄農漁具を欠くものの，その様相は古墳時代的な多種・大量副葬に向けて，一歩踏み出している。そしてこの点については，中部地方にまで及んでいないと判断できる。

国分尼塚1号墳にみる，後方部より幅が狭く長めである前方部は，おそらくは京都府山城町椿井大塚山古墳[18]に系譜をたどりうると考える。

そして椿井大塚山古墳の副葬品を見るならば，周知の鏡32（38），鉄刀7以上，鉄剣10以上，鉄槍7以上，鉄鏃200以上，銅鏃17，甲冑，鉄鎌3，鉄斧10，鉄刀子現存17，削刀子現存7，鉄鉇7以上，鉄錐8以上，鑿形品3，鉄銛10以上，鉄魚叉2，鉄釣針1，鉄弧形尖頭器3がある。国分尼塚1号墳と椿井大塚山古墳とでは，鏡式と，身に付けるものが玉類に対して甲冑である点および細かな品目・量において無視できない相違点がある。ただし銅鏡，銅・鉄製武器，鉄製農工漁具，身に付けるもの，という構成は，よく似ている。

また副葬品の配置についても，棺内と棺外という相違点はあるが，北枕の北によせて鉄農工具類，銅・鉄鏃を配置する点で一定の共通点を見ることができる。

最後に分校カン山1号墳については，突出部長さが，後円部直径の2分の1である点から，完全な相似ではないが，寺沢薫氏も指摘するとおり[19]，大和「纒向（まきむく）型古墳」の影響を受けたものと推察する。今後，芝ヶ原12号墳よりも進んでいるであろうところの，その埋葬施設・副葬品などが明らかにされることを期待したい。その場合には，分校カン山1号墳の副葬品との差が強調されるものと予測する。

なお以上のように中部地方，とくに北陸において，庄内式並行期以来，土器様式と墓制とにわたる畿内地方の影響があったと考えるならば，この時点をもって古墳時代の始まりとするとともに，小菅波4号墳などを前方後方墳と呼称して，副葬品の地域差を強調することも可能であろう。

ただし中部地方には，弥生中期にすでに，櫛描紋土器と方形周溝墓の影響が及んでいるのであって，時代区分に際してはその影響の内実を問題としなければならないであろう。

ここでは詳しくは述べないが，長大化した撥形前方部は，それまでの墓域への入口である突出部とは異なって，首長権継承の宣言の広場であったと考える[20]。そして定型化した前方後円墳は，死せる首長の葬送から新首長の就位に至るまでの定型化した儀礼を表現しているのであり，その方式の伝播に古墳時代の開始をみたい。この立場からは，山城椿井大塚山古墳，大和箸墓古墳，能登国分尼塚1号墳などの築造をもって，古墳時代の開始と考える。そしてその影響が副葬品の構成にまで及んだのであろう。

4 結び

以上のように前方後方墳は，単に前方後円墳が地方化したものであるとか，あるいは前方後円墳に先立って畿外において独自に成立したものであるとして，その出現を理解することは実情にそぐわないところがある。

前方後方墳成立の基盤は，庄内式期の広域交流に基づいて成立した前方後方形墳墓にあり，布留式期に至って定型化した前方後円墳の祭式を採用することを契機として前方後方墳が成立したと考える。このことが国分尼塚1号墳にみる，銅鏡，銅・鉄製武器，鉄製農工漁具，装身具という地域色の希薄な副葬品のセットを生んだのであろう。

中部地方においては，古墳時代開始期に前方後方墳が卓越する。また数少ない初期の前方後円墳の例である富山県小矢部市埴生谷内（やち）16号墳の副葬品は，鉄製武器，鉄製農工具と，かえって質素であるという現象もある[21]。これらを含めて，今後，中部地方における古墳時代開始期の様相を考えていかなければならないであろう。

なおこれより以後，中部地方には三角縁神獣鏡，碧玉製腕飾類，筒形銅器などを副葬する本格的な前期の前方後円墳が現われ，中期には馬具，甲冑，金製装身具類，U字形鉄鋤先，須恵器，後期には装飾付大刀，質素な馬具などが，加わってくる。

これらを通観するならば，古墳の規模，外部施設，埋葬施設などと同様に，副葬品の品目・量についても，地域差あるいは階層差を指摘することが可能であろう。畿内の本格的な古墳と比較するならば，基本的な項目のいくつかを欠く例が多い。また中部高地の積石塚のように興味深い墓制も存在する。

ただし中部地方の副葬品の全般的な傾向を見るならば，地域差を強調するよりは，その当初から畿内との強い連携を保っていたのであって，それは当地域が，日本の国家形成過程においても，一定の大きな役割を果たしたことを反映しているものと考えたい。

註

1）谷内尾晋司「北陸の前方後方墳」考古学ジャーナル，269，1986
　植松章八「東海・中部地方の前方後方墳」考古学ジャーナル，269，1986
　なおここでは，前方部状の突出部を持つ方形墳墓のうち，弥生時代に属すると考えるものを前方後方形墳墓，古墳時代に属すると考えるものを前方後方墳とする。なお時代決定ができない場合も多いため，「墳墓」は汎時代的な名称として用いる。
2）東海古墳文化研究会ほか「東海の前方後方墳」古代，86，1988
3）赤塚次郎「東海の前方後方墳」古代，86，1988
　赤塚次郎「東海」『古墳時代 前半期の 古墳出土土器の検討』第25回埋蔵文化財研究集会資料，1989
4）田嶋明人「北陸」『古墳時代 前半期の 古墳出土土器の検討』第25回埋蔵文化財研究集会資料，1989
5）前掲註 1）谷内尾論考
6）富山大学人文学部考古学研究室「石川県七尾市国分尼塚古墳群発掘調査報告」第 43 回富山大学考古学談話会発表資料，1983
　和田晴吾「石川県国分尼塚一・二号墳」月刊文化財，1984—11
7）加賀市教育委員会『分校古墳発掘調査報告』1979
8）石川県教育委員会『河北郡宇の気町宇気塚越遺跡』1973
9）林　幸彦「佐久市瀧峯2号墳の調査速報」長野県埋蔵文化財ニュース，20，1987
10）赤塚次郎「土田・廻間遺跡」埋蔵文化財愛知，2，1985
　松田　訓「土田・廻間遺跡」『愛知県埋蔵文化財センター年報』昭和 60 年度，1986
　愛知県埋蔵文化財センター『土田遺跡』1987
　服部哲也「愛知県尾張地方の前方後方墳」古代，86，1988
11）富山大学人文学部考古学研究室『谷内16号古墳』富山大学考古学研究報告第2冊，1988
12）松本市教育委員会『弘法山古墳』1978
13）静岡県磐田市教育委員会『新豊院山墳墓D群地点調査報告書』1982
14）石川県立埋蔵文化財センター『宿東山遺跡』1987
15）前掲註 3）赤塚論考
16）一瀬和夫「大阪・和歌山の 庄内式の 墳墓」『定型化する 古墳以前の墓制』第24回埋蔵文化財研究集会資料，1988
17）京都府立山城郷土資料館ほか『鏡と古墳―景初四年鏡と芝ヶ原古墳―』1987
18）近藤義郎編『椿井大塚山古墳』1986
19）寺沢　薫「纒向型 前方後円墳の 築造」『考古学と技術』同志社大学考古学シリーズⅣ，1988
20）宇野隆夫「前方後円墳はどのようにして出現したか」『谷内16号古墳』1988
21）前掲註 11）文献

近畿地方

橿原考古学研究所
■宮原晋一
（みやはら・しんいち）

副葬品の置き方，扱い方から地域性を抽出するため，基礎作業として近畿地方の前期・中期・後期の古墳の事例をあげて検討する

小林行雄は，古墳の埋葬施設から出土する副葬品を次のように分類している[1]。

1. 遺骸に直接着装するもの——衣服・装身具・武器の類
   死亡時の服装のまま葬る場合と，死後に生前使用していた衣服，または死者特有の服装を着装する場合がある
2. 墓中に置く生前における死者の所有品——装身具・武器・工具・容器・調度品の類
   呪術的な考慮が払われるときがあり，儀礼的な解釈が生じてくると新調の器物を加えることもある
3. 葬儀に使用した器物をそのまま墓中に置くもの——墳墓の造営，遺骸の運搬に使用した器物・供物とその容器・奉納品・荘厳具・死者が冥界で使用すると信じていた明器の類

主体部が石室の場合の副葬品の出土状況を整理すると，棺内，棺外（石室内），石室外に区別できる。先の分類では1は着装状態にあり棺内遺物として，2は非着装状態にあり棺内または棺外遺物として，3は埋葬の過程で副葬されるもので，主には棺外または室外遺物として出土する。

このようにして出土する副葬品を検討することにより，時代，被葬者の性格と階層，送葬儀礼の内容と背景，生産地と流通，原材料の入手と生産技術などの問題を考える糸口を得ることができる。ただ，古墳時代の副葬品は地域的な偏在をみせるものも存在するが，その多くは組成や内容に画一性を持っており，時間による推移が反映されている面が多い。同時代の遺物そのものから地域性を抽出するには，極めてミクロな検討を必要としよう。

そこで今回は，遺物そのものを検討することは避け，副葬品の置き方，扱い方に見いだせる地域性を抽出するための基礎作業を行なうことにする。以下，近畿地方の古墳時代における副葬品の配列について代表例と類例を挙げてゆきたい。なお，本来であれば細かな時間差も考慮しなければならないところであるが，三期区分のなかで限られたおおまかな特徴を指摘するにとどまり，単に既知の調査例を概観したにすぎないことをお断わりしておく。

1　前期古墳の副葬品配置

事例として高槻市弁天山 C-1 号墳の竪穴式石室を挙げる[2]。この古墳は尾根上に造営された全長 71m の前方後円墳であり，竪穴式石室の粘土床には，推定長約 5.3m を測る割竹形木棺の痕跡が確認されている。副葬品は棺内，棺外，粘土床から出土している（図1）。

棺内遺物は約 2m の遺物の希薄な空間を挟んで南北の二群に分けられる出土状況であった。北側の一群のうち碧玉製管玉，硬玉製勾玉が集中する部分に頭位置が想定できる。その頭位両側には碧玉製の石釧，車輪石が置かれ，上方には二神二獣鏡，四獣鏡，車輪石があり，鏡と碧玉製腕輪が頭をとり囲むようにして置かれている。足元の一群には大形碧玉製管玉，碧玉製筒形石製品，碧玉製合子，三角縁波文帯神獣鏡，石釧，車輪石がある。二群に挟まれた遺物の希薄な部分では，推定腰部から異形の勾玉が1個だけ出土している。

棺外遺物としては，棺側からは切先を南に向けた刀，三群に分かれて置かれた切先を北に向けた銅鏃などの武器や，鎌，刀子，鉇などの工具類が確認されている。粘土床の中からも鉄斧，鎌，刀子などの工具が出土している。

整理すると，1. 着装品は管玉，勾玉などの装身具に限られる，2. 棺内の非着装品は遺骸の頭位と足元に置かれた鏡と碧玉製腕輪，管玉である，3. 武器や工具は棺外に置かれる，この3点が弁天山 C-1 号墳の竪穴式石室における副葬品配置の特徴といえる。

非着装の碧玉製装身具が鏡と同様の扱われ方をしている例は多く，紫金山古墳，安土瓢箪山古墳，城の山古墳などの例を挙げることができる。その配置場所も城の山古墳では頭位と足元の二群

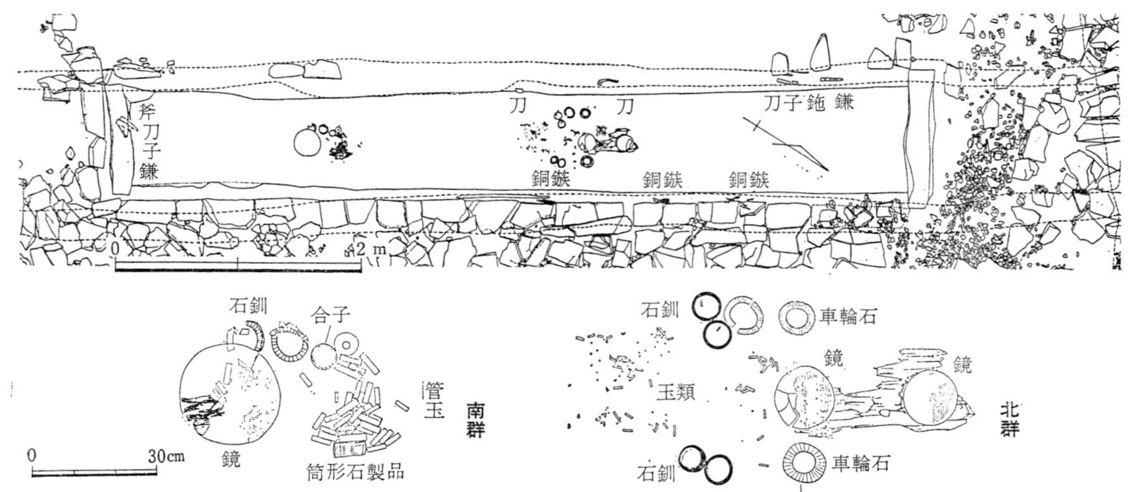

図 1　弁天山 C-1 号墳竪穴式石室遺物出土状況（註 2 文献を一部改変）

に分かれて置かれており，本例と共通する。紫金山古墳では両小口に添わせた状況で棺外から出土しているが，頭位と足元の方向の二群に分かれて置かれていた。碧玉製品を伴っていないが，寺戸大塚古墳前方部石室でも棺内の頭位と足元から鏡が出土しており，これらの古墳では二群に分けて置く背景を共通して持っているといえる。安土瓢箪山古墳では二群に分かれず足元の副葬品を欠くが，頭位をとり囲むようにして置かれている点に共通項を見いだすことができる。奈良マエ塚古墳では両者が副室に置かれていた。

一方，碧玉製腕輪と鏡とを別の扱い方をしていた例もある。桜井池ノ内 1 号墳や和泉黄金塚古墳中央槨では両者が離れて棺内に置かれており，着装していてもおかしくない場所から碧玉製腕輪が出土している。

武器，工具も本例と同様に棺外から出土する例が多く，棺内出土品であっても，着装した状況でも，推定される遺骸の位置に添わせた状況でないと説明できる例が多い。寺戸大塚古墳前方部石室では，棺内の北側に刀剣類が切先を南に揃えて集中しているが，棺内の仕切りを想定すると副室といえる場所に相当する。また，先述した二群の鏡に挟まれた場所に存在した 2 口の剣は切先が揃わず，重なって出土している鉄斧とともにもともとは棺上に置かれていた蓋然性が高い。このように棺内遺物として報告された武器，工具類は副室に納められるか，棺外に置かれた遺物が木棺の腐朽に伴い崩落した結果を誤認している場合が多く，少なくとも着装した状況にはないといえそうである。

2　中期古墳の副葬品配置

事例として大阪府豊中大塚古墳第 2 主体部東槨を挙げる[3]。この古墳は直径 56m の円墳であり，第 2 主体部東槨には南北に主軸を持つ全長 6.7m の割竹形木棺の痕跡が検出されている。副葬品は棺内，棺外から出土している（図 2）。

棺内遺物は大きく三群に分かれている。北群には立った状態で革綴の甲冑が各 2 領，その間に方

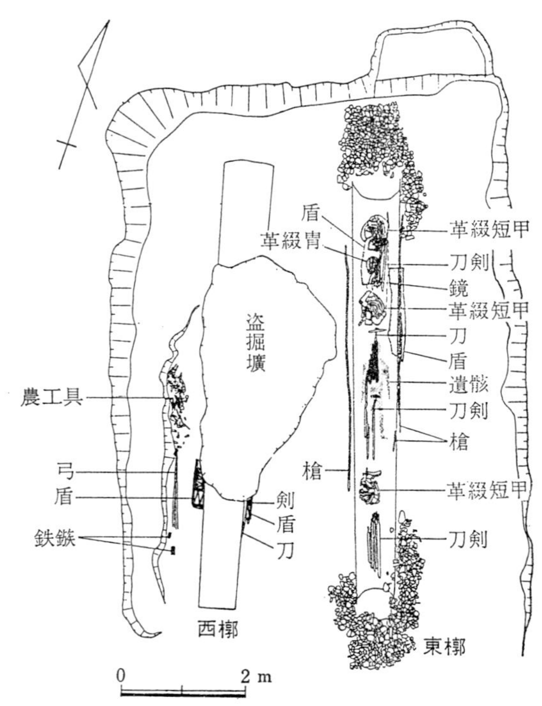

図 2　豊中大塚古墳の遺物出土状況（註 3 文献を一部改変）

格規矩鏡が1面，これらに添うようにして東側に刀剣類，上面に盾が置かれていた。中央群はその北半に赤色顔料が塗布されていたことから遺骸の位置に推定できる場所であるが，そこからは刀剣類が二群に分かれて直列をなす状態で出土している。推定頭部と腰部には短剣と刀子が他の刀類に直交して置かれており，推定頭部からは櫛が5点出土している。南群には再び甲と刀剣類が置かれていた。棺外遺物としては棺に添って槍と盾がある。斧，鎌，鑿などの農工具類は西槨側の棺外から出土している。

特徴を整理すると，1. 着装品か否かは不明であるが，遺骸に添って刀剣類が置かれる，2. 甲冑と刀剣類が遺骸の頭位上方と足元下方で二群に分けて置かれる，3. 槍や農工具類は棺外に置かれる，この3点を指摘できる。

本例の場合，遺骸の周辺にあった刀剣類は，遺骸に重複しているようにも見えるが，遺骸の位置の明確な丹後産土山（うぶすなやま）古墳，五条塚山古墳では刀剣類が遺骸の左右に並列状況で置かれており，本例ももともとは遺骸を挟んで刀剣類を置いていたと考えてよいだろう。また本例では，複数の刀剣類は直列をなして置かれていた。安養寺新開1号墳南粘土槨でも同じような状況で刀剣類が置かれている。石棺の場合，棺内が狭いこともあってか並列配置に留まる例が多いが，産土山古墳での上位の鞘に下位の把が重複する刀剣類の出土状況は，直列に配置することを意識しているようである。

頭位置に遺骸とは直交して剣が置かれていた例としては，新開1号墳南粘土槨がある。

石室内で甲冑類が遺骸を挟んで上下二群に分け置かれていた例は五条猫塚古墳，淡輪西小山古墳，高槻土保山（どぼやま）古墳などに確認でき，土保山古墳では足元の短甲のみが棺内，頭上方のものが棺外から出土している。ちなみに，二群のうちどちらかを欠く場合，足元方向にのみ置かれる例が多いようである。

工具類については，猫塚古墳でもすべて石室外に置かれており，本例に共通する。工具類が棺内から出土している例としては，新開1号墳南粘土槨が挙げられる。しかし，木棺内の副室を予想させる場所からの出土であり，石棺に付属する副室に工具類が置かれていた加悦作り山古墳，塚山古墳などと共通する置き方である。工具類が遺骸に近接しておかれた例はないといえそうである。

3 後期古墳の副葬品配置

事例として奈良県斑鳩藤ノ木古墳を挙げる[4]。この古墳は直径 48m の円墳で，横穴式石室を主体部とする。奥壁に添って石室主軸に直交した方向に家形石棺が置かれており，同時埋葬と考えられる2体が棺内に確認されている。玄室内での追葬の有無は明確でない。玄室は後世の攪乱を受けてはいるものの，副葬品はほぼ副葬時の位置にあると考えられており，棺内は未盗掘であった（図3）。

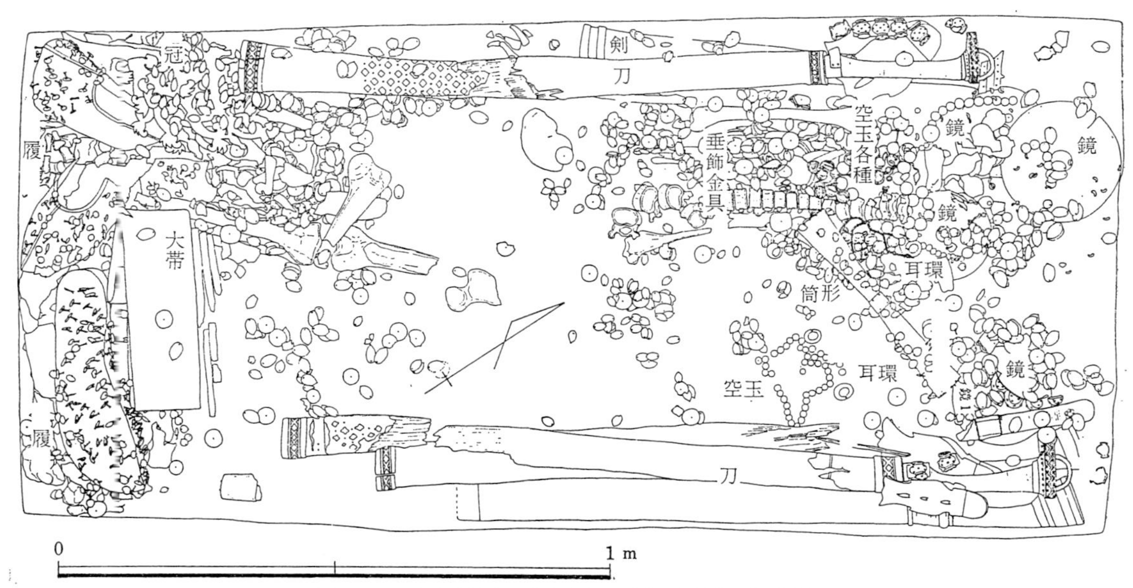

図3 藤ノ木古墳棺内遺物出土状況（註4文献を一部改変）

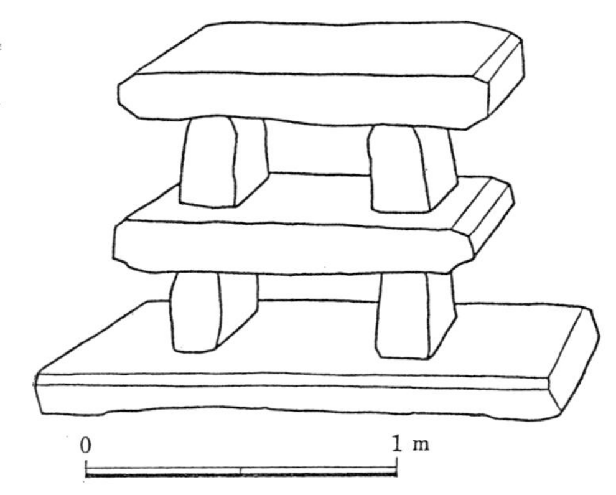

図 4　物集女車塚古墳出土棚状施設（註 5 文献を一部改変）

棺内遺物には装身具・鏡・武器がある。北側被葬者の着装していた装身具として，頭には各種のガラス玉を用いた被りもの，耳に耳環，髪に垂飾金具，首に各種の空玉がある。南側被葬者の着装装身具には，頭にガラス製の被りもの（ガラスで装飾した枕の可能性もある），耳に耳環，首に空玉，足首にガラスの足玉がある。非着装装身具として，北側被葬者の足元には金銅製の履，冠，半筒形製品などが置かれており，南側被葬者の足元には履，大帯が，頭上方に筒形製品が置かれていた。鏡は，北側被葬者の頭位置から上方にかけて鏡背を上にして 3 面が，南側被葬者の頭位置上方には鏡面を上にして 1 面が置かれていた。武器は 6 口の刀剣類で，両被葬者を挟んで並列して置かれていた。

棺外遺物には馬具，武器，土器がある。右袖周辺に土器が集中して置かれており，石棺と奥壁の間から金銅製馬具 3 組と挂甲が，石棺の小口と壁面との間から 5 群以上の鉄鏃が出土している。奥壁側の縄掛突起は二次的に削られており，石棺と奥壁から出土した副葬品はなんらかの施設に納められていたらしい。

問題点を絞り，1．ガラス玉，空玉，垂飾金具，耳環はすべて着装品である，2．金銅製装身具はすべて非着装品である，3．石棺と奥壁との間になんらかの施設があり，そこに馬具，甲が納められていた，この 3 点を検討しよう。

空玉類，垂飾金具が非着装品であると積極的に主張できる古墳は確認していない。石製装身具も含め，これらはすべて着装品と考えてよいだろう。ガラス玉は他の製品の装飾として用いられることもあり，非着装状況で出土する場合もあるが，装身具であるかぎり着装品と考えてよい。耳環も非着装状況で出土することがある。しかし，追葬に伴う遺骸の移動によるものと解釈でき，この理解を妨げる出土状況は確認できない。

金銅製装身具が着装されていたことが確認できた古墳は少なく，三田西山 6 号墳 6 号主体部と大和高田今池 2 号墳 1 号主体部の冠だけである。ただ，鴨稲荷山古墳，井田川茶臼山古墳，物集女（もづめ）車塚古墳のように，冠は推定頭部付近から出土することが多く，足元から出土した例は本例だけである。履は鴨稲荷山古墳での出土位置は足相当位置である。しかし，こうした出土状況は着装品であった根拠にはならない。藤ノ木古墳の場合，もし遺骸が消滅していたら着装品と誤認しかねない位置に履が置かれていたことを注意すべきであろう。

石室主軸と直交しておかれた石棺と奥壁との間に副葬品が置かれていた例として，茨木南塚古墳が著名である。この古墳では石棺と奥壁との間から 3 組分の馬具，約 1,000 本の鉄鏃，各種の須恵器などが出土している。器台の出土状況をみると，立ったままのものもあれば，横転しているものもあり，木製の立体的な収納施設が腐朽したことを反映しているように考えることができる。そうした施設の具体例として，物集女車塚古墳で確認できた二段に積み重ねた凝灰岩製の棚状施設がある[5)]（図 4）。出土状況からは，この棚状施設の上に馬具，土器などが置かれていたことが復元できる。ただ，その施設が置かれていた場所は石棺上であった可能性が高く，こうした施設が設置される場所は石棺の位置とともに違いが予想される。横穴式石室内における副葬品の立体的な配置は，その結果を「かたずけ」行為によるものと誤認される場合が多く，再検討すれば類例は増えるはずである。

註

1）小林行雄「副葬品」『図解考古学辞典』1959
2）大阪府教育委員会「弁天山古墳群の調査」『大阪府文化財調査報告』第 17 輯，1966
3）豊中市教育委員会『摂津豊中大塚古墳』1986
4）橿原考古学研究所『斑鳩藤ノ木古墳第 2・3 次発掘調査概報』1989
5）向日市教育委員会「物集女車塚古墳」『向日市埋蔵文化財調査報告書』第 23 集，1988

なお，類例に挙げた古墳の発掘調査報告文献は紙面の都合で割愛した。

九州地方

福岡市教育委員会
柳沢一男
（やなぎさわ・かずお）

九州に特徴的な副葬品として貝輪や鉄鏃，蛇行剣などがあるが基本的品目とはなりえず，古墳副葬品の列島斉一性を証明している

一般に，古墳の墓室や棺の内外に，遺体埋葬に際して添えおかれた副葬品は，構成品目の種類・質の良しあし・数量の多寡が，それぞれの段階の葬送儀礼，被葬者のステイタス・性格を表出する，と考えられている。

副葬品の基本的な構成品目は，装身具・武器・農工具である。それに各段階特有の，また被葬者のステイタスを象徴する品目が加わる。

たとえば前期の大型古墳のばあい，被葬者の呪的霊威や権威を象徴する，鏡・石製宝器類の大量副葬が顕著に認められる。中期では，それらは急速に数を減じ，あらたに馬具，装飾付太刀，さまざまな金・金銅製装身具など，おもに朝鮮半島から招来された文物，それをコピーした品目が副葬品に加わった。埋葬施設として列島に広く横穴式石室が一般化した後期は，食物供献容器の多量副葬，馬具などの副葬が広範囲におこなわれ，大型古墳では，身分制の萌芽とみられる装飾付太刀や，装束にともなう装身具（冠・帯金具・沓など）が副葬された。

定型化した古墳の成立が，それ以前の墓制と大きく異なる要素の一つに，副葬品の列島規模での斉一化があずられるが，果して副葬品内容に地域性があるのか否か，おもに前・中期の古墳をとりあげて，この問題を考えてみる。

1　前期古墳の例

津古生掛古墳[1]（つこしょうがけ）　福岡県小郡市津古にある纒向（まきむく）型前方後円墳で，全長 38m，後円部径 30m，撥形に小さく開く低平な前方部がある。埋葬施設は組合せ式箱形木棺の直葬，埋葬頭位は墳丘主軸からふれて西に向ける。調査時に，すでに墳丘の大半が破壊されており，木棺も損傷を受け全容を知ることはできない。

木棺内からの出土品は，舶載の方格規矩鳥文鏡１・剣１と多数のガラス小玉にすぎないが，崩壊土から採集された袋状鉄斧・板状鉄斧も，もともと棺内に置かれていた可能性があるという。棺外からは，鉄鏃・タガネ状鉄器が出土している。とくに定角式の鉄鏃は，千葉県神門（ごうど）4号墳出土品と同一形態で，他に例を見ないタイプである。この２つの古墳の関係は，他の副葬品の組合せや，出土土器からの年代関係，さらに墳丘形態に類似性が認められ，前方後円墳定型化の過程を追跡するうえで重要な位置をしめる。

というのは，いまのところ弥生時代の墳墓では，刀子・ヤリガンナはともかく，長崎県対馬と小郡市横隈狐塚遺跡の特殊な数例を除いて，鉄斧（袋状・板状を問わず）・タガネ状鉄器・鎌などの農工具副葬を認めることができず，また剣・鉄鏃の多数副葬も稀だからである。このような鉄製品の組合せは，前期古墳に副葬された鉄製農工具の構成に近い。寺沢知子が指摘したように，首長権に属した農耕祭祀を象徴する副葬品[2]として，あらたに創出された葬送儀礼の萌芽をこの段階に認めることができる。

向野田古墳[3]（むこうのだ）　熊本県宇土市にある。南北に，有明・不知火の２海に挟まれた宇土半島基部の低丘陵上に位置する。全長 89m，後円部径 55m，円高 9m あまりの３段築成の前方後円墳である。

後円部中央に設けられた埋葬施設は，墳丘主軸からややふれて，ほぼ真南北に方位を揃えた舟形石棺と，それを覆う竪穴式石室（槨）である。石棺は阿蘇石製。蓋は縄掛突起を含めて長さ約4m，幅約 0.87～1.0m，棺身は台上に箱形をくり抜いた特異な形態である。棺内の被葬者（北頭位）は，遺存した人骨から30歳代後半から40歳前後の女性と推定されている。

棺内から出土した遺物は，頭部の上と側面および上半身側面に各１面の舶載鏡３面と，上半身から下半身にかけての玉類，右手首に相当する位置に碧玉製車輪石，さらに足元から棺身端の間の19個分ほどの２枚貝製の貝輪などである。

棺外には，室（槨）との空間部に鉄製農工具・武器がある。まず武器としては，遺体上半部を囲むように剣・直刀が「コ」字状に配置され，さら

に棺に沿って遺体足元方向にヤリ・剣・直刀を直線的に並べている。棺身に沿う武器の切先はいずれも足元に向く。農工具としては，大・中・小型の３個からなる袋状鉄斧と刀子がある。

この古墳で特徴的な副葬品は，78 口に達する刀子の配置状況である。各辺に量の多寡があるものの，石棺の周囲をめぐるように出土している。あたかも散布したようにみえるが，遺体の頭部部分では刃先を西に揃え，棺側辺ではほとんど遺体足元方向に刃先を向けており，意図的な配置であ

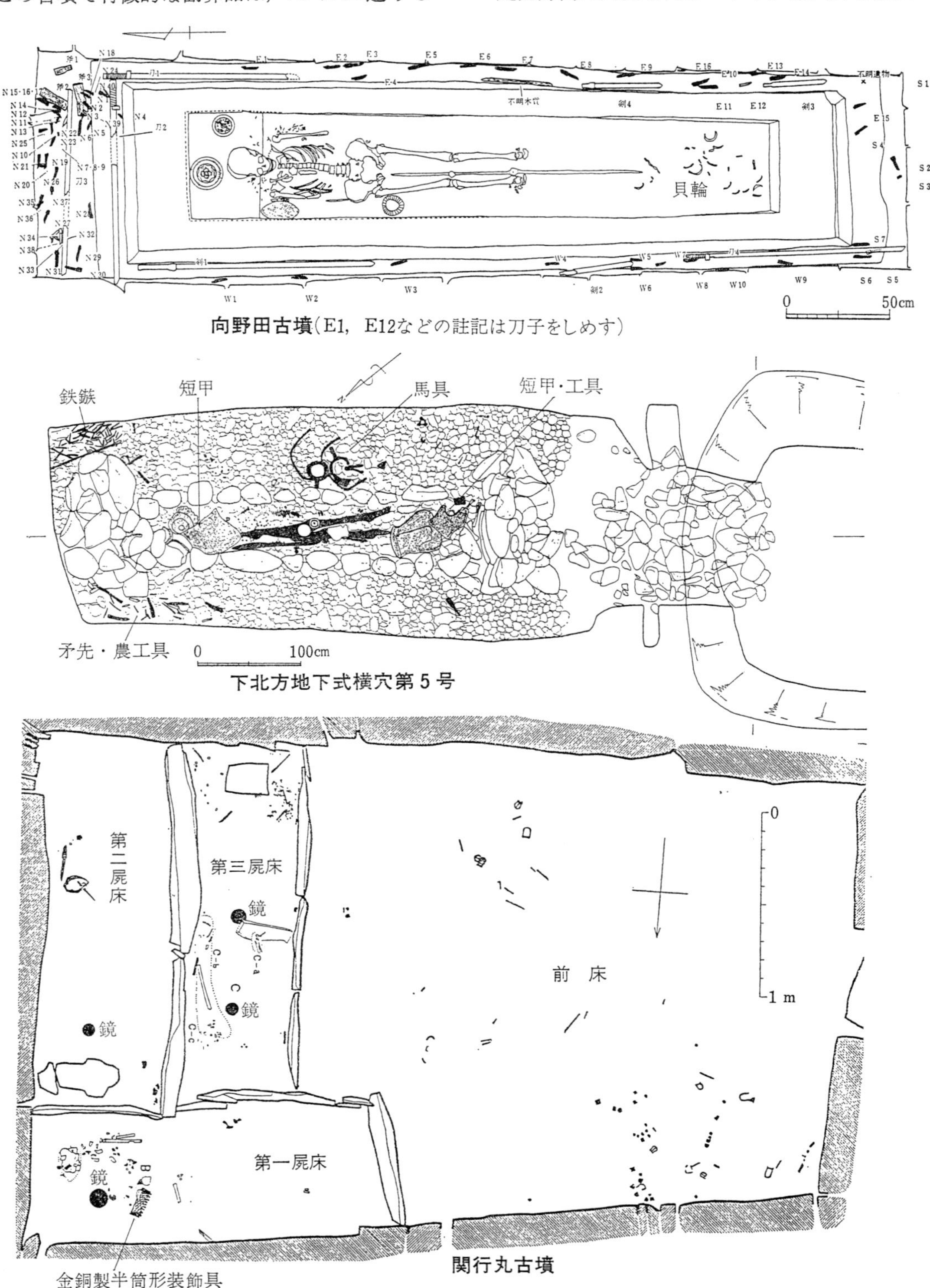

向野田古墳(E1, E12などの註記は刀子をしめす)

下北方地下式横穴第５号

関行丸古墳

ることを示している。

本古墳で注意されるのは，被葬者が成人女性であることと，副葬品の組合せである。棺内副葬品は，鏡のほか碧玉製腕飾類・玉類・貝輪などの宝器ないし装身具のみで構成される。棺外の副葬品も武器と多量の刀子を除けば，鉄斧のみという比較的単純な農工具構成である。

4・5世紀の，女性を単独埋葬した首長墓クラスの古墳，あるいは複数埋葬の大型墳で，被葬者が女性と確認された埋葬施設の副葬品[4)]と，一般の古墳副葬品を比較したばあい，いくつかの傾向をあげることができる。第1は，甲冑の副葬例が知られていないこと，第2に，武器・農工具の多種多量副葬がほとんど認められないこと，第3に，武器のうち鉄鏃の副葬がきわめて少ないこと，などである。これとは逆に，櫛・貝輪などの装身具副葬の頻度は，被葬者が男性と確認できる例と比べて，より高い傾向があるが，決定的な差異と断定するにいたらない。

2 中期古墳の例

下北方地下式横穴第5号（しもきたかた）[5)]　宮崎市下北方町塚原に所在する。大淀川北岸の低台地上に広がる下北方古墳群の，円墳第7号墳（現状で径22×17m，高4.5m）南西裾部から発見された。この7号墳には，墳丘を挟んでほぼ対向する位置に，地下式横穴第4号がある。はたして円墳墳丘に埋葬施設があるのか，また4・5号以外に地下式横穴があるのか明らかでない。

玄室規模は，長約 5.4m，幅約 2.4〜2.6m，高1.7mと大型の部類に属する。床面は礫床，長軸方向の中央に転石で仕切った長さ約3mの屍床を設けている。人骨は遺存していないが，副葬品の配置状況から，おそらく1体埋葬と思われる。棺の使用は無かったようだ。屍床内の遺物は，被葬者を挟むように頭部上と足元の甲冑（頭部のものは，三角板鋲留短甲・眉庇付冑・頸甲・小札肩甲一式。足元のそれは横矧板鋲留短甲のみ），頭部から上半身にかけて金製耳飾りと多量の玉類（ガラス製変形半円玉という異形の玉を含む），上半身から下半身にかけて剣3・直刀1，さらにその上に倭鏡2面が置かれている。また足元の短甲付近に，柄付手斧・有肩鉄斧・ノミ・カスガイなどの鉄製工具類がまとまっている。

屍床外の遺物は，大まかに3カ所にまとめられている。被葬者右側の長辺には，矛4と，その先端部付近に鎌・袋状鉄斧などの農工具がある。これに対する左側長辺には，中央部に新式の木心鉄板張鐙・小型ハート形杏葉・円環鏡板付轡・鞍金具・馬鐸・三環鈴からなる馬具一式があり，やや離れた奥壁沿いに直刀1のほか50本余りの長頸鏃が置かれている。

なお屍床小口の石積みの中から第Ⅰ型式末頃の須恵器片が出土しており，本地下式横穴墓の造営年代が，5・6世紀の交わり頃に近いことを示している。

関行丸古墳（せきぎょうまる）[6)]　筑紫平野西部，佐賀市大字金立に所在する。低台地上につくられた全長約55m，後円部径約38m，同高4.5mの前方後円墳。

後円部の中央からやや前方部よりにある横穴式石室は，クビレ部方向（ほぼ西）に開口する。石室は単室で，玄室袖部の前面に「ハ」字形に開く粗雑な貼石状石組を備えた墓道がある。玄室は長さ4.35m，幅 2.2〜2.8m，高さ 2.65m，花崗岩や角閃石などで周壁下部に腰石を立てた上に，横長の塊石を積み上げたもの。袖石の前面に板石を立て，さらに控えの裏ごめを行なって墓道を埋めており，盗掘をうけた形跡はない。

玄室床面は石敷，奥壁よりに長軸に直交する2体分と，平行する1体分の計3体分の屍床が，板石で仕切られてL字形に設置されている（屍床番号は図参照）。

第1屍床は，1体の老年ないし熟年の男性人骨が検出されている。屍床内出土遺物は，頭部側面に倭鏡1，上半身側面と上部に2個の金銅製半筒形装飾具がある。足部付近に小量の金銅製冠の破片がみられるが，つぎに述べる第2屍床の副葬品が，なんらかの理由で移動したと考えられている。

第2屍床は，検出された人骨は若年の性別不明体1体だが，遺物の出土状況から，すでに消失したもう1体の埋葬が推測されている。すなわち，検出された若年被葬者の歯牙は屍床南端に近く，屍床北端側にある金銅製冠と倭鏡は遺骨の消失した被葬者にともなうもの，とするものである。他の遺物は，ゴホウラ製腕輪と刀子が歯牙付近から出土している。

第3屍床は，差し違え埋葬された2体の人骨が確認されている。屍床南側が20歳前後の男性，北側は性別不明の熟年ないし老年遺体である。後者にともなう遺物は，上半身側面の倭鏡1と刀子

2，頭部・手首付近にまとまる玉類と，左手首に当たる位置から二枚貝製の貝輪が出土している。前者にともなう遺物には，頸部からその側面に広がる玉類と，上半身の左右側面に2本ずつ置かれた刀子，さらに鉄鏃1・鞘尻状金具1がある。この2体の間に倭鏡1面があるが，どちらの被葬者にともなうか判断できないという。

玄室の屍床前面空間部には，長頸鏃3のほか，広範囲に馬具（2組の木心鉄板張鐙，多量の鋲留金具・絞具）がある。また，閉塞石外側の墓道埋土から絞具・辻金具・鋲留金具・三環鈴などの馬具が出土している。出土品に年代を限定できる資料に欠けるが，石室構造や副葬品の全体相，須恵器などの容器供献の欠如などからみて，5世紀後半ないし末ころの古墳と考えられる。

3　副葬品に地域性があるか？

以上，纒向型前方後円墳・木棺直葬（津古生掛），女性被葬者・舟形石棺・竪穴式石室（向野田），地下式横穴墓（下北方地下式第5号），横穴式石室（関行丸）とタイプの異なる例をあげ，副葬品の概要と出土状況を記した。各古墳の副葬品について，同時期の他地域との細かな比較を行なっていないが，基本的な構成品目には差異がない，といってよいであろう。

このことは最初に述べたように，定型化した前方後円墳の成立と各地域での古墳の出現が，汎列島レヴェルでの部族連合を背景とした政治的・祭祀的モニュメントとして位置づけられること，墳丘・埋葬施設の形式や副葬品を含めて執行されたであろう葬送儀礼もまた，古墳成立に際してあらたに創出されたであろうことを示している。

課題に即して，しいて九州という地域性を象徴するような文物をあげるならば，他地域よりも副葬頻度が高いという意味で，貝輪や4・5世紀段階での限られた形態の鉄鏃，5世紀の蛇行剣や蛇行矛・鉄釧などがある。

まず貝輪は，九州では23の古墳・地下式横穴墓・横穴で確認されている[7]。向野田・関行丸古墳のように副葬品的扱いもあれば，宮崎県小木原地下式横穴101号や大萩F地区地下式横穴3号などでは，イモガイ横型を着装した女性人骨が発見されており，弥生時代の風習がなお残存したことを示している。

碧玉製腕飾類の祖形が，南海産貝輪に求められることはすでに明らかにされている。貝輪が着装ないし副葬の対象となり，向野田古墳のように碧玉製車輪石とともに棺内に置かれることもあるが，九州のばあい，碧玉製腕飾類の出土例が比較的少ない。その要因の一つに，貝輪本来の使用法が，伝統的に生きていたことに由来するのかもしれない。

5世紀の圭頭平根式・2段逆刺式鉄鏃[8]は，列島内分布のなかで，きわだって九州が多いことが指摘されている。同じような傾向をみせるのが，蛇行剣・蛇行矛・鉄釧である。以上の鉄製品の九州のなかでの分布をみると，蛇行剣・2種の鉄鏃は南九州を，鉄釧が中・北部九州を中心とする。蛇行矛は，有明海に面した2基の古墳からの出土例にすぎず，分布を語るには少数すぎる。

南九州のばあい，上記の鉄製品を副葬した墳墓のほとんどは，地下式横穴墓もしくは（地下式）板石積石墓である。すでに指摘されているように，この特異な墳墓は「熊襲・隼人」[9]に関わるものであろう。たとえば蛇行剣などは，ヤマト王権と彼らの間に結ばれた，きわめて政治的な背景をもった副葬品といえるだろう。

このように，やや特徴的ともいえる個別の副葬品は，たしかに地域性ということができるかもしれない。しかしそれらが基本的品目たりえていない点に，古墳副葬品斉一性のもつ意味があると考えられる。

註

1）宮田浩之・柏原孝俊『津古生掛遺跡Ⅰ』小郡市教育委員会，1988

2）寺沢知子「鉄製農工具副葬の意義」『橿原考古学研究所論集』第四，1979

3）富樫卯三郎『向野田古墳』宇土市教育委員会，1978

4）島根県立八雲立風土記の丘資料館『古代の女性』1988，p.34～35 地名表による

5）宮崎市教育委員会『下北方地下式横穴第5号』1977

6）渡辺正気『佐賀市関行丸古墳』佐賀県教育委員会，1958

7）三島　格・橋口達也「南海産貝輪に関する考古学的考察と出土地名表」『立岩遺蹟』1977

8）茂山　護「二段逆刺を有する鉄鏃について」『研究紀要　昭和54年度』宮崎県総合博物館，1980，高木恭二「圭頭斧箭式鉄鏃について」『城二号墳』宇土市教育委員会，1981

9）上村俊雄「考古学上より見たる熊襲と隼人」『日本古代文化の探求　隼人』社会思想社，1975

民俗学からみた古墳の副葬品

神戸女子大学教授 田中久夫
（たなか・ひさお）

古墳に副葬された品々は民俗学からみてどのような意味をもつだろうか。現在に残る民俗例と比較しつつ，櫛から考えてみよう

1 死者と副葬品

藤ノ木古墳から金銅製品に囲まれた死者が発掘された。身体中が黄金で飾られているのである。世紀の発見であると大きな話題となり，人々は大きな関心を寄せた。もっとも，このように大量の副葬品を身にまとって葬送されるのは，ことに古墳時代といわれる時期の巨大古墳には極めて一般的なことであった。

これに対し，現在の死者たちの死に装束は非常に簡単である。兵庫県多紀郡西紀町本郷の例である[1)]。

> 死者には生前に好んだ着物を着せるが，夏でも綿入れの冬装束を着せる。白装束はこの上に着せる。……白装束は生前に作っておいて，高野山や永平寺，或いは総持寺などへ行った時に，白装束にはんこを押してもらってくる。経帷子はつけないが，足には脚絆，手には手甲をつけ，ワラジをはかせる。死者の頭には三角頭巾をつける。

そして，副葬品も，お金・酒・煙草など死者が生前に好んだもの，頭陀袋には血脈を入れるというのである。彼我を比較して見るときその違いがあまりにも大きすぎるのが不思議であろう。もちろん，この両者の違いは富の格差から来るものであろう。しかし，現今でもそれではといって，今風のものを副葬するかといえばそうでもない。依然として，酒・煙草である。私の父の場合であれば，西国三十三番札所の朱印帳がこれに加わる。したがってこの違いは富の格差から来るよりも，両者の間の死に対する考え方の相違から生まれてきたものではないであろうか。

しかし，今の葬送儀礼は平安時代末期に起こった浄土教にともなう，念仏行者としての儀式であることは間違いない[2)]。死装束がそのときの服装である。だから念仏行者であったことを示すために頭を剃るのであり，行者として頭陀袋を持つのであり，行の途中であることを示すために白衣を着るのである。そうすると，念仏行者として不必要な副葬品があれば，よほど新しいか，それとも古いかのいずれかである。

ともあれ，こうしたほとんど何も副葬しないというところへ，仮に身分上の差の故に藤ノ木古墳の死者のように，豪華な副葬品に身を飾った死者の墳墓を造ることは，その被葬者が何か特別な意味を持って埋葬されていると考えざるを得ないであろう。そこのところを考えてみたい。

およそ，副葬品は生前に死者が愛好した物というのが，現在の一般的な理解であろう。死者にその愛した物を持たせてやろうという，後に残る者の心遣いから生まれたものであろう。たとえば，中市謙三氏の「(青森県) 野辺地地方」[3)]と題する民俗調査報告書には次のように書いている。

> 棺に入れるものは一定しないが，守り札類(善光寺とか高野山からあらかじめ貰ってある)や嗜好品，これは煙草・きせる，子供なら玩具など，死ぬまで離さなかったような品で，近親者や看病人などが選定する。

嗜好品や玩具が死者とともに副葬される。もちろん，死者には死装束が付けられる。そして，死者は人々に惜しまれながら，「あの世」へ旅立って行くのである。副葬品は死者が「あの世」での生活に必要であろうと思われるものということになる。この点については先の西紀町の場合も同じである。もちろん，死者はあの世で日常的に必要とするもの，あの世での衣・食・住などというものは，あの世で用意されるはずというのがこの行為の前提であることが，野辺地の副葬品の中から推測されるであろう。もっとも，これが極めて一般的な考え方であろう。

しかし，中には「あの世」での生活をもう少し信用しないところがある。この世と同じように労働をしなければならぬと考えているのである。徳島県の祖谷山村である[4)]。

> 副葬品には，花柴・銭・御茶の葉・麦・米・稗等の作物の種物をあの世で作る為にと云って入れる（瀬戸内)。サンヤブクロと云うものに死者の日常使用品を少しずつなんでも入れ，首にかける。手に数珠をかけ左手に六文銭をもたす。この金で死者が土地を買うのだと云う。

六文銭で土地を買って，それに花柴・御茶の葉・麦・米・稗を作るのである。人はあの世でも一生懸命働かねばならないのである。青森県の野辺地での「あの世」は黄金の輝く，衣・食・住に満ち溢れた世界であって，労働する必要のないところであった。そして，何よりも心豊かな世界であるはずであった。だからこそ，死者はその生前の嗜好品だけを持って行きさえすればよかったということになる。仏教の世界，中でも浄土教の世界はそのようなものである[5)]。これに対し，死後も働かなければならぬところの徳島の祖谷山の「あの世」観はどのようなところから生まれたのであろうか。古い考え方なのであろうか。それとも新しい考え方なのであろうか。そこのところが知りたい。

それにしても，よきにしてもあしきにしても，両者とも「あの世」の存在を認めていることは確かである。人は死ねば必ずそこへ行き，そこで生きる。したがって，逆にいえば「死」にも希望が持てるというものである。「死」の恐怖をどのように越えさせるかというのが，宗教の持つ最大の問題であろう。そうすると，墓地は「死後の世界」への入口，そして「死者との交流の場所」ということになる。生者もその内に「あの世」に赴くのであるから，親しみをもって墓地に接触するはずである。

それにしては，不思議な話がある。それは日本の各地に墓地を嫌う風習のあることである。両墓制の内，埋葬地（第一次墓地）への葬送が終わるや否や，埋葬地を捨ててあとはかえりみないというのもこのような例である。また，遺棄墓制（埋葬地だけで詣墓を作らない。もちろん，埋葬地を祀らない）の存在も見ることができる[6)]。これらは埋葬地を恐れてのことであった。長崎県壱岐の島では次のようなことをいっている[7)]。

> 葬式に加わって転ぶとよくないという。それで主な家族の女には付き添いを付する。会葬の際，倒れると死人のあとを追うというのである。

葬送という特別な場合であるが，それでも墓地で倒れると「死人のあとを追う」といい，その防止策をとっているのを見る。また，宮崎県の馬関田の「墓場で怪我をしたらなかなか治らぬ。又凶事があるとも云う」というものもある[8)]。理屈で「あの世」の存在を知っていても，身体や感情がそれを拒否しているのである。

ともあれ，祖先との交流の場であると考える墓地に近づくものではないという考え方が，一方ではわれわれの身の回りに存在しているのを知ることができる。死はやはり恐ろしかったのである。死の象徴を墓地に認めたことから，墓地を恐れる信仰が生まれたのであろう。それにしても，ここまで相反する墓地観が存在しているのである。そうすると，埋葬地（墓地）はどのようなところと，人々は考えたのであろうか。これが改めて問題となってくるであろう。これがひいては古墳の副葬品のもつ意味を明らかにして行くことになるであろう。死を恐れる風習の下には，死者の「嗜好品」を副葬する風習が生まれるはずがないからである。したがって，別な意味をもって副葬されたはずということになる。それを「櫛」で見たい。

2　櫛と古墳と葬送

201ヵ所の古墳から出土する竪櫛についての最近の研究成果には，亀田博氏の「竪櫛」（『末永先生米寿記念獻呈論文集』乾所収，1985年）がある。氏は諸先学の研究成果を踏まえながら，「竪櫛は5世紀前半を中心とする時期に盛んに使用され，6世紀前半以降，急速に衰退する。6世紀後半から7世紀中頃までの間は櫛の資料は極めて乏しく後述するように千葉県金鈴塚の横櫛が知られるだけである。7世紀中頃以降になると川原寺下層，飛鳥京などに，金鈴塚とは趣の異なった横櫛が初現する」と指摘された。そしてこれらの櫛は先学の指摘する「神話にみえる櫛から，櫛に特別な呪力がある」とする考え方はないと結論づけられたのであった。それは竪櫛のほとんどがほぼ頭の髪の位置から出土するところから導き出されたものである。竪櫛は次の三様の出土状態を示しているという。

（1） 遺体から離れた場所に一固まりで出土するもの。

（2） 棺内および棺外に撒き散らされた状態で出土するもの。

（3） 遺体から離れた位置に単独で出土するもの。

なかでも，大阪府大塚山古墳2号槨からは，盾・短甲・衝角付冑・草摺・籠手などの間に，総数200枚を超える小型の竪櫛が撒き散らされていたという例を紹介している。先学も注意するこの櫛の存在に目をつむり，髪の位置にある櫛の存在から上記の結論を出されたのであった。これに対し，櫛に意味を求めようとされた先学の数は多いのであるが，その内の末永雅雄先生のご意見を紹介しておこう。

先生は『増補日本上代の甲冑』（木耳社，1981年）の「甲冑出土遺跡の状態」の中で，備中国吉備郡川辺村東山天狗山古墳の胴丸式挂甲に触れたとき，それに付着していた櫛の意味を次のように考えられた。

> 櫛が挂甲の胸に挿されていたと云う事実は，到底之を偶然な結果とすることも出来なければ，便宜的な方法とも考えるべきではなく，特殊な意識によって行われたに違いないと思う。櫛が常に一種の呪術的な魅力を有すと信じられている事は，現在でも文化程度の低い人種ほどそれが酷しいのであって，……

と述べられている。文化程度の低い人種はともかく，このことは先に述べたとおり，古墳や墓地を人々はどのように見たのかという問題と深く関わってくるので，検討される必要がある。

亀田氏の場合は，古墳は死者の魂のある所であり，いつまでも祭祀され続けられねばならないとの理解から始まっている。しかし，現代においても，墓地へは恐れて近寄らぬという風習があるが，これとこの考え方はどこで接点を持つのであろうか。この解釈がなされる必要があろう。そこで，櫛をどのように人々は理解しているのか，現代の民俗の中から考えてみよう。

確かに，櫛をことさら副葬する事例は存在する。女であればという限定づきは鹿児島県十島村である[9]。

> 棺の中には藁を束ねて出来た枕を入れる。その他には六文銭のかわりに六包みの米包みを入れ，もし女であれば櫛，笄までも入れてやる。

ただ，この文章からは櫛は死者の頭に挿していないことが伺われるがいかがであろうか。同じ事は，福岡県の筑前大島にもある[10]。しかし，壱岐島ではもっと積極的に櫛は頭陀袋に経かたびら・数珠・一本針・六道銭（六文）・煙草・菓子・小使銭などとともにいれている。杖も棺に入れるという[11]。ここで意味不明なまま頭陀袋に入っているものは，櫛・一本針・六道銭（六文）であろう。もっとも，六道銭も墓地代と理解すれば，櫛と一本針になる。なぜ入れたのであろうか。必要であれば，櫛は頭に挿して埋葬すればよい。それをわざわざ頭陀袋に入れるから問題である。これは別に男とも女ともいっていない。

さらに，宮崎県の馬関田では[12]，

> 棺に入れるもの　茶三袋・念珠・扇子，女は髪道具一切。櫛は折ってズタ袋（首にさげてやる三角袋）に入れてやる。昔は男も髪を結うていたから櫛を入れてやった。外に一厘銭七枚と，近親者の爪（ミノキレ＝身の切れ）をみな切って入れる。

といい，男女ともに櫛を副葬しているのをみる。しかもわざわざ櫛を折って入れているのであるから，後半の説明，「髪を結うていたから」とは別の意味があるはずである。ともかく女だから櫛を入れるというのは，櫛が身を飾る道具として，人気をもってきたからであろう。もちろん，櫛，笄は鏡台とともに大事な嫁入り道具である[13]。そして，死者の身を整えるのに用いもする（高知県）[14]。

葬式の時の櫛の使用法について，武田明氏は「葬式から帰った時の作法」として，次のような風習のあることを紹介している。

> 多くは墓から家へ帰ると柱を三度回ってから，コマアシをまたいで，後ろに向けて蹴る。それから女は髪をといたが，櫛を後ろ手

に投げて次の人に渡す。次の人もその櫛で髪をとき，やはり後ろ手に投げ，順次にそうしてゆくのである。

というように，櫛を死者との縁きり，死の穢れとの縁きりに使用している。女が髪を梳くということながら，大変興味深い資料であろう。

同じような事例が山梨県上野原町にもある。「家に入るとき，以前はフジミの中に，くしを入れておき，一々とかしてから縁側からあがった。今は塩で手を清めてから入る」というものである。櫛で髪をとかすことに意味を求めているのである。この場合は何とも記していないが，男女ともに櫛でといて入るのであろう[15]。周知のとおり，葬式帰りは非常に危険視されているのである。それから身を守るための行為であった。

このような例を見てくると，どうしても，櫛の意味を考えなくてはならなくなるであろう。それではいよいよ，櫛の呪術的な面を他の事例で見ていくことにしよう。

3 櫛の俗信

次は沖縄県国頭郡国頭村の事例である[16]。「人事」の項にある記事である。

（1） 道で櫛を拾うてはいかぬ。もし，拾うならば反対の方から来て拾う。

（2） 櫛をもって夜出てはいかん。

（3） 櫛をすく時，櫛が折れたら不吉である。

（4） 櫛は魔よけとなる。○流行病などのある時は，豚小屋の軒に古い櫛をさげておく。

（5） 櫛を使うとき，落とすは不吉。

（1）の櫛を道端などで拾うことは，古くから日本中で嫌われている。これは「苦死」を拾うからという意味であるというのが，普通の解釈である[17]。それでも，「もし，拾うならば反対の方から来て拾う」といっている。「櫛を拾うてはいかぬ」といいながら，一方では積極的に拾うという意思のあるのを見ることができる。同じような事例は熊本県阿蘇郡にある[18]。

悪事災難のがるべし。と唱えて理責めにて拾う（宮地町字石田）。

むしろ，悪事災難除けに櫛を拾うというのである。これは（4）の「櫛は魔よけとなる」というのと同じ意味となるのであろう。目ばちこに「つげの櫛を畳のへりなどでこすってあたためて背で目をこする」となおるというのも，考えようによっては同じことである[19]。

そして，（3）の櫛をすくとき折っては不吉というのは，宮崎県の馬関田で見たように，副葬用の櫛は折って入れたことへの連想からであろう。ともかく折るということは，あるものとの絶縁を意味するものであった。神奈川県内郷でも「櫛を拾ったら折って拾う」という[20]。出棺にあたって生前の茶碗を割るというのもこの意味である。この場合，櫛がことにこの意味を持っていたということになるのであろう。内郷村ではさらに「歯の欠けた夢を見たら，櫛の歯をかいて河へ流さないと禍が来る」とも伝えている。歯と櫛とをかけて，櫛に禍の及ぶことを避ける力を認めているのである。

大体，櫛自体が人間と霊界を絶縁するために用いる道具であったと考える人がいるくらいである[21]。先に紹介した沖縄県国頭郡国頭村ではまた，

夜櫛を髪にさして歩いてはいけない。○シチマジムンに迷わされてしまう。

という。夜は神々の世界である。その神々の世界へ櫛をさして出ると，「シチマジムン」に迷わされるというのであるから，沖縄では櫛は神の印であったということになる。

比嘉春潮氏は，

物迷い（神隠しの琉球語）した者は，一旦帰って来て自分の櫛を持って再び出て行くそうである。櫛を持って出たらもう帰って来ないと信ぜられている。だから神隠しに逢った家族は早速当人の櫛を隠して取られないようにする。それでも締め切ってある部屋の中でもどうして這入って来るか。家人の知らない中に取られることがあるとのこと（『民間伝承』4—2，1938年）。

という報告をよせている。この報告が櫛と神の関係をよく示している。神を祀る者は櫛をどうしても必要としたのであった。青森県五戸市でも「櫛は鬼が入るから神を拝むときはしてはいけない」[22]というのは，櫛が神を祀るものの表示であったが故に，いたずらな気持ちで櫛をさしたまま拝んではならないというのであろう。

時代が急にあがって問題ではあるが，スサノオノミコトがクシイナダヒメを湯津爪櫛としてヤマタノオロチを退治したというのもこのことであろう。逆に「東北地方では女が夜歩くときに櫛をくわえて外出する。魔のものを避けるためだといわ

れている」というのは，この逆の場合ということになる[23)]。

千葉県長生郡本納町での「夜，人に櫛を投げるとわるい」というのも，この意味であろうし，「二枚櫛にささぬもの，させば親が殺される」[24)]というのも櫛が尋常な身を飾るものではなかったということになろう。したがって，「女子は日常必ず櫛と簪とを髪にさすものぞ。雪女に頼まるる時は，口に櫛をくわえ，手に簪を提（タナゲ）て児を抱きてやるを得るが故なり。かくすれば子も長（オ）がる事なく，己が身も安全なればなり」（青森）と，身を守る道具となる[25)]。

ここから，髪を洗うことも櫛の使用を伴うだけ注意している所がある。桜田勝徳氏の「明治回顧小野はなさんの懐旧談（二）」（『民間伝承』269号，六人社，1965年）には，髪を洗うことが珍しいことを記し，洗うと「おめでとうございます」と挨拶されたとある。そして，

当時，洗い髪のままで髪を下げておくと，髪の先から魔が入ると申しまして，洗った時には必ず髪の毛の先を結んでおきました。

という。さらに，女の髪と櫛に三宅島でのムネアゲにあたって五色のフキナガシ・鏡・麻を加えてあげているような例がある[26)]。女の厄落としには八丈島の大賀郷では櫛・簪・針を村の辻へ落してくるという。男は筆・墨・褌である。男はまともに実用品というべきか。船霊様に女性の身の回りの十二種のものを用意する。それは鏡・櫛・きれ・鋏・扇子・白足袋・髪の毛などである[27)]。髪の長い女は神に仕える女である[28)]。

結局，櫛をさすということは，神を祀る者の姿であった[29)]。櫛をさすことによって，通常の生活と離れることから，縁きりなどの信仰が出て来たのであろう。普段は櫛などをさすものではなかったのである[30)]。だからこそ，『古事記』の景行天皇の段に，弟橘比売が海中に入水する。そのあと7日後に，

其の后の御櫛海辺に依りたりき。乃ち，其の御櫛を取りて御陵を作りて治め置きき。

とあっても，人々は不思議と思わなかったのであろう。他に櫛をさすものがいなかったからでもあろう。

ヤマタノオロチもスサノオノミコトに殺されはするが，ヤマタノオロチこそ伊吹の山に祭られた神であると主張する伊吹神社がある。つまり，スサノオノミコトは櫛をさしてヤマタノオロチに酒などをもって祀る人であった。正装とは神を祀る姿であったのではないか。それを平素にしようという心があってもよいであろう。『万葉集』巻九の廿七に，

君ナクバ，ナゾ身装ハム，匣ナル，黄楊ノ小櫛モ，取ラムト思ハズ

とある。『新勅撰和歌集』十三，恋三の

カツミレド，ナホゾ恋シキ，ワギモコガ，ユツノツマグシ，如何ササマシ

というのも，櫛をさして遠く去って行った恋人のことを思って作った歌であろう。櫛を平素にも挿す者が出て来ているのを見ることができる。

しかし，櫛が頭飾りとなったのは江戸時代で，「寛文・延宝ころから婦人が櫛を髪にさすことが始まった」[31)]というので，そう古いことではない。一般の使用は天和・貞享からという。

弟橘比売の櫛が御陵に埋められたように，櫛をご神体にした神社がある。富山県の櫛田神社である。縁起によると田植えの女を飲んだ蛇が，櫛にさされて死んだからであるという。このように櫛をさすことが神を祀る人を表示するという意味のほかに，この櫛をもって占をすることもあった。『歌林拾葉集』櫛（『夫木和歌抄』の註解書。天和3年＝1683刊）の次の文章である。

あふことをとふや夕げの占まさにつげのおぐしも志るし見せなん。

此の歌は，古記云，児女子云，持二黄楊櫛一。女三人。向二三辻一問之。又午歳女午日問之。今案三度誦二此歌一。作堺散米。鳴二櫛歯一三度。後，堺ノ内ニ来ル人。答為二内人一言語ヲ聞推二吉凶一云々。くしの占といふこと，かくのごとし。

櫛を額にさす巫女埴輪（群馬県観音山古墳）

同じ『歌林拾葉集』にまた，

顕季集，恋ヒ恋ヒテ，黄楊ノ小櫛ノ占ヲシテ，ツレナキ人ヲ，ナホ頼ムカナ

という歌がある。櫛も神の言葉を聞く道具であったのである。

このように考えて来ると，群馬県高崎市綿貫町の観音山古墳から出た人物埴輪のうち，巫女像の額に櫛がさしてあるのも，理由のあることであったということになる。巫女のみならず神事にたずさわる者が櫛をさしたのであった[32]。そうすると，古墳に埋葬された多くの人々は神を祀る姿で埋葬されたということになる[33]。櫛があるべきところから出土してくるのも当然ということになる。さらに櫛が散乱して出て来るのも櫛が司祭者を象徴するものであったからであろう。かたまって出て来るのは死者の櫛であったからと思われる[34]。

櫛の現在に残る俗信と文献資料とから，以上のことが考えられる。もちろん，まだまだ論じなければならないことが多い。本論は副葬品としての櫛からその一端を覗いたに過ぎない。

註

1) 「民俗調査―兵庫県多紀郡西紀町本郷―」『御影史学論集』2，御影史学研究会，1974
2) 田中久夫「浄土教と墓制」『仏教民俗と祖先祭祀』神戸女子大学東西文化研究所，1986
3) 『日本民俗誌大系』第12巻，角川書店，1976
4) 高谷重夫「祖谷山村の民俗」『日本民俗誌大系』第10巻，角川書店，1976
5) 田中久夫「他界観」『日本民俗文化大系』第2巻，小学館，1983
6) 田中久夫「浄土教と墓制」(前掲書)
7) 山口麻太郎「壱岐島民俗誌」『日本民俗誌大系』第2巻，角川書店，1975
8) 楢木範行「日向馬関田の伝承」『日本民俗誌大系』第2巻（前掲書）
9) 敷根利治「鹿児島県十島村の民俗」『日本民俗誌大系』第10巻（前掲書）
10) 安川弘堂「筑前大島の民俗」『日本民俗誌大系』第10巻（前掲書）
11) 註 7）に同じ
12) 註 8）に同じ
13) 武田　明「祖谷山民俗誌」『日本民俗誌大系』第3巻，角川書店，1974
14) 高村日羊「長岡地方の葬礼」『日本民俗誌大系』第10巻（前掲書）
15) 『大垣内の民俗』東京学芸大学民俗学研究会，1962
16) 島袋源七「山原の土俗」『日本民俗誌大系』第1巻，角川書店，1974
17) 例えば，沢田四郎作「ふるさと」『日本民俗誌大系』第4巻，角川書店，1975では，奈良県北葛城郡五位堂村の例を紹介している。
18) 八木三二「肥後国阿蘇郡俗信誌」『日本民俗誌大系』第10巻（前掲書）
19) 柳田国男「モノモラヒの話」『定本柳田国男集』第14巻，筑摩書房，1962
20) 鈴木重光「相州内郷村話」『日本民俗誌大系』第8巻，角川書店，1975
21) 角川源義「櫛と信仰」民間伝承，8―1，1942
22) 能田多代子『青森県五戸語彙』自刊，1963
23) 註 21）に同じ
24) 内田邦彦「両総の俚俗」『日本民俗誌大系』第8巻（前掲書）
25) 内田邦彦「津軽口碑集」『日本民俗誌大系』第9巻，角川書店，1974
26) 「三宅島伊豆の生活（一）」民間伝承，29―2，1965
27) 大間知篤三『八丈島―社会と民俗―』創元社，1960
28) 柳田国男「絵姿女房」『定本柳田国男集』第8巻，筑摩書房，1962
29) 「雅亮装束抄」の「五せち所のこと」に「たうにちは，さしぐしといふものを，右の物いみのかしらに，よこさまにさすなり」とみえている。「物忌」が横櫛をさしているのである。「物忌」は神事に従事するもののいいである。さらには伊勢の斎宮が群行するときに，天皇が自ら斎宮に櫛をさす例がある。『西宮記』臨時五（源高明著，平安時代の有職故実の書）に「天皇以二小櫛一加二王額一」とある。額に櫛をさすものであったことがわかる。
30) 今野円輔『現代の迷信』社会思想社，1965
　江戸時代中期の有職故実の書『貞丈雑記』にも「女の髪にくしかうがいさす事，いにしへはなし，古はよき女房衆は髪をわけてゆう事なし，髪をさげし也」ということを述べている。そして「髪にくしさす事はいむ事也」という考えのあることを紹介している。
31) 江馬　務「櫛」『日本歴史大辞典』河出書房
32) 第一に人物埴輪の島田髷は労働の髪型ではない（鎌田久子「髪型」『日本民俗事典』弘文堂，1972）
33) 国分直一「複葬の起源とその変容―移葬型と移葬略化型をめぐって」『日本民族文化研究』慶友社，1965でも，このことを考えている。「壮大な古墳の場合には支配者の権威を示す意味があったと共に，神との交渉をもったものを怖れることから，きびしく封じておく意味もあったと見なくてはなるまい」。壮大な古墳の被葬者は神との交渉のあるものであると考えているのである。
34) 『日本書紀』の崇神天皇十年九月条に倭迹迹姫命の櫛笥に大物主大神がその姿をあらわしたとある。「櫛笥」があったのである。なお倭迹迹姫命自身が神を祀る者であったことはよく知られている。

弥生の大規模集落と墓地

佐賀県吉野ヶ里遺跡

佐賀県神埼郡神埼町と三田川町にまたがる吉野ヶ里遺跡で，弥生時代の大規模な環濠集落や墳丘墓などが発見された。断面V字形の環濠に囲まれた竪穴住居跡は弥生後期前半から終末を中心に100軒以上にのぼる。また甕棺墓は約2,000基，土壙墓・木棺墓約330基，箱式石棺墓13基を数え，墳丘墓は40m×26mの大きさだった。豊富な出土品からみてもクニの拠点的集落であることは間違いない。

構　成／七田忠昭・森田孝志
写真提供／佐賀県教育委員会

環濠集落中枢地区（上空より）

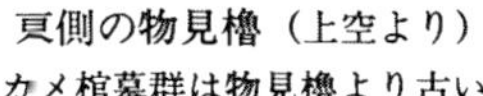

東側の物見櫓（上空より）
カメ棺墓群は物見櫓より古い

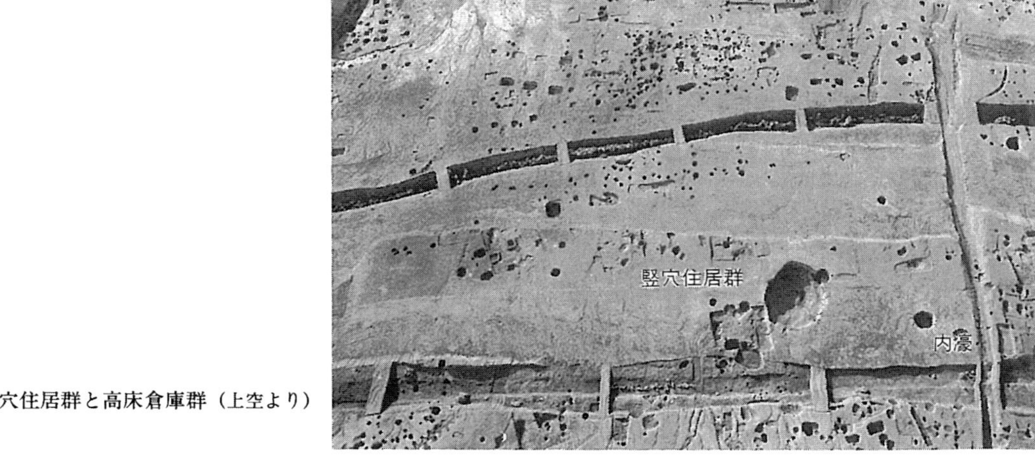

竪穴住居群と高床倉庫群（上空より）

墳丘墓（上空より）

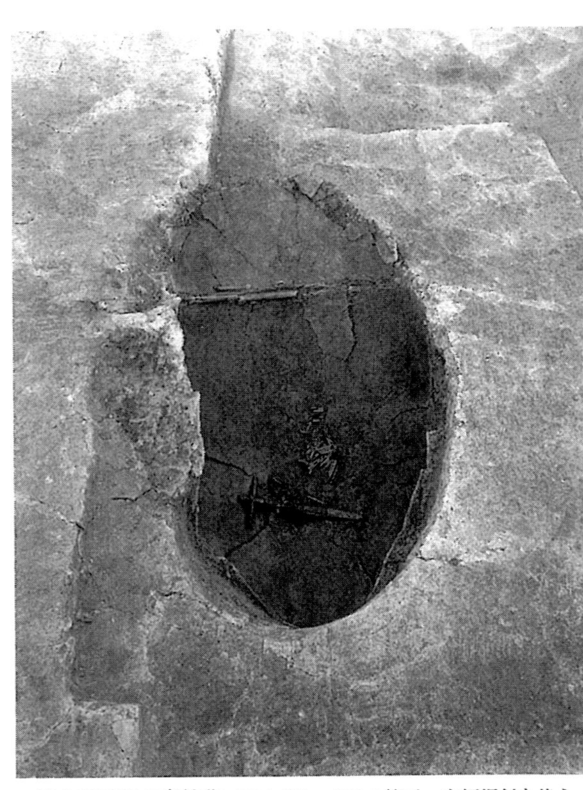
墳丘墓西側の甕棺墓（東より）ガラス管玉，有柄銅剣を伴う

佐賀県吉野ヶ里遺跡

墳丘墓中央の甕棺墓（西より）細形銅剣を伴う

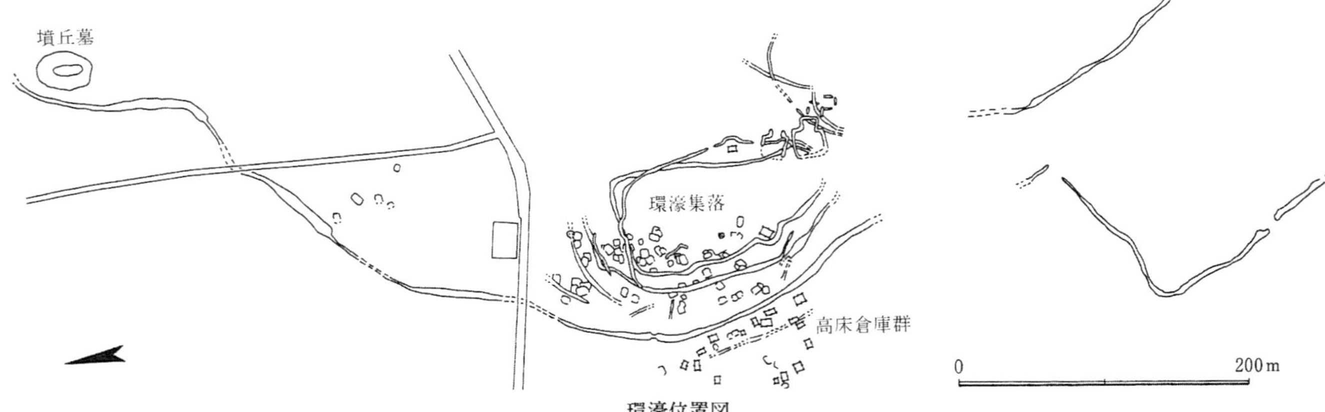

環濠位置図

弥生のブタの骨が発見された

大分市下郡桑苗遺跡

大分市下郡桑苗遺跡で弥生土器とともに多くの木器類が出土したが，その中にブタの頭蓋骨なども混じっていた。きわめて保存状態のよいもので，このブタはニホンイノシシを家畜化したものではなく，大陸から持ち込まれた可能性が強い。なお，そのほか佐賀県の菜畑遺跡や吉野ヶ里遺跡でもブタと断定される骨がみつかっている。

構　成／西本豊弘

Ⅲ区の発掘状況
矢印は第13層出土のブタ頭蓋骨
No. 3の出土状態を示す。

ブタ頭蓋骨 No. 2と大分産現生イノシシ（右側）
いずれも生後約1.5歳の雄である。No. 2の方が吻部が広く，後頭部が丸く高い。
No. 2の上面にはイヌの咬み傷が残っている。約⅓

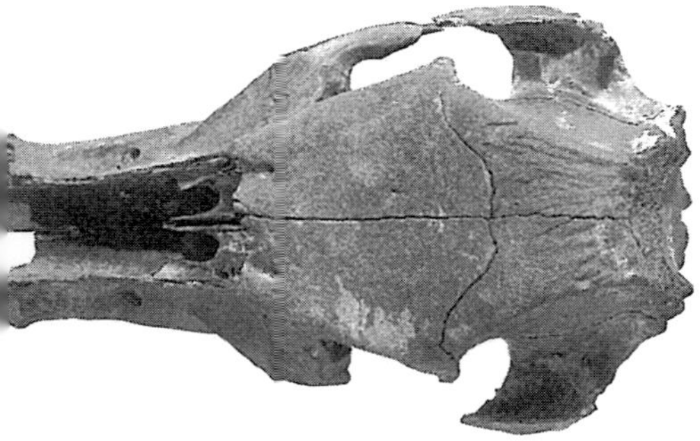

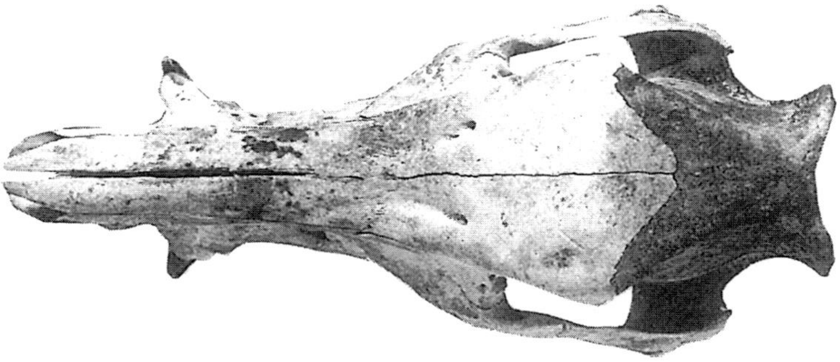

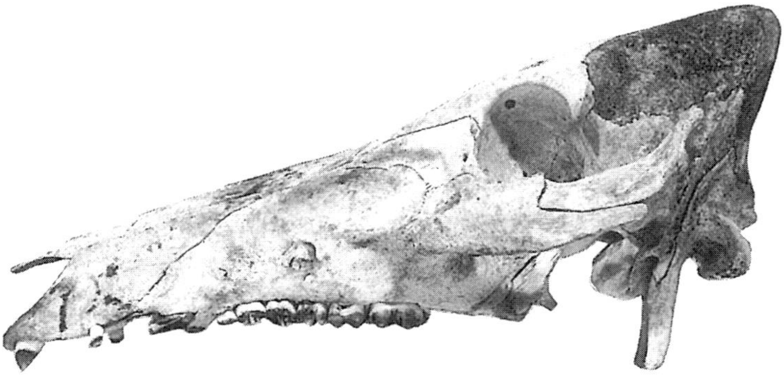

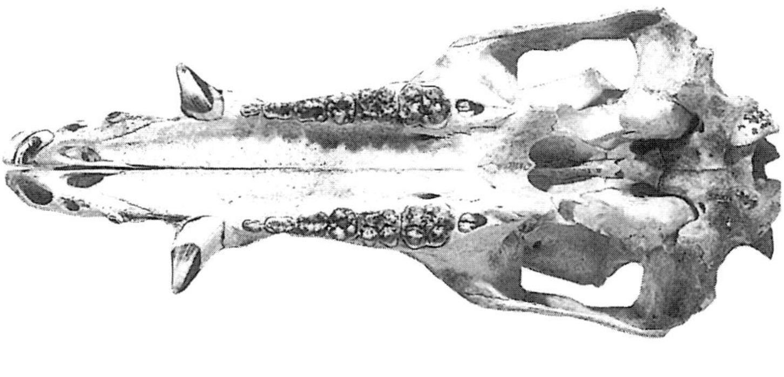

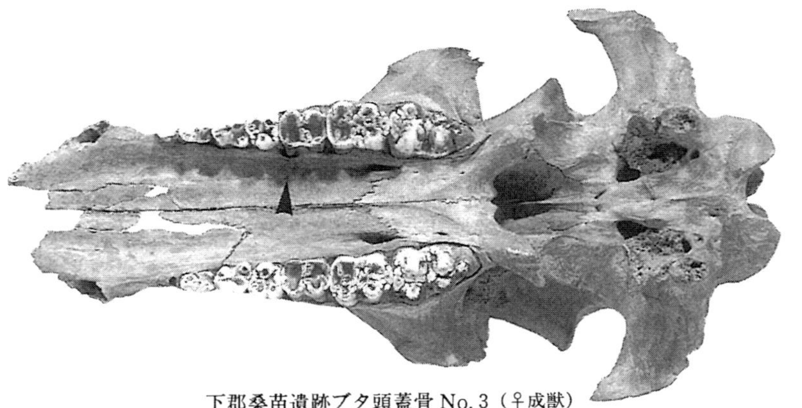

下郡桑苗遺跡ブタ頭蓋骨 No. 3（♀成獣）
矢印は第１後臼歯の内側前部歯根部にみられる歯槽膿漏の病変を示す。

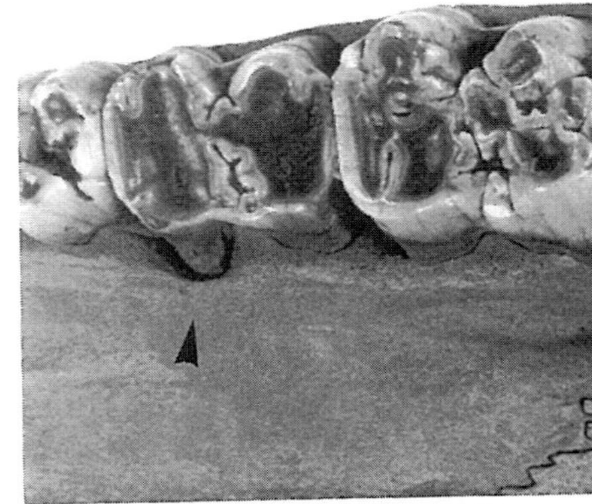

No. 3の歯槽膿漏部分の拡大図

弥生時代の各地のブタ

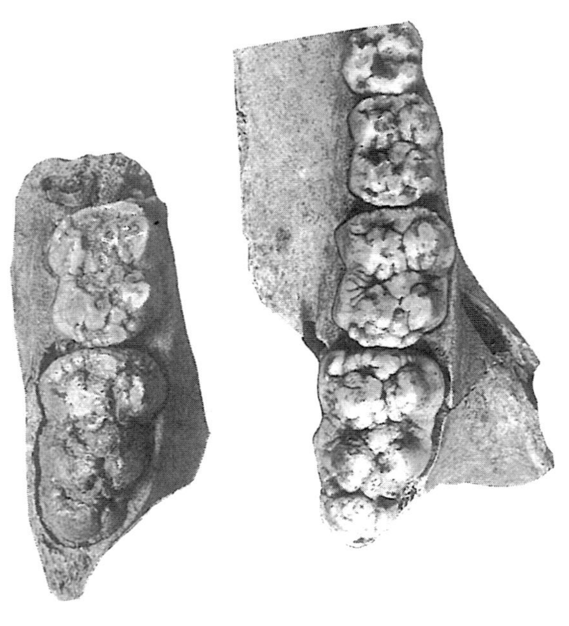

佐賀県菜畑遺跡山の寺式期のブタ左側上顎骨（左）
と縄文晩期の伊川津遺跡のイノシシの左側上顎骨
菜畑遺跡の例は第２後臼歯（矢印）の形状
からイノシシではなくブタと判断した。

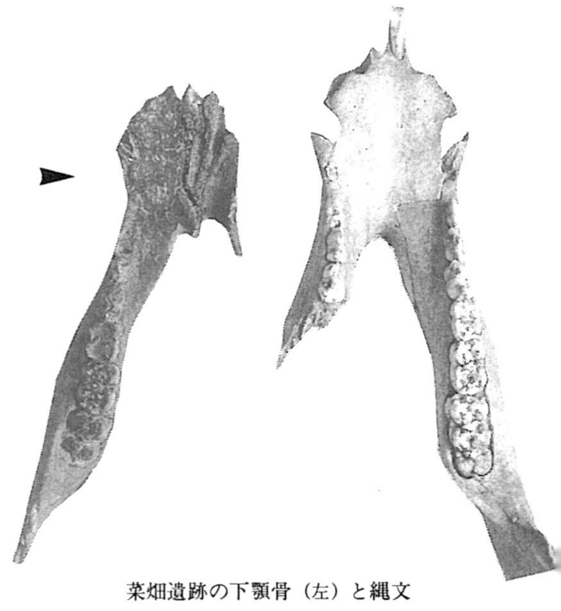

菜畑遺跡の下顎骨（左）と縄文
晩期伊川津遺跡の下顎骨（右）
年齢は菜畑遺跡例の方が少し若いが，
下顎連合部（矢印）が短くなっている。

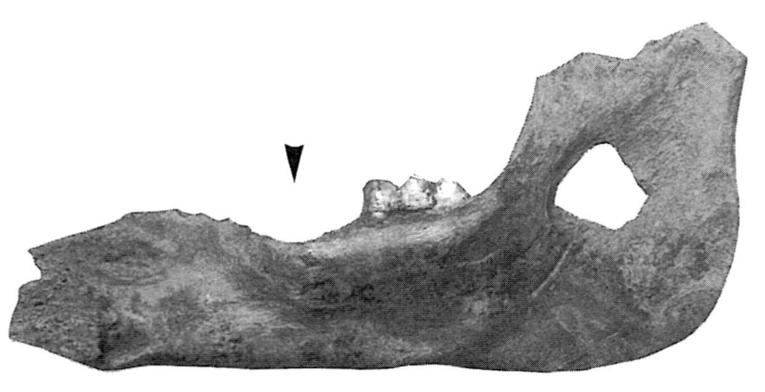

菜畑遺跡出土ブタの右側下顎骨
下顎枝に穴があけられている。矢印は強度の歯槽膿漏の病変を示す。

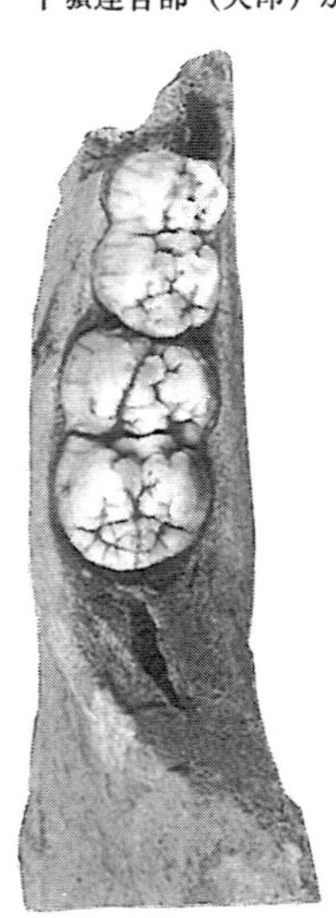

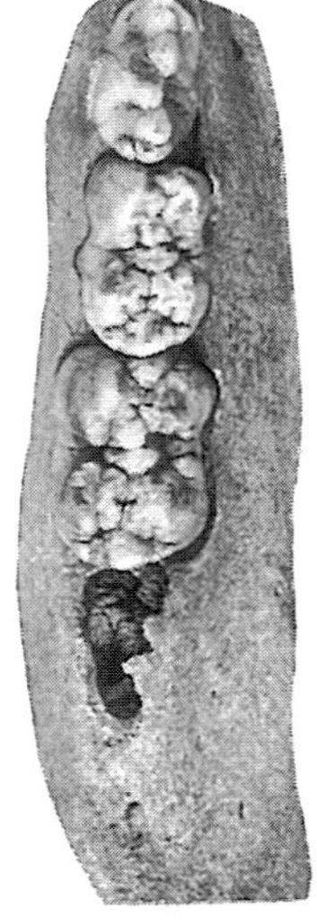

佐賀県吉野ヶ里遺跡のブタ右側下顎骨（左）
と伊川津遺跡のイノシシの右側下顎骨（右）
吉野ヶ里遺跡の第２後臼歯（矢印）は大き
く，形態も異なるのでブタと判断した。

弥生の大環濠集落と墳丘墓——佐賀県吉野ケ里(よしのがり)遺跡

七田忠昭・森田孝志　佐賀県教育委員会

1　遺跡の概況

吉野ヶ里遺跡は，佐賀県神埼郡神埼町と三田川町にまたがる広範囲な遺跡で，志波屋四の坪遺跡，吉野ヶ里遺跡，吉野ヶ里丘陵遺跡，田手二本黒木遺跡などからなっている。遺跡は，背振山地南麓から派生する洪積世丘陵上に立地しており，この丘陵の両側には，東の田手川，西の城原川・三本松川が形成した谷底平野や扇状地が，南には肥沃た佐賀平野が広がっている。周辺には，二塚山遺跡，横田遺跡，三津永田遺跡など弥生時代の著名な遺跡が数多く存在する。吉野ヶ里丘陵の南側約 65 ha が工業団地として開発されることになり，文化財保存緑地 6 haを残す約 30 ha の遺跡を昭和61年5月から平成元年5月まで発掘調査を実施した。

発掘調査の結果，丘陵上を中心に弥生時代の大規模な集落と墓地が存在することが明らかになった。丘陵斜面から低地にかけては，奈良時代から平安時代にかけての掘立柱建物跡約 300 棟，井戸跡約50基，大規模な道路跡などが検出され，駅路とその周辺に展開する役所的な建物群が明らかになった。その他，旧石器・縄文時代の遺物も出土し，古墳時代の集落や墳墓，鎌倉・室町時代の山城跡や墳墓などが検出されている。これらの中でとくに注目されるのが弥生時代の大規模な環濠集落と墳丘墓である。

南北約 2.5 km，東西 0.3〜0.5 km の調査対象地区の，中央部にある志波屋四の坪遺跡からは弥生時代前期初頭の貯蔵穴が数基検出されており，弥生時代が始まって間もなく集落ができたことは明らかで，ひきつづき丘陵全域にいくつかの集落ができあがっている。なかでも南部の田手二本黒木遺跡では，丘陵上に環濠集落が形成されている。この環濠集落は濠の一部（長さ 140m）を調査しただけで集落の内部の状況は不明だが，集落の範囲は 3〜4 ha であると推定される。この環濠は断面V字形，遺存部分で幅約 2〜3m，深さ約 2m で，中期初頭には完全に埋まってしまっている。

弥生時代中期になると，集落の規模が拡大し，新たに丘陵裾部に環濠をめぐらせている。この環濠は出土土器からみて，埋没せず後期まで存続したことが確実である。

2　環濠集落

後期になると，田手二本黒木遺跡から北の谷を隔てた吉野ヶ里遺跡と吉野ヶ里丘陵遺跡にかけて，大規模な環濠集落が形成されている。この環濠は丘陵西側の裾部に沿って延長約 1 km 確認されており，丘陵東側は未調査であるが，この濠は丘陵部をすっぽり囲むものと考えられ，環濠集落全体の規模は，約 25 ha 以上の大規模なものであったと推定される。この環濠は断面がV字形で，遺存状況の良いところでは幅が 6.5 m 以上，深さが 3m 以上あり，後世の削平を考えると本来はさらに大規模だったことが推定される。現在までのところ，この環濠では4カ所で陸橋が確認されており，門と考えられる柱穴も検出されている。またこの環濠は後期終末に一部，断面逆台形に掘り直されている。

環濠集落内部の丘陵頂部には，南北約 150 m，東西約 100 m の範囲を囲んで数条の濠(内濠)がめぐっている。これらの濠は，外側の環濠よりは規模が小さく，断面も逆台形をなし，防御的な目的とともに環濠集落の中枢地区を区画する目的であったと考えられる。この濠は後期終末までに何度かほぼ同じ区域を区画するように掘り直されている。これらの内濠には数カ所に張出し部があり，この部分から1間×2間の高床の掘立柱建物跡が検出されている。張り出し部分が眺望のきく位置にあることや建物の規模などからこの高床の掘立柱建物跡は物見櫓と考えられる。西の物見櫓の両側には集落中枢部への入り口と考えられる陸橋も検出されている。この内濠は濠内への土砂の流入状況からみて，外側に土塁が築かれていた可能性がある。また，この内濠の南側に，同時期に存在したと思われる別の内濠が検出されている。複数の内濠をもつ環濠集落は日本で初めての発掘である。

環濠集落内では弥生時代後期前半〜終末を中心とした 100 軒以上の竪穴住居跡が検出されているが，未調査地区のものや，後世に破壊されたものなどを含めれば数百軒の竪穴住居跡が存在し，同時に存在したものだけでも 100 軒以上の規模からなる大集落であったと考えられる。

この環濠の西外側からは大規模な高床倉庫と考えられる掘立柱建物跡が18棟検出されており，未調査地区を含めると数十棟の倉庫群が存在していた可能性が強い。これらの高床倉庫はほとんどが1間×2間で6本柱をもち，柱穴が畳1枚分ほどもある大きなものもみられる。

環濠集落中枢部周辺からは遺物の出土量がとくに多

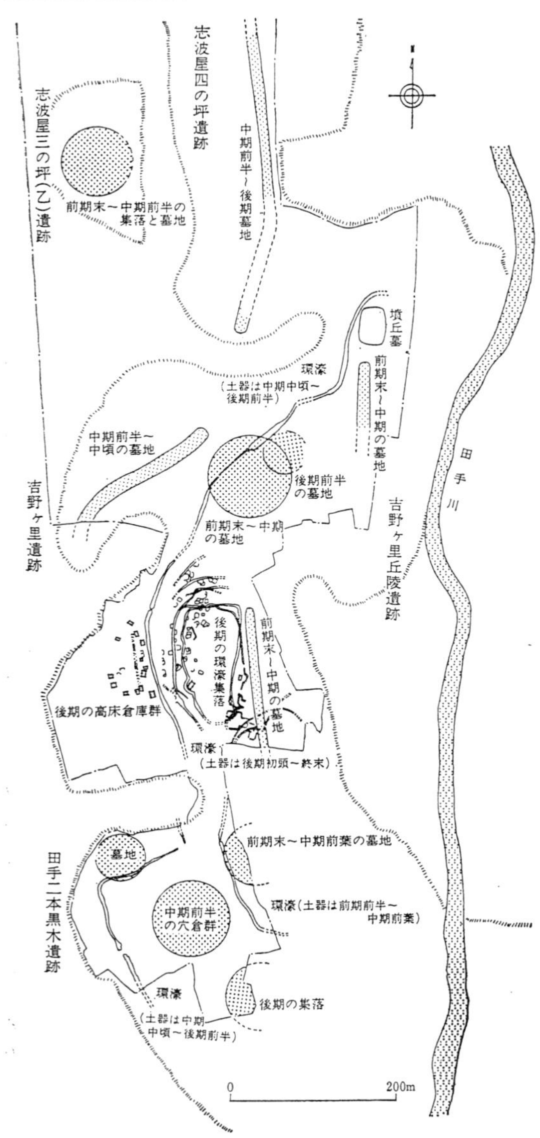

吉野ケ里遺跡弥生時代遺構配置図

く，大量の弥生土器や多数の鉄製農工具とともに銅剣鋳型，巴形銅器鋳型，製品が不明な青銅器鋳型，漢式鏡片（2点），国産の小型仿製鏡（3面），銅剣片，勾玉・管玉などが出土している。

弥生時代の墓には，甕棺墓・土壙墓・木棺墓・箱式石棺墓がある。甕棺墓が約2,000基，土壙墓・木棺墓が約330基，箱式石棺墓が13基発掘されており，その総数は約2,350基にもおよぶ。これらの墓地のうち中期前半のものは帯状の空白地の両側に墓が整然と配置されている。とくに志波屋四の坪遺跡では丘陵の尾根上に長さ約600m にわたって列埋葬がみられる。前期や中期後半から後期にかけての墓は不規則に密集している。墓地の周囲からは祭祀に用いた土器を埋めた土壙も多く検出されている。

甕棺墓・土壙墓・箱式石棺墓には300体以上の人骨が残っていたが，これらの人骨のなかには，首が切断され頭蓋骨のないものや，大腿を骨折したもの，大腿の骨に切傷があるもの，12本の矢を打ち込まれたと考えられるものもあった。数体の人骨は顔面が赤く塗られており，7体の人骨にはゴホウラやイモガイ製の腕輪が1～9個装着されていた。副葬品としては勾玉・管玉・小玉・鉄製刀子が出土している。その他に，甕棺内からは，布片（絹・麻）や結髪らしいものも検出されている。

3 墳丘墓

環濠集落の外濠の北端部分（外濠の内側）にあって，周囲に存在する多数の甕棺墓群から隔絶されて墳丘墓が存在する。規模は南北約40m，東西約26mと推定され，平面形は南北に長い長方形に近くなるものと考えられる。墳丘周囲の裾部にあたると思われる部分に，楕円形の祭祀遺構や，溝状の土壙がいくつか検出されている。

墳丘は，黒色土を厚い部分で高さ約1.2mほど盛った上に版築状に盛土している。現在，高さ約2.5mの墳丘が遺存している。この墳丘墓は昭和29・30年に開墾されており，当時の関係者の話によれば，墳丘の高さは4.5mほどであったと推測される。開墾当時には銅剣・銅矛が約10本，小型の漢式鏡1面，管玉多数が出土したとのことである。

墳丘墓の盛土内からは，現在までに6基の甕棺墓が検出されている。甕棺墓はすべて合口式の成人棺で，黒塗りである。内面に多量の水銀朱の塗布されたものもみられる。墳丘の中央に位置する甕棺墓は中期前半（汲田式）のもので，他の甕棺墓は中期中頃（須玖式）で，中央に向って放射状に埋置されているかのようである。6基の甕棺墓のうち5基の甕棺墓について内部の調査を実施し，4基から有柄銅剣1本・細型銅剣3本・青銅製把頭飾1個・ガラス製管玉約70個が出土した。また，中央の甕棺墓および，その南側に位置する甕棺墓には頭蓋骨などの人骨の一部や歯が遺存していた。

墳丘墓の南側では，外濠から墳丘墓に向う墓道らしい溝状遺構が検出されている。溝状遺構の底から木材とともに中期中頃の祭祀用土器群（高杯・壺・筒形器台）が出土している。

吉野ヶ里遺跡の大規模な環濠集落は非常に防御的かつ企画的につくられており，豊富な出土品からみても当時のクニの拠点的集落であることは間違いない。また，墳丘墓の調査では，弥生時代中期前半にすでに巨大な墳丘墓を築き豪華な副葬品を有する権力者が存在したことが明らかになり，階級社会への胎動が感じられる。

このように吉野ヶ里遺跡では，弥生時代の全期にわたり集落・倉庫・墓地がセットで検出されており，弥生社会の発展過程を目の当りに見ることができる。

弥生時代のブタ――大分市下郡桑苗遺跡ほか

しもごおりくわなえ

西本豊弘 国立歴史民俗博物館

これまで，弥生時代にはブタは飼われていないとされていた。しかし，昨年大分市下郡桑苗遺跡で弥生時代前期後半から中期の包含層から出土した「イノシシ類」の頭蓋骨は，その形状から家畜化されたブタであると判断した。その後，弥生時代のいくつかの遺跡で，これまでイノシシとされていたものの中に飼養されたブタが含まれていたことがわかった。ここでは，まず下郡桑苗遺跡の骨が野生のイノシシではなく家畜のブタであると同定した形質的特徴を説明し，さらに他の遺跡のブタについても紹介しておきたいと思う。なお，下郡桑苗遺跡の遺物については，すでに発掘報告書が刊行されているので参照していただきたい[1)]。また，本論の一部は本年度の文化財科学会のポスター・セッションで発表している。

1 ブタの形質について

ブタは野生のイノシシから家畜化したものである。そのため，イノシシではなくブタであると同定するためにはイノシシの形質をよく把握していなければならない。また，イノシシの骨も年齢・性別によって異なることは当然で，同一の年齢・性別でも時代が新しくなるに従って小さくなる傾向があり，生息している場所によっても大きさが異なる。そして，人間やイヌ・ネコほどではないが，同一の年齢・性別・時代・場所であっても，まったく同じ骨というものはなく個体差がみられる。それにもかかわらず，ニホンイノシシとしての一つのまとまりをもつ特徴があり，動物の骨の分類に携わる者は，自分なりにその特徴を把握しているのである。イノシシの特徴をここでくわしく述べることはできないが，筆者は縄文時代のイノシシを多量に見ており，イノシシについてのイメージをもっている。今回の下郡桑苗遺跡のブタは，筆者のもつイノシシのイメージからはずれていたのでブタと認定したのである。

ブタの形質については，現代の多くのブタは近代になって品種改良が進み，早熟で肉質の良いものが好まれて，野生のイノシシとはかなり異なったものとなっている。また古代のブタとも異なっている。古代のブタは，写真で見る限りアジアでもヨーロッパでも鼻ずらが長く野生イノシシに似ているものが多い。筆者は，現代のブタは少量しか見ていないが，紀元後数世紀から十数世紀のオホーツク文化に伴うブタを分類したことがある。また，現代のイノシシを飼育したもの，およびイノブタと思われる骨もかなり保有している。そのため，家畜化されたブタかどうかを判断する基準を自分なりに持っているつもりである。これまでもイノシシの骨を分類する場合は常に家畜化の有無に気をつけていたが，今回非常に保存状態の良い頭蓋骨であったため，ブタと同定できたのである。

2 下郡桑苗遺跡のブタの形質

ブタと同定したものは，頭蓋骨4点のうち3点である。その他の四肢骨もおそらくブタと思われる。頭蓋骨No.1は雌の成獣，No.2は雄の若獣（1.5歳），No.3は雌の若獣（1歳前後）である。No.4は生後1～2カ月の幼獣であり，イノシシとブタの区別はできなかった。これらの資料を野生イノシシではなく家畜のブタと認定した形質的な特徴の主なものを挙げると，以下のようになる。

① 上顎骨後部が前方に張り出す。(No.1～3)
② 頬骨が少し外に張り出す。(No.1·2)
③ 吻部の幅が広い。(No.1·2)
④ 後頭部が短く丸く高い。(No.1·2)
⑤ 骨が全体に肥大している。(No.1·2)
⑥ 発育異常（過多）が見られる。(No.2)
⑦ 歯槽膿漏が見られる。(No.1·3)
⑧ 臼歯の形態がイノシシよりも幅が広く丸みをおびる傾向がある。(No.1～3)
⑨ 臼歯の歯冠部にひだが多い。(No.2)
⑩ 口蓋骨後端の連合部がV字状をなす。(No.1～3)

頭蓋骨では以上の10の特徴からブタと判断したが，その他にも多くの特徴がそれぞれの頭蓋骨にみられる。ただし，現在のところ年齢と性別の異なる3個の頭蓋骨のため，家畜化の特徴かどうか留保している。

ところで，問題は家畜化の特徴とした形質の由来である。ここで挙げた10の特徴は，イノシシを飼育してもすぐにみられるものと，そうではなくて長年月の家畜化によって形成された特徴と思われるもの，ニホンイノシシとは別のイノシシから家畜化されたことを示すもの，およびブタとニホンイノシシが混血した結果現われるものなどが混じっていると思われる。たとえば，歯槽膿漏はイノシシの仔を飼育したらすぐに現われる病変であろ

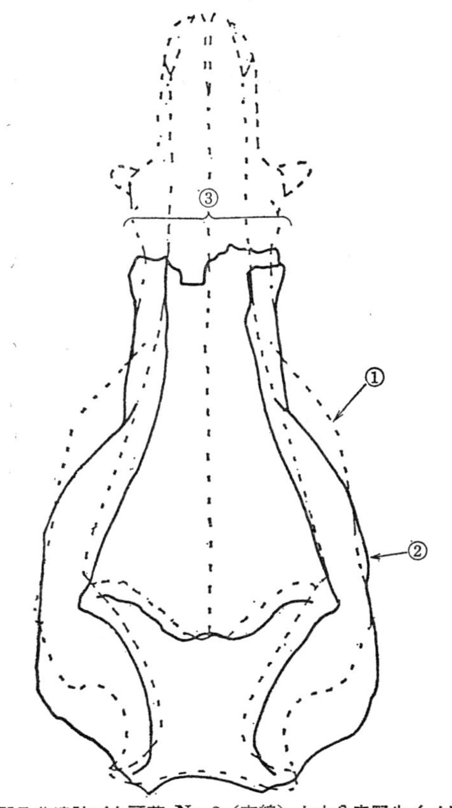

下郡桑苗遺跡ブタ頭蓋 No. 2（実線）と大分産野生イノシシ（点線）の上面観　矢印と番号は本文中の形質的特徴の位置を示す。後頭部が短くなっていることがわかる。

う。発育異常（過多）もイノブタで現われる現象の一つと思われる。臼歯の歯冠部にひだが多い例は，栄養不良かもしれない。その他の特徴は現在のところ何とも言えないが，筆者は家畜化が進んだ結果か，または系統にかかわるものではと考えている。したがって，現在のところ下郡桑苗遺跡のブタは，ニホンイノシシを家畜化したものではなく，大陸から持ち込んだものではないかと推測している。もちろん，そのブタが日本で野生イノシシと交配した可能性は十分にある。

3　弥生時代の遺跡出土のブタについて

下郡桑苗遺跡でブタが確認された後，九州の菜畑遺跡と吉野ヶ里遺跡，関西の唐古遺跡・亀井遺跡・池上遺跡などの「イノシシ」の資料を見せていただいた。それらの遺跡の資料をすべて見たわけでもなく，また，破片のためイノシシかブタか区別できないものが多かったが，いずれの遺跡でも家畜化を示す資料が含まれていた。とくに唐津市の菜畑遺跡の場合は，山の寺式土器を伴う遺物包含層から大きなブタの上顎骨片が出土しており，日本に農耕が伝わった当初から，ブタが伴っていたと推測された。ただし野生のイノシシと思われるものもある。

吉野ヶ里遺跡の例は，「イノシシ類」の骨片９点のうち２個体分（３点）の下顎骨があり，いずれも第二後臼歯が大きく，形態もニホンイノシシと少し異なる点があることからブタと判断した。ニホンイノシシは，縄文時代の前期よりも晩期の方が小さく，現代の方がさらに小さいというように，時代が新しくなるに従って小さくなる傾向が見られる。その流れの中で吉野ヶ里遺跡の第二後臼歯をみると，ニホンイノシシとしては大きすぎるのである。吉野ヶ里遺跡のブタはかなり大型のブタと思われる。

4　ブタ飼育の目的

最後にブタの飼育の目的についてすこし触れておくと，肉を食料としたことは言うまでもないが，むしろ農耕儀礼に欠かせないものであったために，農耕と伴って持ち込まれたのではなかろうかと考えている。弥生時代の「イノシシ（ブタ？）」の下顎骨は穴を開けられているものが多いが，そのような例は縄文時代にはまったく見られない。下顎骨に穴をあけることは，弥生時代になって行なわれた骨の取り扱い方であり，骨に対する価値観が縄文時代とは異なっているのである。したがって，菜畑遺跡でみられるように下顎骨の穴に棒を通したり，唐古遺跡の例のように下顎連合部を棒に架けて吊すなどの儀礼的取り扱いは，狩猟儀礼ではなく，農耕儀礼と考えられるのである。

以上，最近発見された弥生時代のブタについて，現在の情況をとりあえず簡単に報告した。これまでに弥生時代の遺跡からは「イノシシ」がシカに比べてはるかに多く出土することが知られている。狩猟活動が盛んであった縄文時代では，若干の地域差・年代差はあるが，シカとイノシシはほぼ同程度に捕獲していた。それに対して弥生時代ではシカとイノシシは 1：4 程度になり，イノシシの方が圧倒的に多い遺跡が見られるのである。弥生時代になってイノシシ猟が盛んになったという見方があるが，そうではなくてイノシシの大部分はブタではなかろうかと筆者は推測しているところである。これまでにいくつかの弥生時代の遺跡のブタを見てきたが，ブタの形質は一様ではない。地域差や年代差がありそうである。弥生時代のブタの意義を考える上でも，今後多くの資料を検討させていただきたいと願っている次第である。

本論をまとめるにあたり大分県教育委員会・高橋信武氏，唐津市教育委員会・中島直幸氏には多くの助言をいただいた。また佐賀県教育委員会・七田忠昭氏には未発表の資料を使わせていただいた。深く感謝している次第である。

註 1）　高橋信武ほか『下郡桑苗遺跡』大分県教育委員会，1989

3. 縄紋文化の起源

八幡一郎は，1930年代なかばに，日本の石器時代初期に，剝片石器（とりわけ部分的に加工したもの）がきわめて多く，これに礫核石器・擦截磨製石斧などがくわわるが，磨製技術が顕著でないことを指摘した。八幡は，このような石器の特徴は，磨製石器を中心とする黄河流域，剝片石器に少数の磨製石器をともなう蒙古・シベリアのうち，とりわけシベリアのものと類似していると主張する[1]。そしてユーラシアに類例を求められる資料として「大形打製石器」・石箆など，さらに長野県曽根の石器のうち，石刃と思われるものに特別の注意をはらう[2]。

このような発言の背景には，縄紋土器の編年がほぼ確定したと考える傾向があらわれていた，日本列島では旧石器文化は確認されておらず，縄紋文化が日本最古の文化と考えられていた，というふたつの事情がはたらいている。また，この時期になって，中国・内蒙古・シベリアの情報がさかんに紹介されるようになり，日本人による調査[3]も行なわれる，という事情とも無関係ではない。これらの資料や情報の収集・発掘調査が，大きな目でみれば，日本の中国侵略の動きと結びついていること，そして和島誠一のような，反体制的な立場をとる研究者もこの動きに巻き込まれていることは見逃すことができない。

縄紋文化が日本最古の文化である，という判断は，その後も縄紋文化の起源の問題を考えるうえで大きな影響をのこす。縄紋文化以前の文化が存在しないかぎり，縄紋文化が大陸のどこの，どの文化の系統をひいているか，それをあきらかにすれば，いつ・どこから縄紋文化が日本列島に入ってきたか説明がつく。もっぱら「いつ・どこから」が問題になり，「なぜ・どのようにして」という問題はまったく無視される。岩宿の発見以後も，このような角度からの議論がつづく。

この時期，八幡と山内の意見はことごとに対立する。八幡は，この時期に縄紋土器の編年はほぼ完成したと判断していたのだろう。山内も，1930年代の末，そのような意味にとれなくもない発言もするが，新発見の可能性があることを警告し慎重な姿勢をとりつづける[4]。八幡は初期の石器とそれ以後の石器の「著しい技術的，型式的対照」を強調するが，山内は縄紋時代をつうじて利器に大きな変化が起きていないことを指摘する[5]。山内が縄紋文化を新石器文化であると断定すれば，八幡は「中石器文化的様相」を指摘する[6]。

研究の段階のとらえ方と，研究の方針になると，この食い違いは決定的になる。八幡が石器の系統の比較に手をつけたのは，当時発見されていたうちでもっとも古い土器を，最古の縄紋土器と信じてしまったからだろう。山内は早期の土器の「縄紋放れ」した特徴は認めながら，「地方差年代差が示す様に相当の分化を生じており，……縄紋式的発達」をしめしていることを指摘する[7]。

この発言の中身を突きつめれば，現在発見されたうちで最も古い土器が，これ以上古い土器があると考える余地がないと判断できるかどうか吟味する必要がある，ということになる。層位的事実を型式そのものの分析で吟味にかける作業，予測をはたらかせる手段としての「大別」の必要性がここから浮び上がってくる。しかし，資料の分布や量などの制約があったことは考慮しなければならないが，1940年代から1960年代まで，つぎつぎに未知の土器が発見され，最古の土器が入れ替わるなかで，この指摘は忘れられがちになる。

このような動きのなかから，江坂輝彌の「縄文文化二元論」のように，目あたらしい材料をありきたりの手段で処理しようとした意見もあらわれる[8)]。ここでは，いま最古とされている土器の特徴と分布が系統論と結びつき，起源の問題と系統の問題とが混同される。中谷治宇二郎は「遺物にあらわれた文化圏，文化の伝播」が，考古学の唯一の「実際的な命題」であると主張した[9)]。その主張がどのような結果を生むか，江坂の主張はそのひとつの実例である。

ここに紹介した八幡・山内の対立は，1960年代にはいって再現される。岩宿の発見・無土器文化の確認を背景として，芹沢長介は撚糸紋土器・押型紋土器にともなう石器と，無土器文化の石器を比較し，その隙間をうめるものとして，ふたたび曽根の石器に注目する。芹沢は，曽根の小形石器——とくに「粗雑な石核」やスクレイパーに注目し「縄文文化とは別の，無土器文化の伝統の中」におかれるべきものだと結論する[10)]。八幡，そして芹沢の方針と結論は，石器の比較によって縄紋文化の起源・系統を明らかにしようとする点で，そして曽根の石器が縄紋文化の石器とは異質なものであることを認める点で一致している。

その後芹沢は，細石刃文化を確認し，これがかつて予測していた縄紋文化とのあいだを埋める位置をしめるものと判断する[11)]。そして長崎県福井洞穴の調査結果にもとづいて，九州の細石刃文化のなかに隆線紋土器が出現し，本州ではおなじ隆線紋が有舌尖頭器にともなうことを指摘する[12)]。芹沢は細石刃の年代を更新世の末から完新世の始めと推定していた[13)]。福井洞穴第Ⅱ-Ⅳ層の放射性炭素年代はこの推定と一致し，夏島式の年代とくらべても食い違いはなかった。こうして，九州の細石刃文化の時期に登場した土器が四国・本州に伝わり，有舌尖頭器と隆線紋土器という組み合わせができあがる，という解釈，初期の土器は，隆起線・爪形・押圧縄紋の順序でうつりかわるという考え[14)]が学界で支配的となる。

一方，山内は佐藤達夫とともに，あたらしい大別単位を設け，草創期と名づける。隆線紋・爪形紋・縄の側面圧痕など「古紋様帯」をもつ土器とともに，押型紋以前の諸型式が草創期に編入される[15)]。それとともに，植刃・断面三角形の錐など「古紋様帯」をもつ土器にともなう石器に注目し，「原郷土で用いられた石器の形態をそのまま保有して居たもの」[16)]と主張する。

山内・佐藤は，長者久保・神子柴などの石器群を，土器の欠落した新石器文化（無土器文化）であるととらえ，草創期にみられる局部磨製石斧・石槍・搔器などは，無土器文化から受けつがれた要素と説明する[17)]。山内は，局部磨製石斧がバイカル編年のイサコヴォ期以前には見られぬこと，草創期に見られる矢柄研磨器の年代にもとづいて，さらに北ヨーロッパと日本列島の海進・海退の周期の対比を傍証として，草創期のはじまりは紀元前2,500年とする[18)]。芹沢の推定する土器出現の年代とのズレは，5,000年をこえる。

芹沢の意見では，細石刃技法の時期に土器が出現することが，土器の古さを証明する決定的な証拠となる。細石刃技法の終末は，とりもなおさず旧石器の終末を意味するから，これより古い土器を探索することは意味がないことになる。ここで芹沢は土器の古さを石器で証明しようとしているのだが，山内もおなじ立場をとる。草創期の年代の決め手は，土器ではなく，大陸から渡来した石器であった。

山内は，この事態を「しかし土器は地方的な変化を持ちやすく，石器ほど用途に即した形を保ちえない。土器では，同様な遡源の可能性はあるいはないものかも知れない」[19)]と説明する。山内は土器そのものの吟味によって，最古の土器を決定するという方針を放棄してしまったようにもみえる。佐藤達夫は新潟県小瀬ヶ沢（こせがさわ）などの資料にもとづく独自の編年を発表するが，ほとんど注目をひかなかった[20)]。最近になって，大塚達朗は草創期の土器の型式論的な吟味がおこなわれなかった結果，豆粒紋（とうりゆうもん）の位置づけに代表される草創期編年の混乱がおきた，と指摘している[21)]。

縄紋文化を新石器文化ととらえようとする山内の立場は，1930年代から晩年まで変わらない。おそらく西アジアで成立した新石器がヨーロッパに波及し，ヨーロッパ各地に定着する過程で変化をうみだした過程がモデルとなっているのだろう[22)]。芹沢はヨーロッパ——とくにイギリスの旧石器から中石器への変遷・新石器の受容の過程をモデルとしている[23)]。土器の出現という出来事を，山内はアジア大陸での新石器文化の成立と各地への伝播の一例ととらえ，芹沢は更新世末期の細石刃技術をうみだすような変化のなかに，土器を発明しそれを受け入れる条件が準備されていた，と考える。

J.G.D. クラークは，新石器革命・その波及効果を強調するV.G.チャイルドと，新石器の前段階としての中石器の意義を強調するクラーク自身の立場の食いちがいを指摘している[24)]。われわれは，チャイルドとクラークの場合とおなじく，山内・芹沢の論争から，ひとつのできごとの背後に，あたらしく外からおよぶ影響（外在的な要因）とそこにすでにある条件（内在的な要因）を，どのような方法で読み取り，どのように評価するかという問題を学びとるべきだろう。放射性炭素による年代測定が信頼できるかどうか，考古学の年代決定の方法に，計量年代をとるか序列年代をとるかは，本質的な問題ではない。

近藤義郎は岩宿の発見からのち，もはや「どこから人びとが日本列島に来住してきたかという単純な問題処理の仕方」では縄紋文化の起源の問題を解決できない。「縄文文化とは一体何であるか。……縄文文化が形成されるためには，いかなる条件の下でいかなることが起こったのか」にこたえなければならない，と主張する[25)]。稲田孝司の石器製作の技術の変質・背景・効果のなかで，旧石器の終末と縄文の開始をとらえようとする立場は，近藤の指摘の後半に答えるものといえる[26)]。「縄文文化とは何であるか」という問題は，縄紋文化・縄紋時代の日本の歴史のなかでどのような意味をもっていると考えるか，その性格をどうとらえるのか，という問題である。

4. 縄紋社会論・文化論の流れ

和島誠一は，1948 年に「原始聚落の構成」を発表する。和島はこの論文のなかで「こうした重要な課題が……正面から問題とされてこなかったと云う事実に考古学徒の一人として責任を感じる」と発言している[27)]。この指摘の裏には「……特殊遺物の年代考定，様式・製作技術・装飾の研究，或は美術的鑑賞……『文化』などにのみ重点を置いて，……社会組織の考察を全くないがしろにしてゐる」[28)] 考古学界の状態があった。後藤守一は，考古学の研究対象は「風俗・制度・文物・技能等の文化事象であって，直接これのみによって政治史経済史等の研究を試みようとしてはいけない」[29)] と発言する（傍線筆者）。この発言はこのような状態を作りだした研究者の姿勢を，無残なまでにさらけ出している。

1920 年代後半の日本の考古学界では，資料からじかに読み取れることから一歩も踏み出そうとしない，いわゆる実証主義的な立場が，主流となっていた。学問の成長にともなって，それまでの資料の扱い方への反省が働きはじめていることは事実である。さきに紹介した坪井正五郎のように，遺物の表面的な観察にもとづく思いつきにかわって，客観的な観察と記述が必要であることが強調されるようになっていた[30)]。しかし，それだけでは資料追随主義とも呼ばれる立場がうまれる事情の説明としては十分ではない。

山内清男は『日本遠古之文化』の執筆にあたって「字句に細心の注意をはらった」という[31)]。伊東信雄は日本国家の起源をあつかった卒業論文を，指導教官からことこまかな字句の訂正を受けてようやく提出できたという。なぜこのようなことが起きたのだろうか。天皇だけが無限の権限を持ち，国民の固有の権利を認めようとしない国家制度のもとでは，天皇や民族の由来について，事実にもとづいて考え，それを発表する自由は制限されていた。とりわけ 1925 年からのちになると，天皇を支配者とする国家の制度（国体）や私有財産制にたいする批判的な言論や行動を処罰する治安維持法が制定される。

日本の歴史が世界のほかの地域の歴史とおなじ発展の過程をたどっていることを指摘するだけでも，治安維持法違反で捜査・検束・拘禁をうける十分な理由となった。特別高等警察（特高）は，1926 年から 1945 年までの 20 年間に 50,000 人の国民を逮捕し，考古学の分野でも，和島誠一・赤松啓介などがその犠牲となっている。この体制が「終戦」とともに廃止されたわけではない。哲学者三木清のように，刑務所にとらわれたまま，天皇の「御聖断」の 41 日後に命をおとした場合もある[32)]。山内も伊東も，天皇の統治する国家の手で，研究の結果を発表する自由をうばわれていた。「政治史経済史等の研究を試みようとしてはいけない」という後藤の発言も，治安維持法にたいするおびえのあらわれである。

実証主義的な立場は，国家が国民の思想に露骨な干渉をするなかで，研究者自身が研究の目的や関心を国家が許容する範囲に制限し，それを当然のこと・正当なことと思いこませる役割を果たした。縄紋時代の社会がどのような性格をもつのか，という問題をとり上げるのは，渡部義通の編集した『日本歴史教程』などごく少数の史的唯物論（マルキシズム）の出版物にかぎられる。禰津正志は「原始日本の経済と社会」のなかで，縄紋時代が「生産力の低い，そのゆえに階級分化の，すなはち人による人の収取の現はれなかつた時代」であることを主張した[33]。考古学の立場からこの論文を取りあげ，積極的な意義をみとめたのは，私の知るかぎりでは，和島誠一ただ一人である[34]。さきに引用した和島の発言は，このような背景を背負っている。

和島が「原始聚落の構成」のなかで述べた意見は，その後の縄紋集落論の土台となる。早期の小規模・不安定な集落が前期になって安定し，中期・後期をつうじて拡大してゆく。規模の拡大とともに，中央に広場を置きその周囲に住居などの施設を配置する原則がうまれ，縄紋時代を通じてその規制が維持される。このような現象には，縄紋社会における生産力の発展と，氏族共同体の性格が投影されている[35]。

和島は，縄紋早期には生産用具がすでに相当に発達しており，それからのち質的な変化は見られないことを指摘し，人口の増加が，縄紋時代の生産の発展のおもな要因となると推定する。そこで「労働力の効率的・合理的な使用」の必要性がたかまり，「強暴な自然」の前の「弱小な集団」である「聚落は強固な統一体」として生産の主体となる。その結果「一つ一つの竪穴とその成員が，それぞれ独立したものとして機能を果たすのは主として生活の厚生(レクレーション)の面」に限られることになる。したがって「竪穴の炉によって表徴される一世帯が，仮に一家族を構成していたとしても，それと古代・中世・近世のそれぞれの社会に於ける家族を同一視することは，その機能のもっとも本質的な部分を見失うことになろう」と警告する[36]。

藤間生大も，和島とおなじ立場からの，縄紋時代の社会と文化の評価を発表する。藤間は，自然条件に左右される「みじめな生活環境」のなかでうまれる「社会の停滞性」と「文化及び文化発展の仕方の同一性」を，縄紋社会の特徴として指摘する[37]。しかし晩期になると，この同一性がうしなわれ，東北地方には複雑・華麗な亀ヶ岡式土器が，関東・九州では簡素で画一的な土器がつくられる。このちがいは「文化発展の仕方」が「二つの道」にわかれた結果で，藤間はここに「日本列島の氏族社会の破綻」を読みとる[38]。

藤間は「亀ヶ岡の精巧や華麗は，採集経済から抜け出しえないで，一つのところに停滞している社会の人間が，作りだした精巧であり華麗である」と評価する。これと対照的に，簡素化・画一化の傾向を見せる関東以西の地域の土器は「みた目には貧弱のようでも，それは将来において発展する力を内在している」。東北地方の社会は，恵まれた資源とそのなかで発達した技術をもちながら柔軟性をうしなってしまった。それに対して，西日本の社会では，石器や土器の作りを簡素なものにして，新しく取りいれた「原始農業」に精力を集中し，分業の仕組みをも組替えようとしていた，というのが「文化発展の仕方」の「二つの道」の説明である[39]。

和島や藤間は，日本の原始・古代の歴史のなかのひとつの段階として縄紋時代をとり上げている。縄紋時代のできごとやそのなかで生みだされた事物の叙述が目的ではなかった。その目的は，縄紋時代の生産の仕組みが，社会の構造にどのような作用をおよぼし，どのような特徴を作りだしているか，そこを説明することにあった。そのためには，さまざまな現象や出来事を整理し抽象化し，生産の発展とそれにともなう社会の変化の動きとして叙述しなければならない。さまざまな出来事や事物は，その動きを説明するうえで必要なかぎりとりあげることになる。1950 年代から 1960 年代なかばはこのような立場にたった縄紋社会論の全盛期であった，といえるだろう。

1960 年代にはいって，これとはちがった傾向があらわれる。坪井清足の「縄文文化論」[40]をその例としてとり上げることにしよう。坪井は，台湾のヤミ族が食物の種類，性別や年齢によって食器を使い分け，食器の形や装飾が，その区別をしめし，食物の種類・年齢／性別によるタブーをまもる機能をはたしていることを紹介する。そして，後期からのちの土器に目だってくる，手のこんだ装飾をここに重ねあわせ，タブーが繁縟になっていた結果であろうと説明する。非実用的な石器・現在では用途の分からない骨角器・抜歯などもタブーのあらわれとして説明し，縄文社会を「呪術の支配した社会」とよぶ[41]。

近藤義郎は，おなじことを「原始共同的諸関係の高度の発達が必然的に要求した社会儀礼・禁忌などの複雑化に対応した現象」と説明する[42]。坪井の説明は，はるかに分かりやすく，人をひきつける。これと前後して出版された芹沢長介の『石器時代の日本』も，そして最近出版された佐原眞の『大系日本の歴史１・日本人の誕生』も同じような分かりやすさが魅力となっている。

縄文の終末の問題では，土器の編年・系統・分布に比重がかかっている。まず東西日本の晩期の終末がほぼ同時なのか，山内清男が考えたよりは大きなズレがあるのかどうか，遠賀川式土器の分布・畿内晩期にともなう亀ケ岡式土器の時期・工字紋の系統などをとり上げる。つづいて，東北地方と西日本，それにはさまれた地域の土器が，それぞれ独自なすがたをたもっていることを紹介し，その伝統が弥生中期まで引き継がれていることを「それぞれの地域が……それぞれの地域の自然環境に適応した独自の生活を営んで居たことを示すものであろう」と解釈する。そして「それぞれの地域の自然環境に適応した独自の生活」の中身を，山内清男のサケ・マス論，岡山県前池のナッツの貯蔵庫をひいて説明する[43]。

近藤の発言のなかにも，これとかさなる部分がある。近藤は「狩猟採集経済の矛盾」・それを回避する手段としての「禁忌・儀礼・呪術など共同体的規制の強化」・「生産経済に対する強い要請の内在」・狩猟経済の矛盾とその地域性・東西日本の遺跡分布密度の差・土器や呪物に見られる地域差などを指摘し，藤間の「二つの道」とほぼおなじ説明をする[44]。縄紋の終末・弥生の開始というできごとの説明としては，筋道がたっている。しかし考古資料そのものについて，坪井ほどくわしい説明はしていない。したがって，読者は「具体的なイメージは別として」解釈や分析がさきばしっている，という印象をうけるのではなかろうか。

坪井は，民族誌・民俗学のデータを積極的にとりいれている。後・晩期の土器の装飾を説明するのにヤミ族の食器をひき，瀬戸内海の島の上の近世村落の人口がサツマイモ栽培をはじめてから５割ほど増えた例をひいて，前期を境とする環状集落の成立を，原始農耕の導入とむすびつける[45]。社会・文化について幅のひろい議論をしようとすれば，和島や藤間，そして近藤の場合のように抽象的になり，筋道はたっていても分かりにくい話になりやすい。読み手の立場を考えれば，具体的なイメージを呼びおこす必要がおきる。民族誌にかぎらず，考古学以外の分野のデータや情報をとりいれることは，イメージを呼び起こすうえでは有効な手段である。

しかしこのような手法に問題がないわけではない。坪井は，晩期の土器の場合のように，考古資料そのものの説明にはかなりの比重をかける。そして考古資料そのものから一歩はなれた説明の手段として，民俗例をもちいる。しかし，ひとつのできごとのもつ意味や，そのできごとが起こるまでの筋道の説明を，考古資料そのものから汲み尽しているかどうか，その点になるとかならずしも充分ではない。土器の装飾のはたらきを，タブーで説明した場合を考えてみよう。考古学にも民族学にも専門的な知識をもたぬ読者がこの説明を読んだ，とする。記述や挿図は，読者に土器の装飾について，あるイメージをあたえるだろう。タブーにしても，常識的なイメージはもっているだろう。とすると，読者が〔土器の装飾がタブーのあらわれだと分かった〕と思ったとしても，厳密な意味で〔理解した〕といえるだろうか。〔土器の装飾〕というイメージと〔タブー〕というイメージが結びついた，ということではないだろうか。〔土器の装飾〕というイメージと〔タブー〕というイメージの置き換えが起こっただけではなかろうか[45]。解かる・理解するということは，ものごとが成り立つ条件，そこに働いている規則をとらえ，意識のなかに定着させることといえるだろう。だからイメージの構成・結合・置換は，理解をたすける手段ではあっても，ものごとを理解することとは別である。だから，イメージの置き換えだけが先走りすれば，何かを解かったような気分のなかに読者をほうり出してしまうことになりかねない。解かりやすさということのなかにも難しい問題がふくまれている，と思う。

D. クラークは，ヨーロッパ中石器時代の生業や「経済的基盤」の説明が，思いこみや型通りの解釈にもとづいて組み立てられており，R. B. リーとI. ドゥヴォアの主催したシンポジウムの記録 “Man the Hunter” によって根本的に見なおしをせまられることになった，と指摘している[47]。日本ではジャーナリズムが，「本源的豊饒の社会」という謳い文句にひきつけられたのか，いちはやく紹介した。佐原眞は，いちはやく縄紋人の植物性食料の重要性を指摘する[48]。

狩猟採集経済の不安定さ，それに由来する貧しい生活というイメージは，さきに紹介した和島や藤間の縄文社会論の土台となっている。獲得経済と「本源的窮乏」を結びつける型通りの解釈がはたらいている。それを前提として，狩猟採集から食料生産へ，縄文から弥生への転換を，「歴史的必然性」をもったできごととする解釈が成り立つ。獲得経済は不安定で，狩猟採集経済は貧しい生活を送っている，という解釈が，どのようにして日本の考古学に根をおろしたのか，面白い問題だと思うが，まだ調べていない。

クラークは，このような解釈が受け入れられてきた理由のひとつとして，1950 年代なかばまでの中石器時代の研究に，動植物遺体，社会・生態条件への目配りがかけていたことを指摘している[49]。日本でも，食料の構成を具体的にとらえるための手がかりはまったくなかった。金子浩昌の千葉県大倉南貝塚の調査（1957 年）までは，動物遺体を全部持ち帰ることもなかったから，どれだけの動物をとっていたか推定することもできなかった。植物性食料の利用を否定する意見はなかったが[50]，具体的な推定は何もなかった。このようななかで，渡辺誠は，零細なナッツ類の出土例や植物性食料の処理用具（石皿・磨石など）を集成し，植物性食料の利用の有様を復元しようとした[51]。鈴木公雄は，リーの調査結果から刺激をうけ[52]，食料の獲得と利用の効率を検討し，縄紋人の食料資源のなかで，植物性食料が大きな比重を占めていたことを指摘した[53]。

鈴木の「日本の新石器時代」[54]は，これまで紹介した縄紋社会論・文化論とくらべると，完新世初期から現在にわたる日本列島の環境（とくに植生），縄紋時代の人口動態などについての説明が豊富になっている。これは 1960 年代からのちのこれらの分野（生態学・第四紀地質学・地形学・形質人類学）の発達と，考古学との連絡が密になった結果である[55]。これまで述べたことから推察できるように，鈴木は完新世の温暖化という条件のもとで，水産・植物両資源（とくに後者）の高度な利用技術の発達を，縄紋文化をささえた要素として重視し[56]，それが日本の伝統文化とむすびついていることを指摘する。

私の結論を手短にいえば，総論賛成・各論反対ということになるだろう（ただし「新石器時代」というとらえ方など「総論」の土台となる部分に異議がないわけでもない)。解釈の仕方・論旨の展開・結論に違いがでてくるとしても，これから私の書くもので論拠とするところ，とり上げる問題にそれほど大きな違いがでてくるとは思えない。経験に共通する部分があれば，考え方・判断の結果にも共通する部分がうまれ，手垢のしみ付いた言葉を使えばパラダイムが形成されることになるのだろう。

鈴木は「東西の縄文文化の落差を必要以上に強調すべきではない」[57]という。このあたりの鈴木の表現は微妙である。「寸足らずではあるが，一人前である」[58]というのが，鈴木の西日本の縄紋文化の評価なのだろう。いい換えれば，西日本でも東日本でも，縄紋人は同じ環状集落に住み，同じような技術で，同じような道具や呪物を作っていた，人口密度の違いが，遺跡の分布密度・遺物の出土量となって，見掛けのうえの違いを強調しているに過ぎない，ということになる。この鈴木の推論ははたして十分に論証されているのだろうか。かりに日本列島の東西の「文化」の違いを，量の違いとしてとらえることができるとしても，そのかげに質の違いを考慮する必要はないのだろうか。これは，この連載の一つのテーマとなる。

縄文文化の一体性の強調は，鈴木の「基層文化としての縄文文化」[59]という主張の前提となっている。<基層文化>という言葉の危険さ・曖昧さは梅原猛がこの言葉を乱用していることによって，さらに都出比呂志の批判によって，明らかにされている[60]。鈴木は，縄文・弥生の「二つの文化は，ともに今日の日本文化の基層を形成した重要な文化である」という[61]。それでは旧石器はどうなる，基層でなければ重要でないのか，といいたくもなるが，それはともかくとして，ひとつの社会が，何を受け継いだかと同じ程度，むしろそれ以上に，何を捨て去ったかを確認することも，その社会の本質を理解する上で，大切なことでなかろうか。いまわれわれは，縄文・弥生（私は旧石器も含めるべきだと考えているが）以来の伝統文化をすさまじい勢いで捨て去っている。その残骸の向こうに，明日の社会の姿が浮かんでいるのではないか。そこに蓄積や伝統への愛着が残る余地があるだろうか。成功するかどうか自信はないが，この連載のなかでは，そのような立場からも縄紋時代・縄紋社会を観察してみたい。

5. むすび

縄紋研究は，モースの大森貝塚調査とともにはじまる。しかしモースの帰国後，日本人による縄紋研究は，かならずしもモースの遺産をただしく受けつぎ，順調な発展をとげたとはいえない。縄紋研究は，大森貝塚からのち，ほぼ半世紀にわたって，先住民の人種・種族の決定という，まったく不毛な目的に奉仕させられた。縄紋研究は，モースの科学的な考古学の世界から，新井白石の考証学の世界に逆もどりしてしまった。その原因は，坪井正五郎の問題のとらえ方と，彼の「人類学的方法」にある。

甲野勇・八幡一郎・山内清男らによる縄紋土器の編年とともに，本格的な縄紋研究がはじまる。なかでも山内清男は，松村瞭・松本彦七郎らの業績を徹底的に吸収し，その基礎のうえに独自の型式論を築きあげた。関東地方を中心として，文様帯系統論にもとづく型式の段階区分と型式分布圏の細分が議論されるようになった。のちにあらためて触れるように，いくつかの困難はあるが，山内の予言した「型式細分の究極」にむかう動きとして注目したい。

縄紋社会論は，編年論・型式論とはべつの背景のもとで登場した。縄紋社会の姿をとらえることが，われわれの目標のひとつであることは確かである。しかし「編年・型式を揚棄して社会を」というのは俗論にすぎない。型式はわれわれの認識の手段であり，編年はそのもっとも明快な表現である。型式と編年によって，縄紋社会の姿をえがくことができるようになったとき，縄紋研究ははじめて新しい時期をむかえるだろう。

前回助言をいただいた諸氏のほか，あらたに岡本勇・都出比呂志・岡村道雄の諸氏から助言をいただいた。末尾ながらお礼申し上げたい。

註

（*印は複数の刊本がある場合，引用した版を示す）

1）「日本石器時代初期の石器」pp. 553-556（『民族學研究』2：543-557，1936）

2）『日本の石器』pp. 24-41（彰考書院，1948）「信州諏訪湖底『曽根』の石器時代遺蹟」pp. 65-66（『ミネルヴァ』1：60-67，1936）

3）水野清一・江上波夫「内蒙古・長城地帯」（『東方考古學叢刊』乙種一，東方考古學會，1935）

4）『日本遠古之文化』p. 39，10

5）「日本石器時代初期の石器」p. 553
　山内清男「書評・八幡一郎『北佐久郡の考古學的調査』」p. 303（『人類學雜誌』50：74-76，『論文集・旧』* 301-303）

6）『日本遠古之文化』p. 5
　八幡一郎「日本に於ける中石器文化的様相に就て」（『考古學雜誌』27：355-368，1937）

7）『日本遠古之文化』p. 10

8）「日本始原文化起源の問題」（『古代学』1：85-178，1952）

9）『日本石器時代提要』p. 68（岡書院，1925）

10）「関東及中部地方に於ける無土器文化の終末と縄文文化の開始に関する予察」pp. 41-42（『駿台史学』4：6-47，1954，『駿台考古学論集』1：24-65，明治大学考古学専攻講座創設二十五周年記念会，1975）

11）「無土器文化」pp. 113-122（『考古学ノート』1，日本評論新社，1957），「日本における無土器文化の起源と終末についての覚書」pp. 9-11（『私たちの考古学』13：4-13，1957），「新潟県荒屋遺跡における細石刃文化と荒屋型彫刻刀について」（『第四紀研究』1：174-181，1962）

12）「旧石器時代の諸問題」pp. 102-107（石母田正編『岩波講座日本歴史・原始および古代』1：77-107，岩波書店，1962）

13）『無土器文化』p. 122

14）鎌木義昌「縄文文化の概観」pp. 14-17（鎌木義昌編『日本の考古学』2：1-28，河出書房，1965），芹沢長介「日本の石器時代」p. 29・31（『科学』39—1：28-36，1969）

15）山内清男「縄紋土器文化の始まる頃」p. 51（『上代文化』30：1-2，1960，『論文集・新』* 49-52），「紋様帯系統論」p. 174（山内清男・江坂輝彌編『日本原始美術』1：157-158，1964，『論文集・新』* 145-183）
　山内清男・佐藤達夫「縄紋土器の古さ」pp. 52-62（『科学読売』12-13：18-26，84-88，1962，『論文集・新』* 53-90）

16）「同前」pp. 62-70
　山内清男「縄紋式文化」pp. 110-111（『日本原始美術』1：140-147，『論文集・新』* 110-120）

17）山内清男・佐藤達夫「無土器文化」pp. 103-106，109（『日本原始美術』1：137-140，『論文集・新』* 103-110）

18）山内清男「洞穴遺跡の年代」pp. 41-43（日本考古学協会洞穴遺跡調査特別委員会編『日本の洞穴遺跡』374-381，平凡社，1967，『論文集・新』*40-48）

19）「縄紋土器の古さ」p. 70

20）佐藤達夫「縄紋式土器の研究課題—とくに草創期前半の編年について」（『日本歴史』277：107-123，1971）

21）「縄文草創期土器研究の回顧と展望」p. 119，120（『埼玉考古』24：119-124，1988）

22）「……先史ヨーロッパの人びとの，おぼろげでしかも入り組んだ履歴をつらぬく一本の糸がはっきりとみえる。それはオリエントの諸発明の西方への伝播，その土地での採用と変容である」（Most Ancient East，p. 1，1929）というチャイルドの指摘は，日本でも深い影響をあたえた。山内清男も，1930年代に，*Dawn of European Civilization* を完訳している（『論文集・旧』p.293）。

23）「縄文文化」p.58（杉原荘介編『日本考古学講座』3：44-77，河出書房，1956）

24） Clark，J. G. D., *Mesolithic Prelude*. pp.3-5, p.7, Edinburgh Univ. Press, 1980

25） 近藤義郎「戦後日本考古学の 反省と 課題」p.324（考古学研究会編『日本考古学の 諸問題』 311-338，考古学研究会，1964）

26） 稲田孝司「尖頭器文化の出現と旧石器的石器製作の解体」（『考古学研究』59：3-18，1969），「縄文文化の形成」（加藤晋平編『岩波講座・日本考古学』6：65-117，岩波書店，1986）

27）「原始聚落の構成」p.482（『日本歴史講座』1：1-32，学生書房， 1947， 原秀三郎編『歴史科学大系』1：199-231，校倉書房，1972，和島誠一著作集刊行会編『日本考古学の 発達と 科学的精神』* 481-504，1973）

28） 禰津正志「原始日本の経済と社会」p.324（『歴史學研究』* 4：323-336，459-472，1935，『歴史科学大系』1：175-198）

29） 後藤守一『日本考古學』pp.1-2（四海書房，1925）

30） 当時のヨーロッパ（とくにイギリス）の考古学の傾向，さらに解剖学・古生物学など記述に重点をおく自然科学がつよい影響を及ぼしている。

濱田耕作『通論考古學』p.45，pp.93-94，102-103，132-133，p.153（全国書房，1947）

中谷治宇二郎『日本石器時代提要』 p.195 （岡書院，1929）

林　謙作「考古学と科学」pp.119-122（桜井清彦・坂詰秀一編『論争・学説日本の考古学』1：101-143，雄山閣，1987）

31） 佐原　眞「山内清男論」p.239（加藤晋平・小林達雄・藤本強編『縄文文化の研究』10：232-240，雄山閣，1984）

32） 日高六郎『戦後思想を考える』 pp.3-10 （岩波書店，1980）

33）「原始日本の經濟と社會」p.334

34） 三沢　章「日本考古學の發達 と 科學的精神」pp.133-134（『唯物論研究』* 60：104-115，62：120-135，1937，『日本考古学の発達と科学的精神』17-46）

35）「原始聚落の構成」pp.483-488

36）「同上」pp.489-490

37）『日本民族の形成―東亜諸民族との 連關に おいて―』p.5，17（岩波書店，1951）

38）『同上』pp.22-23

39）『同上』p.25，28，30

40） 坪井清足「縄文文化論」（『岩波講座日本歴史』1：109-138）

41）「同上」pp.128-134

42） 近藤義郎「弥生文化論」p.149（『岩波講座日本歴史』1：139-188）

43）「縄文文化論」pp.135-138

44）「弥生文化論」pp.148-152

45）「縄文文化論」p.127

46） 民族学・考古学のどちらかの専門知識をもっている読者の場合にも，同じことが起こるはずである。ふたつの分野にわたって，同じ程度の知識を持っていないかぎり，このような事態が起こるものと思わねばならない。いわゆる学際的研究の危険さ・困難さはここにある。

47） Clarke, David, Mesolithic Europe : the economic basis. pp.207-228, G. Sieveking et al. (eds) *Problems in Economic and Social Archaeology*. 449-481, Duckworth, 1976, N. Hammond (ed.) *Analytical Archaeologist : collected papers of David L. Clarke*. * 207-262, Academic Press, 1979

48） 佐原　眞「海の幸と山の幸」pp.22-24（坪井清足編『日本生活文化史・日本的生活の母胎』：21-43，河出書房，1975

49） Mesolithic Europe. p.208

50） 大山柏は『基礎史前學』のなかで植物性食料の問題にかなりのスペースを割いている。後藤守一も，日本列島は蒸暑いという程度の理由ではあるが，縄紋人の食生活では，植物のほうが大きな比重をしめていたのではないかと想像している（「衣・食・住」pp.250-252『日本考古学講座』3：247-288）。

51） 渡辺　誠『縄文時代の植物食』雄山閣，1975

52） Lee, R. B., What hunters do for a living, or, how to make out on scarce resources. Lee, R. B., DeVore, I. (eds), *Man the Hunter*. 30-48, Aldine, 1968

53）「縄文時代論」pp.188-196（大塚初重・戸沢充則・佐原　眞編『日本考古学を学ぶ』3：78-202，有斐閣，1980）

54）「日本の 新石器時代」（『講座日本 歴史―原始・古代』1：75-116，東京大学出版会，1984）

55） 考古学と自然科学の関係が とくに 緊密になるのは，1970年代はじめから後のことで，特定研究「古文化財」の果たした役割が大きいし，大規模な遺跡破壊にともなう緊急調査の問題もかかわっている。しかし，ここではくわしく触れる余裕がない。文部省科学研究費特定研究「古文化財」総括班編『自然科学の手法による遺跡・古文化財等の研究―総括報告書』（1980），『古文化財に関する保存科学と人文・自然科学』（1984）を参照されたい。

56）「日本の新石器時代」pp.77-79，83-90

57）「同上」p.112

58） 藤間生大『日本民族の形成』p.18

59）「日本の新石器時代」p.113

60） 都出比呂志「歴史学と基層概念」（『歴史評論』466：71-88，1989）

61）「日本の新石器時代」p.113

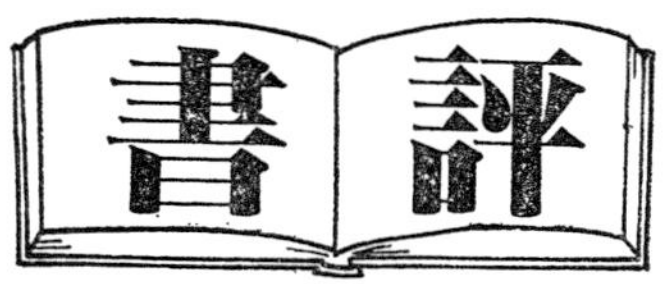

白石太一郎 編

古代を考える 古　墳

吉川弘文館
四六判　296 頁
1854 円　1989 年 3 月刊

都出比呂志氏による「前方後円墳の誕生」は，古墳とは何かという大きな命題に対するアプローチである。地域的にそれぞれ特徴をもつ弥生墳丘墓から，前方後円墳の出現にいたる経緯を述べ，前方部の成立についても「墳丘墓における葬送儀礼の場として重要な意味をもった墓道部分」の継承ではなかったかと考える。しかし，規模の差異がこの考え方の発展を大きく妨げている，という。中国の「郊祀制」の円丘にみられる三段築成の思想原理と，前方後円墳の段築成との関連についての論は新鮮である。「墓にありて，墓にあらず」という成立期古墳のもつ性格は，従来，諸先学のいう「紀念物」としての古墳の性格をよく表現している。遺骸の頭位(北枕)，遺骸の密封という思想的背景にも，それがよく反映しているのではないかと説く。

古墳分布の拡大は，それを受容する各々の地域において，社会的な成熟度に応じた古墳，あるいはその文化を受け容れたと論ずるのは岩崎卓也氏である(岩崎「異質さをみつける目」)。三角縁神獣鏡や他の副葬品のもつ性格，墳丘における土器の状況など，政治的な動きと，土器の動態にみる人々の動きを鋭角的に捉えた部分は，いままで専門的な研究論文にのみ見られた成果の概括的な展開であり大いに参考となる。古墳文化の波及は，武力にたよらず，鉄を中心とする流通システムであり，その主導権を掌握しえた主体こそ「ヤマト王権」だった，という説には筆者も賛同したい。さらに，それに伴う宗教的な祭祀，司祭者的性格の付与ができれば，もっと強い裏付けとなったであろう。

百舌鳥古墳群，古市古墳群の造営時期は，日本古墳時代のピークであり，しかも「巨大な古墳造りに熱中したきわめて特異な時代」といえるだろう(白石「巨大古墳の造営」)。巨大古墳とその被葬者は，共同体の首長墓と，支配者の一員として首長連合に参加した地方首長の政治的な地位の誇示という二重性格をもつという指摘は，東アジア全体の中での日本の特異性をうかがわせ，近畿地方の大型古墳の分布とその推移の過程に，王権の継承と断絶をみる。倭五王時代に続く「継体大王」の出現や，6世紀中葉以降の「大王権」の強大化とその変質のプロセスは，もう少し書き加えてほしかった部分でもある。

横穴式石室の古墳への導入は，密封型古墳からみれば大きな変容であろう。北九州地方を中心として展開する横穴式石室の発展過程とその意味づけは，巨大古墳の造営時代との重複の中で興味深く語られている(柳沢一男「古墳の変質」)。横穴式石室の源流は高句麗で，次いで採用したのは百済である。4世紀末か5世紀初頭の段階で北部九州地方にそれがもたらされた。谷口・老司・鋤崎古墳など，北九州の初期横穴式石室は，百済からの影響と想定する。ほぼ1世紀ののち，畿内に新たに横穴式石室が登場する。熊津遷都後の百済の横穴式石室にその源流を求めたいと説く。横穴式石室導入のころ，鏡や石製腕飾類などを中心とした宝器的色彩の強い副葬品から，武器，武具への変化，さらに象徴的には「甲冑から冠へ」という大きな変化を見出す。須恵器副葬の開始も大きな変革である。そして横穴式石室の受容過程を三波に分けて考察を加える。

前半期古墳の副葬品として代表的な鏡についての論が展開される(岡村秀典「三角縁神獣鏡と伝世鏡」)。ことに近年発表された中国側の王仲殊説に対する疑問が，要を得て明解である。三角縁神獣鏡に近い文様表現をもつ平縁画文帯神獣鏡の中でも，同向式神獣鏡(乳を表出する大阪府和泉黄金塚古墳出土の景初三年銘神獣鏡の例)の類は，いずれも中国魏の範囲からはみ出ていないこと，斜縁神獣鏡と関係の深い四獣鏡なども同様な性格をもつと説く。「伝世鏡」についても従来の説を踏襲しながら，弥生時代においても伝世鏡の存在を主張する。「中国鏡が意図的に打ち割られ……破鏡という形で……伝世した」という。古墳副葬の性質との大きなちがいも想定しつつ，弥生社会での鏡の保有問題にせまる。

穴沢咊光・馬目順一氏による「武器・武具と馬具」は，両氏の永年にわたる個別研究の一段階として集成的で，現在の学界のレベルを大きく前進させている点を高く評価したい。各々についての紹介は紙数の関係で出来ないのが悔やまれるが……。

群集墳論(森岡秀人「群集墳の形成」)は，群集墳論の研究史を踏まえながら，新しい材料の紹介と諸論点を展開する。木棺直葬墳群と横穴式石室墳群との大きな二相の意味について，もっと論を進めてほしかった。古墳の終末については，前方後円墳の終焉，大型方墳，八角墳の出現，群集墳の消滅といった形どおりの筋は出来あがってはいても，個々の詳論はかならずしもそれを踏んではいない。

新しい材料を適切な理解をもとに論を構成する，という最も基本的な部分で執筆者が認識を共通にした，という点で編者の白石氏の意図も十分汲みとれるであろう。　(小林三郎)

書評

桜井清彦・坂詰秀一編

論争・学説 日本の考古学

雄山閣出版
A 5 判　平均 290 頁
3,605～3,090円
1986～1989年刊

桜井清彦・坂詰秀一の両氏編修による本講座は，1986（昭和 61）年 10 月に弥生時代編（第 4 巻）の出版から，1989（平成元）年 2 月の別巻までの 7 冊が，足かけ 3 年の歳月をついやして完成した。これは雄山閣出版の70周年記念出版の一つとして企画されたもので，考古学関係の類書としては，まことに異色のこころみといえよう。

本講座は全 7 冊からなり，各巻は下記のとおりである。

第 1 巻　総論
第 2 巻　先土器・縄文時代 I
第 3 巻　縄文時代 II
第 4 巻　弥生時代
第 5 巻　古墳時代
第 6 巻　歴史時代
第 7 巻　別巻

これをみると総論と別巻のほかは，論争・学説の年代別の配列ではなく，日本考古学の時代区分にしたがったまとまりとなっている。各巻のはじめには総論がおかれ，桜井清彦（総論），永峯光一（先土器・縄文時代），乙益重隆（弥生時代），伊藤玄三（古墳時代），坂詰秀一（歴史時代）の各氏が各巻で取り扱う論争・学説を概観する。導入部として重要な役割をはたす論考でもあるので，各総論の終りにある展望とか課題などにもすこし頁をさいてほしいところである。

各巻には関連する論争・学説が配され，総計 51 編におよんでいる。各編は共通して問題の所在，問題の展開，課題と展望の 3 項目からなり，展開の項に主題に関係した文献があげられ，読者にとっては便利である。しかし，関係文献が 100 編以上あるいは 200 編以上におよぶものは，精選するなどの工夫が必要かもしれない。ここで各編を論評する余裕はないが，気になるいくつかについてふれておく。第 1 巻は全般にわたる事項，考古学に密接した関連分野と北と南の文化がとりあげられている。論争といえないにしても，今日使用されている日本考古学の時期区分は重要である。第 2 巻は表題は先土器とあるのに，本文は旧石器で統一されているようにみえる。編修者と執筆者との討論が必要であったのではあるまいか。先土器時代は，「旧石器文化存否論」の 1 編のみで，関係文献として 219 編もの論文・著書があげられている。内容を整理すると，すくなくとも数編の論争・学説にわけられそうである。第 5 巻の古墳時代では，三角縁神獣鏡は「同笵鏡論」でまとめられ，鏡の製作技法が論の主流となっている。本講座で期待されるのは，もうすこし違った観点のようにもおもえる。なお，第 4 巻弥生時代編については田村晃一氏が本誌の第18号，第 6 巻歴史時代編については稲垣晋也氏が本誌の第19号にそれぞれ書評されているので，あわせて参照されたい。

論争・学説をいかにまとめて表現し配列するかは，じつは大変な仕事である。桜井氏は総論編の「日本考古学における論争・学説」で，論争・学説を七つの性格にわけている。1. 年代論・編年論，2. 起源論・系統論，3. 性格論，4. 名称論，5. 所在論，6. 方法論，7. 真贋論などである。同様な分類は，坂詰氏も第 6 巻でとりあげている。本講座をこの分類で配列するのも一つの方法であるが，読者にはとっつきにくいかも知れない。また桜井氏のさきの文中には，「その時代の風潮にのって」とか「社会の変動に敏感に作用しつつ」論争・学説の展開にも顧慮されようとした意図がみられる。評者はこのような観点にふかい興味をおぼえる。このばあいは明治から現代までの考古学研究の推移を，画期をもうけての配列で可能になろうか。こうした配慮は，第 1 巻の林謙作氏の「考古学と科学」にかいまみられるのみである。いずれにせよ論争・学説のとりまとめ方には長短があるため，最終的には本講座のような形に落ち着いたのであろう。桜井・坂詰両氏の苦心のほどが察せられるが，それが最良の方法であったのかどうかは，評者には判断がつけがたい。考古学の研究が分野ごとに細分化してきている現状では，まことに便利であることは間違いない。

最後に別巻についてふれておきたい。別巻は口絵に論争・学説に登場した人物の写真，桜井・坂詰両氏の対談日本考古学を語る，日本考古学論争・学説史年表(抄)，日本考古学史主要文献解題，日本考古学を彩った人々，古墳の被葬者論争（第 5 巻の補論）と日本考古学史関係者在世年表が付されている。いきとどいた配慮であるが，口絵人物写真，年表，考古学者 132 名，在世年表などを相互に関連づけられるような工夫がほしかった。口絵の人物写真は，どのような意図のもとに配列されているのであろうか。評者には見当がつかない。

本講座は，考古学の論争・学説をとりまとめた最初の労作であり，これから多くの人々に指針をあたえる書となろう。それだけにあれこれあげつらう結果になったが，寛恕ねがいたい。　（潮見　浩）

書評

田原本町教育委員会 編

弥生の巨大遺跡と生活文化

雄山閣出版
A 5 判 226 頁
2,900 円 1989 年 4 月刊

一つの遺跡をその時々の学問的水準に立ってくり返しくり返し再検討することは，地味ではあるが考古学の研究にとって重要なことである。本書は記念講演・基調報告・シンポジウムの諸記録に図録までも加えられた非常にわかりやすい啓蒙書であるが，約 30 万 m^2 もの広大な面積をもつ唐古・鍵遺跡のもつ歴史的意義を様々な視角から再検討したものであり，この遺跡の実態と問題点を現時点において知る上に研究者にとっても欠かせぬ好著といえよう。

奈良県唐古遺跡は，東日本の登呂遺跡と並んで弥生文化研究史上，重要な位置を占めているが，教科書などでの紹介も少ないためか，一般にはその内容や調査の成果が意外と知られていない。遺跡自体の活用も登呂とは懸隔をもつことは否めず，保存・整備の面では今日多くの課題を残している。そのような折柄，地元田原本町が主催しての「唐古・鍵遺跡発掘の五十年」と題する催しはまさに時宜を得たものであり，その全内容がこうして一書にまとめられたことは大きな収穫といえる。

第 1 部では，末永雅雄「唐古遺跡発掘の五十年」，小田富士雄「弥生文化の東伝—朝鮮～九州～近畿」，澄田正一「大和の唐古遺跡と尾張の朝日遺跡」の 3 本の記念講演が収録されている。半世紀を経た今日，発掘当事者の末永氏が回顧すること自体，学界では前代未聞の話であるが，その中で氏は唐古を最初に世に紹介した飯田氏親子 2 代の功績を謙虚に評価しており，印象深い。

第 2 部に収められた基調報告は 7 本あり，以下の内容である。

末永雅雄「現在にいたる私見」，石野博信「唐古池調査の意義」，藤田三郎「唐古・鍵ムラの変遷」，河上邦彦「東アジアの民俗からみた唐古・鍵」，春成秀爾「銅鐸の世界」，都出比呂志「環濠集落と弥生社会」，斎藤和夫「唐古・鍵遺跡の保存」。

末永氏はかつて報告した際，学界で反響のなかった問題として，①土器絵画の船の用途，②雷文の系譜，③竪穴住居から地上住居への推移を掲げ，その検討を後学に委ねられるとともに，御自身の発想と見解を述べている。①の問題は春成氏も画題についてふれ，関連資料の分析から「弥生時代には鳥装の司祭者がツルを稲作起源神話におけるカミとして祭っていた」とする所説を導き出している。また，③の問題について，都出氏は百間川遺跡や鬼虎川遺跡の具体例を引きつつ，弥生時代にも平地式住居がかなり普及していた事実を指摘し，唐古の内部にもそういった住居群の区分が存在した可能性を「ムラの中の身分的な違い」として示唆した。

藤田氏の報告は，第 1～25 次におよぶ長期間にわたる調査内容を遺構の変遷を軸に要領よくまとめ，調査従事者が抱く当遺跡の構造推移をわかりやすくイメージ化している。ムラの変遷内容は，近畿地方の拠点型大集落の構造パターンを考察する上に大変参考になり，弥生中期大環濠の北側に想定される環濠帯や祭祀遺物の西地区への集中，木器貯蔵管理形態の変容など，集積された資料を駆使しての新しい見解が数多く盛られていることも見逃せない。河上氏の報告は，直接資料ではない中国西南地域の少数民族の民俗を扱ったものであるが，弥生文化と関連深い事例の多くを紹介してくれており，傾聴に値することが含まれている。

このようなシンポジウムでは，大概等閑視されている遺跡そのものの保存をめぐる将来展望に関しては，斎藤氏の貴重な提言がある。佐賀県吉野ヶ里遺跡の環濠集落の保存問題が世間をさわがせている昨今，こうした弥生大遺跡の広域保存と活用の問題を改めて考え直す時勢を迎えているといえよう。

後半は第 3 部「唐古・鍵遺跡の意義」というテーマで行なわれたシンポジウムの記録。要点をおさえた石野博信氏の司会で，弥生の祭，穂落神と鳥について，祭場の模索，遺跡の保存と活用をめぐる将来像などが楽しく討議され，パネラーの解釈の相違がよく理解できるとともに，弥生時代の祭祀を現有資料で考証することの難しさを教えている。

唐古・鍵という遺跡名は，ムラを囲む南端の濠が確認された 1977 年の第 3 次調査から以降に用いられているという。私事になって甚だ恐縮だが，評者は今から 18 年程前，奈良県立橿原考古学研究所が実施した分布調査に参加して，分担地区である大和盆地中央部を歩き，唐古池周辺を克明に踏査した経験をもつが，鍵池との間の広大な水田地帯でも多くの弥生土器を拾い，ことによれば 2 つの遺跡が合体するのではないかといった見通しを学生時代の当時の調査日誌に記している。

本書を読みながら，ふとそんな思い出がよみがえってきたが，長い調査研究の歴史を背負う唐古遺跡の価値を正しく理解するために，また弥生文化の研究水準の一端にふれる意味でも一読を薦めたい。

（森岡秀人）

論文展望

選定委員（敬称略）（五十音順）
石野博信
岩崎卓也
坂詰秀一
永峯光一

御堂島正・上本進二

遺物の地表面移動

旧石器考古学　37号
p. 5～p. 16

遺物の空間分布や位置関係は，それを残した人々の諸活動を解明し，説明するための有力な情報源である。しかし，それが考古資料としてわれわれの前に現われるまでにはさまざまな形成プロセスの影響を受けていると考えられる。そのなかで，従来は明確に意識されていなかったが，極めて重大な影響を与えていると考えられるのが自然現象によるものである。そこで，筆者らはこれまで凍結融解作用が及ぼす影響について実験的に考察してきた。今回は雨・風・霜柱・植物が遺物の空間分布に与える影響を調べる目的で野外実験を行なった。

実験は神奈川県秦野市と清川村に所在する2遺跡で行なった。平坦地・傾斜地・草地・裸地・リル（雨水による細溝）の有無などの条件を変え，1～5460gの礫をそれぞれ25個（実験Hは50個）地表面に置いた実験地を8箇所設定した。そして1987年6月13日～翌年3月10日までの間と4月7・8日に雨・風・霜柱・植物による空間分布への影響を観察した。

その結果，次のことが明らかになった。すなわち礫はその重量によって異なる種類の営力（複数の場合が多い）を受けて移動する。カタストロフィックな現象を除外すれば，平坦地ではおおむね10g以下の礫は風・流水・霜柱，10～1000gの礫は主に流水と霜柱，また1000～2000gの礫は霜柱によって移動し，重量と移動距離には負の相関関係がある。

降雨による礫の移動は地表流水が生じる時に限っておこる。このため流水の生じる場所に遺物が存在するかどうかによって降雨後の遺物の位置に差が生じることになる。

植物は雨・風・霜柱による移動量を減少させたり，阻止することが多いが，一方で植物の成長が礫を移動させる場合がある。

また植物の成長や霜柱の形成などの季節的な営力の存在は，遺物が廃棄あるいは遺棄された季節によっても移動量に差が生じることを示唆している。

（御堂島　正・上本進二）

鈴木保彦

定形的集落の成立と墓域の確立

長野県考古学会誌　57号
p. 4～p. 16

縄文集落を構成する遺構群は，居住施設，貯蔵施設，調理施設，埋葬施設，祭祀施設に大別することができるが，一定の規模をもつ集落におけるそれら諸施設の配置は，その形成当初より一貫して空間規制というべきものが守られている例が多く，その結果，縄文集落は特徴的な一定のかたちをもっている。縄文集落の調査例が増加し，資料の蓄積もある程度なされた現在では，居住施設を中心とし上記のような施設をある程度そなえた，一定のかたちをもつ縄文集落を定形的集落として認識することができる。

さらにこれの規模の大きなものを，拠点的集落ととらえることができると考えるのであるが，縄文集落の変遷をみると，神奈川県横浜市の早淵川に面した台地上に位置する南堀貝塚，北川貝塚，西ノ谷貝塚や栃木県宇都宮市の根古屋台遺跡，さらに長野県諏訪郡の阿久遺跡の集落にみられるように，住居群の配置が環状ないしは馬蹄形状を呈し，その中央部分に墓域が設定されるものは，前期前葉から中葉にかけての段階に出現している。このかたちの集落は，中期，後期の拠点的集落にも一貫してみられるものであり，縄文集落の基本的構造のひとつということができるものである。これら拠点的集落に検出される長方形柱穴列などの平地式掘立柱建物とみられる建物址も，これに近似するものが，根古屋台遺跡や阿久遺跡の集落構成に認められるのである。このことは，そうした縄文文化の最も基本的なものが，前期前半に出現しているということを，明確に示しているものということができる。

前期前葉から中葉にかけての時期は，気温が上昇し，海進が進んだ時期にあたっているが，縄文時代全体を通してみても，住居址数や集落数が増大する集落の隆盛期に相当している。この時期に定形的集落が成立し，これにともなって，集落内における墓域も確立することになるのである。

（鈴木保彦）

増田精一

古代鞍の系譜

長野県考古学会誌　57号
p. 56～p. 66

奈良時代唐文化の影響の強いなか，正倉院に伝わる鞍が唐鞍の系統でないことを原田淑人先生は指摘している。中世の和鞍は正倉院鞍の系統に属し，わが国の馬匹文化の変遷に関心を寄せていた筆者にとって正倉院鞍がいかに成立したかが課題であった。

正倉院鞍の構造は古墳出土鞍とは異質で，古墳出土鞍だけを追うては正倉院鞍成立の謎は解けない。日常使用していた生活址出土鞍を探らねばならない。幸い，そうした木鞍が出土しており，神谷正弘氏が『考古学雑誌』に紹介している(72巻3号)。それには2種類あって，第一は大阪百舌鳥陵南遺跡出土例にみる正倉院型に属し居木と鞍橋を枘で結合したものである。第二は居木と鞍橋を枘ではなく，紐で結ぶ型式，唐鞍（朝鮮鞍）の型式である（佐賀右木遺跡，奈良谷遺跡出土例）。後者は重装騎馬戦闘の出現，普及とともに中央アジアにおきた木鞍の型式で，板によって馬にかかる重力の安定を計る構造となっている。そうした木鞍がわが国に伝えられたことを示している。朝鮮半島でも住居址などの生活址の調査がすすむなか発見が期待されるが，わが国での生活址出土木鞍の発見は貴重である。

こうした古墳時代住居址出土鞍の類例の増加するなか，新たな課題が生まれる。第一は古墳出土鞍のなかには板状の居木を装した唐鞍の構造を推測しうる例があるが藤ノ木古墳出土例のごとく鞍橋の下端に金属板を挿入，唐鞍と異質のものが認められる。こうした装飾馬具がどこでおきたか今後の課題であろう。正倉院鞍型が5世紀にさかのぼることが明らかになったが，筆者は先行する弥生時代，中型馬がおり，駄馬としての利用，荷鞍を想定，新たに伝えられた乗馬鞍としての唐鞍との交流のなかに正倉院鞍型の成立を想定する。

（増田精一）

岡安光彦

心葉形鏡板付轡・杏葉の編年

考古学研究　35巻3号
p.53～p.68

心葉形鏡板・杏葉の系列変化が明瞭にとらえられるようになるのは5世紀末以降で，その変遷はⅠ期（5世紀末～6世紀初頭）～Ⅵ期（7世紀前葉）までの6段階に区分することが可能である。

とくに6世紀最終末～7世紀初頭に当たるⅤ期は，藤ノ木古墳や福岡県宮地嶽古墳出土品に代表される一群の豪華な馬具が数多く舶載され，国産の馬具に大きな影響を与えた時期であるが，ⅰ宮地嶽古墳段階・ⅱ船塚古墳段階・ⅲ藤ノ木古墳段階の3期に細分することが可能である。

一方，棘葉形杏葉は，6世紀後葉のⅣ期の段階の心葉形鏡板と組み合わされるようになる。棘葉形杏葉は，棘の退化や鉤金具の変化などによって，Ⅳ期を，ⅰ沖ノ島段階・ⅱ足利公園3号墳段階(註)・ⅲ熱田神宮例段階，Ⅴ期をⅰ藤ノ木古墳段階・ⅱ将軍塚段階・ⅲ笊内37号横穴段階に細分できる。

以上の馬具の編年結果から見ると，7世紀初頭の600年～610年頃，藤ノ木古墳や宮地嶽古墳出土品などに示される豪華な馬具が次次にわが国にもたらされ，国産の馬具に大きな影響を与えたことがわかる。

こうした動きの最も重要な契機となったのが隋の成立とその積極的な対外姿勢による古代東アジア世界の緊張によるものであることは間違いない。ただし，隋の馬具に関しては実態が全く判明していない。高句麗などで製作された可能性も残しており，製作地の解明に関しては今後の研究を待つ必要がある。

（註）『考古学研究』に掲載された論文では薬師塚段階と誤記されているので訂正しておく。　（岡安光彦）

江浦　洋

日本出土の統一新羅系土器とその背景

考古学雑誌　74巻2号
p.52～p.88

7世紀代の東アジア世界は唐王朝の成立や新羅による朝鮮半島の統一に代表されるように大きな変革の時期であり，日本も東アジア文化圏の一端を担うものとして，積極的な外交政策を展開していたようである。

本稿ではこのような状況下で日本に搬入された当該期の新羅土器（統一新羅系土器）の出土遺跡の分布および性格を検討し，その背景にある半島および大陸からの有形無形の文化・文物の伝播，搬入についても言及した。

その結果，確実な出土例では大陸至近の対馬に多く，九州本土では大陸交渉の門戸ともいえる筑前に出土遺跡が集中する。これ以東では当該期の宮都が集中する大和に類例が多く，その周辺地域においても出土遺跡が散見される。その他，近年の調査で下野などの東国の集落遺跡からもその出土が確認される。

また，これを出土遺跡の性格という観点からみると，①古墳，②宮都遺跡，③寺院跡，④金属製品の加工生産遺跡，⑤東国の集落遺跡の諸類型に大別することが可能である。

各遺跡から出土する当該土器の器種を検討すると古墳出土例では搬入されている器種に際立った斉一性が認められないのに対して宮都遺跡などでは緑釉を含む装飾性の高い長頸壺が選定されており，これが両国間の使節の往来などによって他の文物とともに国家レベルで搬入された可能性が高い。

また，金属製品の加工生産に関わる遺跡からの新羅土器の出土からはこれらの「もの」と同時に金属加工などの技術あるいは技術者の招来といった無形の文化移入の存在が想起され，さらに東国の集落遺跡からの当該土器の出土は『日本書紀』にみられる新羅人の下野への移住記事と符合する点が留意される。

このように新羅土器の日本での出土という事実の背後には，新羅人の移住あるいは各種技術などの無形の大陸文化の伝播といった事象の存在が想定されるのである。

（江浦　洋）

●報告書・会誌新刊一覧●

編集部編

◆**古代集落の諸問題**　玉口時雄先生古稀記念事業会　1988年11月　B５判　292頁

花積下層式土器の再検討……………………折原　繁

竪穴住居出土遺物の一般的あり方について………………黒尾和久

多摩川下流域北岸に於ける弥生時代集落の成立について……………………寺畑滋夫

群馬県における古墳初期文化の再検討……………………友廣哲也

東日本における古墳時代後期集落分析の一視点………前地ひろみ

武蔵国における古墳時代後期土器の一様相………………後藤宏樹

古代の鉄製U字型鍬・鋤先をめぐって……………………野崎　進

越の横穴墓とその背景……駒見和夫・駒見佳容子

「落合式」とその周辺……坂詰秀一

群馬県における内面黒色処理を施す土器の一側面………桜岡正信

城輪柵遺跡とその周辺…川崎利夫

古代集落遺跡出土の墨書土器……………………仲山英樹

北スマトラ，コタチナ遺跡の在地土器……………………坂井　隆

◆**東北古代史の基礎的研究**　氏家和典著　1988年11月　A５判　415頁

著者が長年研究を続けてきた東北地方の考古学の論考を中心に，古代史の論文をも合わせた論文集である。古墳時代の年代想定の基本となる土師器，墳丘を有する大型古墳，密集する横穴と装飾を施した横穴，蝦夷に関する論文など16編を載せる。

◆**鳩山窯跡群Ｉ**　鳩山窯跡遺跡調査会刊　1988年12月　A４判　440頁

埼玉県西部の比企丘陵に展開する南比企窯跡群のうち，鳩山町に所在する６地点で須恵器窯跡・住居跡・粘土採掘坑などが調査されたが，このうち８世紀代の18基の登り窯の報告である。遺物は須恵器が主で若干の国分寺創建期の瓦や押印・箆描土器も出土している。

◆**俵ケ谷古墳群**　君津郡市文化財センター刊　1988年３月　B５判　135頁

千葉県木更津市の東京湾に面した丘陵上に築かれた古墳群の調査報告である。14基のうち７基が調査され，前期方墳６基および後期円墳１基が確認された。第４号墳から捩文鏡１面が出土しており，この分類・集成がなされている。

◆**紀尾井町遺跡調査報告書**　千代田区紀尾井町遺跡調査会刊　1988年11月　A４判　本文編748頁　写真編298頁

当遺跡は，武蔵野台地東縁の麹町台地上に立地し，江戸城跡西側半蔵門の西約700ｍに所在する。江戸時代には土岐・本多氏の屋敷を経て紀州藩邸となった。それぞれの屋敷構築に伴う盛土・版築の整地地業が確認されている。その他，水利関係施設・地下構造遺構・土坑などの遺構が検出されている。出土遺物には，陶磁器類・瓦類・金属製品・木製品・動物遺体などがある。

◆**金沢文庫遺跡**　神奈川県立埋蔵文化財センター刊　1988年12月　B５判　244頁

横浜市の南部・称名寺境内の西側の谷に位置する，北条実時創建の金沢文庫の推定遺跡である。想定地の北東隅の一角が調査され，土丹敷き地業面を中心とした複数の施設・道状遺構・側溝などが検出され，元亨３（1323）年の称名寺絵図にみられる隧道も調査されている。14・15世紀の中国・日本製陶磁器，かわらけ，瓦などが多数出土している。

◆**白江梯川遺跡Ｉ**　石川県立埋蔵文化財センター刊　1988年３月　B５判　299頁

石川県南部の白江町の梯川南岸に位置する弥生時代後期から中世に至る集落遺跡の調査報告である。14・15世紀の中国・日本製陶磁器，かわらけなどが多く出土しており，とくに３体の懸仏から祠跡と推定される遺構が検出され，中世の信仰を明示する資料となっている。

◆**松尾寺**　橿原考古学研究所刊　1987年11月　B５判　62頁

奈良盆地の北西部，法隆寺北方2.5kmの松尾山山腹に所在する，松尾寺境内の調査報告である。調査範囲は，鎮守社である松尾山神社拝殿前約60m²で，石溝を伴う初期の建物遺構が検出された。出土遺物より存続期間は，８世紀中葉から11世紀中葉と推定されている。巻末には，大和の山岳寺院についての考察が収載されている。

◆**平安京左京八条三坊七町**　京都文化財団刊　1988年３月　B５判　179頁

遺跡は平安京南東部，現在の京都駅北側約100ｍに位置し，調査範囲は約660m²である。遺構は11世紀から16世紀に及ぶ井戸・溝・集石・土器集積土坑・埋甕・柱穴などが検出されている。遺物は土器・陶磁器類，瓦・磚類などを中心として大量に出土しており，13世紀を主体とする。２基の土坑からは総数31,415枚の埋納銭が検出されている。大半は中国からの渡来銭であり隋代から元代に及ぶ。

◆**牛頸窯跡群Ｉ**　福岡県教育委員会刊　1988年３月　B５判　332頁

福岡県博多平野の南部・大野城市の牛頸川流域に展開した九州最大の牛頸窯跡群のうち，四群よりなる牛頸川支群の調査報告である。調査された窯跡は，すべて登り窯構造の須恵窯であり，遺物は蓋杯が主で，ほかに高杯・盤・皿・鉢・長頸壺・甕・穿孔土器などが出土しており，器種による分業体制の成立が考えられている。時期は７世紀終わりから８世紀後半に比定されている。

◆**畑ノ原窯跡**　波佐見町教育委員会刊　1988年３月　B５判　263頁

長崎県の北部の波佐見町に位置

する窯であり，1599（慶長4）年に築窯され焼成室が24室から成る連房式階段状登窯である。窯内残存陶磁器に，陶器925点，磁器5点の930点であった。陶器のうち907点も出土した木灰釉陶器は当遺跡を代表する製品である。

◆**安岐城跡・下原古墳**　大分県教育委員会刊　1988年3月　B5判　172頁

遺跡は大分県国東半島東部を東流する安岐川河口右岸に位置する。安岐城跡は，居館段階を経て徐徐に増築され，16世紀末に至って城郭としての体裁を整えている。

下原古墳は小型前方後円墳で，組合せ式木棺を配した竪穴式石室を有する。墳丘は削平されているが，出土土器より九州最古式の古墳と考えられている。

◆**Shell Mound**　第3号　東日本考古学同人会（いわき市久之浜町代16—6　吉野高光気付）　1988年11月　B5判　42頁

スタンプ形土製品について
……………………渡辺　誠

縄文時代の石棒祭祀形態覚書
……………………大竹憲治

水戸市台渡里廃寺跡覚書Ⅰ
……………………瓦吹　堅

福島県における縄文時代の人面土器集成……………………吉野高光

◆**考古学雑誌**　第74巻第2号　日本考古学会　1988年12月　B5判　120頁

使用痕と石材……………御堂島正

東北地方北部の縄文前期土器群の編年学的研究…………武藤康弘

日本出土の統一新羅系土器とその背景……………………江浦　洋

◆**長野県考古学会誌**　長野県考古学会　第57号　1988年10月　B5判　138頁

塩田平の原景観…………八幡一郎

定形的集落の成立と墓域の確立
……………………鈴木保彦

環状集落・環状貝塚についての一研究……………………上野佳也

中部山地における柄鏡形(敷石)住居の成立をめぐって…山本暉久

八幡一郎先生の硬玉研究
……………………寺村光晴

古代鞍の系譜……………増田精一

稲の貯蔵法をめぐって…木下正史

八幡一郎先生と「郷土考古学論」
……………………戸沢充則

◆**信濃**　第40巻第12号　信濃史学会　1988年12月　A5判　88頁

飯田市南部における古墳の実測調査………滝沢　誠・臼井　勲・大谷善晃・三木ますみ

◆**旧石器考古学**　第37号　旧石器文化談話会　1988年10月　B5判　118頁

遺物の地表面移動
………御堂島正・上本進二

北陸の後期旧石器時代前半の石器群……………………奥村吉信

九州ナイフ形石器文化の研究
……………………木崎康弘

「本ノ木論争」とその周辺
……………………島立　桂

神子柴型石斧の機能……麻柄一志

シリア砂漠の後期レヴァント地方ムステリアン石器群とその地理的変異…………………西秋良宏

奈良県香芝町サカイ遺跡発見の資料について……………鷲野憲成

◆**古代文化**　第40巻第10号　古代学協会　1988年10月　B5判　50頁

イタリア中部および南部の西紀1世紀におけるローマ都市……Cerulli・Irelli・Giuseppina

ベスビオス火山周辺地域にみる田園別荘……… D'amore・Luiji

ポンペイ，ヘルクラネウム，及びベスビオス火山周辺の別荘
……… De Caro・Stefano

西紀1世紀のイタリアにおける貨幣流通状況
…… Chiaravalle・Maira

西紀1世紀のポー川流域にみる住居，道路，交易
………… Erslan, Eranno

西紀1世紀のイタリアにおける陶器の生産と普及
……De Caro・Laji Adere

◆**古代文化**　第40巻第11号　1988年11月　B5判　50頁

中国古代犂耕図再考……渡辺　武

四国山地におけるヒガンバナのアク抜き技術……………辻　稜三

古代日本の土器器名考…津野　仁

◆**天理参考館報**　創刊号　天理大学附属参考館　1988年10月　B5判　93頁

天理参考館所蔵の鉄製品
……………………置田雅昭

天理参考館所蔵の鉄地銀象嵌頭椎把頭……………………山内紀嗣

伝大和出土の新羅系有蓋高杯について……………………竹谷俊夫

◆**古代学研究**　第118号　古代学研究会　1988年11月　B5判　40頁

『出雲国風土記』大井浜の須恵器生産(上)……………内田律雄

日本の古代都城造営の際なぜ大きな古墳を潰したのか……王建新

◆**考古学研究**　第35巻第3号　考古学研究会　1988年12月　A5判　118頁

擦文時代の剝片石器・剝片とその評価……………………横山英介

北陸の石刃集団…………奥村吉信

心葉形鏡板付轡・杏葉の編年
……………………岡安光彦

隆起線文土器以前………栗島義明

築造企画を同じくする「帆立貝式前方後円墳」について
……………………遊佐和敏

近年の初期農業論について(上)
……………………森本和男

◆**古文化談叢**　第20集　九州古文化研究会　1988年11月　B5判　218頁

縄文土器文化の伝播……河口貞徳

三雲遺跡の金銅四葉座金具について……………………町田　章

再び横帯文銅鐸について
……………………三木文雄

陶邑窯跡群における工人集団と遺跡……………………中村　浩

山口県秋芳町・里古墳出土の単鳳環頭大刀…穴沢咊光・新谷武夫

西三河の横穴式石室…土生田純之

百済石室墳とその墓制の日本伝播に関する研究
………安承周・緒方　泉訳

豊前南部および豊後出土の緑釉陶器…………宮内克己・村上久和

隅田川沿岸の窯業………関口広次

洛陽に於ける古代彫塑の芸術美を論ずる……史善剛・高橋学而訳

山口県防府市桑山塔ノ尾古墳
……………………桑原邦彦

考古学界ニュース

編集部編

九州地方

方形周溝墓30基　福岡市早良区の重留遺跡で福岡市教育委員会による発掘調査が行なわれ，古墳時代前期の方形周溝墓30基と同時代の集落跡が発見された。周溝墓の一辺の長さは10～5mで比較的小型。溝の深さは0.5m前後。中央の主体部は木棺15基，石棺14基，石蓋土壙1基，小型石室1基で，うち石棺2基から管玉7点，ガラス小玉93点が出土した。また集落跡は方形周溝墓群のすぐ南側で約60軒が確認された。重留遺跡ではこれまで縄文，弥生時代の住居跡や前方後円墳などが発掘され，早良平野には縄文時代から連続して人が住み続け，古墳時代に1つの結実をみたと思われる。

3世紀の集団墳墓群　福岡県京都郡豊津町徳永の川の上遺跡で福岡県教育委員会による発掘調査が行なわれ，3世紀中葉の有力者の特定集団墓群が発見された。遺構は石棺墓，石蓋土壙，土壙墓計58基，カメ棺墓4基，周溝状遺構などのほか，5世紀の方形周溝墓4基が発見された。墳墓は5～8基ずつの7グループにわかれておりこのうちの1つは8m×6mの低い墳丘を形成している。主な副葬品には鏡4，耳飾3，腕飾2，首飾1のほか鉄製の武器類や工具類などがある。鏡は3面が後漢末から三国時代初期にかけて作られた銅鏡で，龍虎鏡と方格規矩鏡片，画像鏡片。残る1面は小型の仿製鏡片。土壙墓の1つは首飾，腕飾を身につけ，胸の中央に画像鏡，体のそばに刀子を置いたままの状態で発掘され，土器も多数出土した。出土品の中には山陽地方で作られた土器や，日本海沿岸で産出するヒスイやメノウなども含まれており，活発な交流の跡が認められる。

中国地方

三重の濠を有する高地性集落　山陽自動車道の路線に当たることから山口県教育委員会が発掘調査を行なっていた同県玖珂郡玖珂町の清水遺跡で弥生時代後期の住居跡や小児用壺棺墓などを囲い込んだ二重(一部三重)の濠を厳重にめぐらす高地性集落が発見された。現場は島田川上流にあり，標高98mの尾根筋の頂部を利用して，頂上平坦面を取り巻くように第一濠，2合目付近に第二濠をめぐらし，第三濠は南西に延びる尾根上のみに，第二濠のやや下に設けられている。濠は幅2～4m，深さ1.2～2.7mほどで，底はいずれもV字形。第一濠で囲まれた内側には円形や隅丸方形の竪穴住居跡6軒が発見された。また，住居跡の中には第一濠が埋められた後その上に建てられたものも3軒ある。第一濠と第二濠の間には，2軒の住居跡や5基の住居状遺構のほか，L字状に削った帯状のテラス(段状遺構)も十数カ所あり，その多くに完形品を含む多量の土器片が廃棄されていた。遺跡から出土した遺物には鉄鏃10数点，鉇10数点，鉄斧，刀子，鎌などの鉄製品40余点，砥石50点，石斧，石鏃，石庖丁各1点や土器が多数含まれる。同遺跡のような生産力の低い住民が防衛のためにこれほど厳重な設備を行なったことはこの時代の社会の緊張の厳しさをうかがわせる。

古墳時代の土馬　鳥取県西伯郡淀江町大字小波の百塚第1遺跡で淀江町教育委員会による発掘調査が行なわれ，古墳時代中期末を中心とした13棟からなる集落遺跡を確認した。土馬は竪穴住居跡のピット中より出土し，約10cmと小型のもので胴下半部，脚部が欠損している。馬具などの飾りをつけない裸馬で，線刻による立髪，鼻，口をヘラで素朴に刻んでおり，全体的に写実的である。胴下半部および脚部の欠損は故意に壊したものと考えられることから集落内における祭祀のあり方が注目される。なお，南隣接地には約100基からなる百塚古墳群があり，墓地と集落の関係が推定される。

縄文後・晩期のピット群　岡山市津島中の岡山大学構内遺跡で岡山大学埋蔵文化財調査研究センターによる発掘調査が行なわれ，縄文時代後～晩期にかけての多数のピット群や炉穴などが発見された。自然堤防上に位置する調査区内からは600基以上のピット群を確認，これらの中には円形に並ぶものも認められ，住居址を含めて何らかの建造物があった可能性が強い。一方，炉穴は調査区の北側で発見されたが，非常に保存状況がよく，長径35cm，短径25cmの楕円形で，赤化した状態からみてかなり長期間使用された痕跡がうかがわれた。この炉跡以外にも炭粒の散布や焦土面が認められた。なお，同時に調査された隣接する低地部では13基のドングリの貯蔵穴が確認された。そのうちの1基は底にアンペラが敷いてあったが，非常に残存状況がよく，極めて貴重な資料である。平野部の沖積地でこれだけ多くの遺構がみつかったのは瀬戸内地域でも珍しく注目を集めている。

飛鳥時代の堤防跡　岡山市津寺の山陽自動車道建設地で岡山県古代吉備文化財センターによって進められている津寺遺跡の発掘現場で杭を約6,000本も打ち込んでつくった全長約90mの堤防跡がみつかった。現場は市西部を流れる足守川東岸の水田で，地下約2mに北から南へ流れる幅50mの旧河川跡があり，その東岸部分に広い所で5m幅に杭がびっしり打ち込まれていた。杭はおもにアベマキで，直径10cm前後の割り材となし，長さ約2mに及ぶ。杭は堤防の基礎固めに打ち込まれ，この上に土砂を高く盛り，木の皮や枝，葦などをアンペラ状に組み，河岸や堤の中にも幾重にも挟みこむ。基底幅12m，上部幅4～5m，高さ2m前後の堤防を築いたと推定される。堤防や河床から出土した須恵器により7世紀前半のものと判明。さらに水の流れがゆるやかだったとみられる対岸にも小規模な杭列が確認された。

四国地方

前漢末の青銅鏡　松山市若草町8の旧国鉄官舎跡地で，松山市総合福祉センターの建設に伴って松山市教育委員会が発掘調査を行なったところ，弥生時代中期末から古墳時代前期にかけての包含層から弥生末期の土器片とともに前漢末期の青銅鏡が出土した。鏡は直径8.4cm，厚さ約5mm。ヒビ割れ，錆があるがほぼ完形。車輪形の鈕座を中心に同心円状の線で構成された重圏文様で，エックス線撮影の結果「見日之光長毋忘君」の8文字が認められた。日光鏡の一種だが，これまで九州を中心に出土した鏡の銘文はいずれも「見日之光天下大明」となっており，後半部分が相異する。中国河南省から出土した鏡に銘文，文様ばかりでなく材質や大きさも似ており注目される。

近畿地方

弥生～奈良時代の集落跡　大阪市教育委員会と大阪市文化財協会は同市住吉区山之内4丁目の山之内遺跡を発掘調査し，弥生時代から奈良時代にかけての大規模な集落跡を発見した。弥生時代では方形周溝墓4基，土壙墓1基と竪穴住居の炉穴とみられる土坑やピットが発見され，中期中葉の壺，甕，高坏計8点や石槍，石庖丁などが出土した。古墳時代では後期初頭のカマドを備えた竪穴住居跡2軒が発見され，タコ壺が出土したほか，鉄滓を含んだ土坑もみつかった。さらに飛鳥～奈良時代では30棟以上の掘立柱建物と数基の土坑状遺構が発見されたが，これらの建物は南北に走る2本の溝に沿って並んでいた。同遺跡では一時期途絶えたものの弥生時代前期後葉から奈良時代まで人の活動が跡づけられた。

平安末期の木棺　豊中市教育委員会が発掘を進めている市内北条町1丁目の小曽根遺跡（弥生～室町時代）で平安時代末期の人骨が残ったほぼ完形に近い木棺や鎌倉時代のまじない札などが発見された。木棺は長さ1.95m，幅65cm，高さ31cmで，中に身長約1.6mのほぼ完形の人骨が納められていた。頭部は東向きで，土師皿6枚と木札1枚が副葬されていた。まじない札は木棺墓南の鎌倉時代の井戸の中からみつかったもので計3点。いずれも長さ17cm，幅・厚さとも3cmほどで，上部はやや丸みを帯び，「蘇民将来子孫宅也」と墨書されていた。この文言の紙札を魔よけとして戸口などに貼る風習は現在でも残っている。井戸の中からは他に土製碗，墨書土器なども出土している。

頭塔は心柱をもつ瓦葺きの巨塔　奈良市高畑町の国の史跡・頭塔（ずとう）の調査を進めている史跡頭塔環境整備委員会（座長・土井実奈良文化女子短大名誉教授）がこれまでの調査をまとめた結果，各層に瓦を葺き，木の心柱をそなえた高さ20mを越える巨大な塔であることがわかった。本年2月から行なわれた調査では遺構の西北の範囲が発掘されたが，その結果頂上の部分から心礎の柱痕跡がみつかり約7～9mの基壇の下までのびている可能性が確認された（心柱の推定直径約55cm）。また石を敷いた階段状の各層がゆるやかな下り斜面となっていて全体から約300点の軒瓦が出土したことから，寺院の五重塔のように榧を出して瓦を全面に葺いた屋根を何層にも重ねていたらしい。全体の高さは約13.5mで，相輪も含めると20.5mにもなる。これまで頭塔は土の塔に瓦を飾るインド，西域地方のストゥーパとの類似が指摘されていたが，心柱をもつ中国式の様式も合わせもつことがわかった。さらに奈良時代に築いた塔の相輪が焼失した後，頂上に置かれていたとみられる凝灰岩製六角屋蓋の石塔片も出土，頭塔の変遷が明らかになった。

纒向石塚は前方後円墳　桜井市太田にある纒向石塚古墳は周濠をめぐらせた全長約92～96mの前方後円墳であることが桜井市教育委員会と県立橿原考古学研究所の調査でわかった。今回前方部を中心に750m²の調査を行なった結果，墳形は後円部がいびつな円形で，中軸の直径約62～64m，前方部は三味線のバチ形で長さ約30～32m，くびれ部の幅約12～13m，前面幅約32mであることがわかった。周濠は幅約20～36mだが前方部前面は幅約5mと狭く浅い。くびれ部の周濠最下層などから纒向3式（3世紀後半）の土器が出土しており，近くの箸墓古墳より若干古い最古に属する前方後円墳であることがわかった。なお，これについては市原市の神門3，4，5号墳なども含めて弥生の墳丘墓とする見解もある。また周濠からは木製品数十点も出土した。鋤，鍬，槌などの農具や建築部材と考えられる細長い棒や板もあり，古墳の葬送儀礼を考えるうえで重要とみられる。

■考古学界ニュース■

古墳前期の勾玉鋳型　向日市上植野町芝ヶ本の芝ヶ本（しばがもと）遺跡で古墳時代前期のガラス製勾玉の鋳型2点がまとまって出土していたことが向日市埋蔵文化財センターの調査でわかった。砂岩製と粘土製のもので，一部が欠けているが大きさはともに縦・横3.5～3.7cm，厚さ1.8～2.0cm。砂岩製は表裏合わせて4個の型が，粘土製は片面にだけ3個の型がある。粘土製のものは未使用の可能性が高い。この鋳型から石膏で型を採取したところ，長さ2.7cm，厚さ1cmのものと，長さ2cm，厚さ0.7cmの2種類の勾玉が復元できた。同遺跡から勾玉は出土していないが，凝灰岩質砂岩製の石釧がみつかっており，また他に鏡や剣を作っていた可能性も考えられる。

6～7世紀の横穴式石室　京都市埋蔵文化財研究所が発掘調査を進めている京都市山科区西野山中臣町の道路建設予定地で，6世紀後半～7世紀の古墳がみつかった。中臣十三塚古墳群の1つとみられ，墳丘は削平されていたが南に開口する横穴式石室の東側石組下1段分のみが残っていた。片袖式で長さは約7m。石室からは鉸具，鐙，馬銜などの馬具や鉄鏃5点，金環3点，須恵器の高坏，坏，壺などが出土した。中臣十三塚古墳群は栗栖野丘陵に築造された後期の群集墳で，もとは13基の小円墳があったとされるが，現在は宮道古墳と折上神社古墳の2基が残るだけとなっている。

中部地方

須恵器窯3基を新発見　春日井市教育委員会が大下武千種高校教諭に依頼して発掘調査を行なっていた同市東山町の下原古窯で5世紀末から6世紀にかけての須恵器窯が新たに3基発見された（1，3，5号窯）。下原古窯は北側斜面に掘割状に溝を掘り，天井をつけた半地下式の窯で，昭和36年に名古屋大学が調査している（2号窯）。今回発見された3号窯は焚口から煙道までほぼ完全に残り，長さ2mほどの天井も崩れずに残っていた。また再発掘された2号窯は全長約10m，最大幅1.5mで，焚口の床断面は20回ほど粘土で補修した跡が残り，1回焼くたびに窯を直して使ったらしい。焚口下部からは有蓋高坏，甕，壺などのほか円筒埴輪や陶製錘などが大量に出土した。同古窯は尾北古窯跡群の先がけをなす貴重な遺跡と考えられる。

関東地方

八戸藩江戸屋敷跡から瓦など　東京都港区教育委員会の指導により組織された林野庁六本木宿舎跡地内遺跡調査団（団長・滝口宏早大名誉教授）による八戸藩江戸屋敷跡の発掘調査が行なわれ，瓦や土器など多くの遺物が出土した。現場はその昔，麻布市兵衛町とよばれていた現在の港区六本木1丁目で，調査の対象とされているのは屋敷11,700m^{2}のうち主殿があったとみられる中心部の約7,500m^2。これまでに主殿跡あたりから屋根瓦や釘，柱を支えた礎石，井戸の跡や石を積んだ排水溝とみられる溝，地下室への階段らしいものがみつかっている。また茶碗，皿，徳利，カメ類など19世紀の遺跡でよくみられる台所用品も多数出土した。

騎西町で帆立貝式古墳　県立騎西養護学校の建設に伴って埼玉県埋蔵文化財調査事業団が発掘調査を行なっている北埼玉郡騎西町上種足の小沼耕地遺跡で，二重の周溝をもつ古墳や方形周溝墓，中世の建物跡などが発見された。古墳は2基あり，うち1基は6世紀後半の全長40mの帆立貝式古墳で，幅約10mと約7mの2重の周溝をもち，外側の周溝の長径は約80mある。周溝から円筒，人物，水鳥，イノシシ，馬，家などの埴輪が多数みつかったほか，前方部端の周溝内から坏型土器3点が出土した。埴輪は同古墳から直線で4kmの距離にある生出塚窯跡で焼かれたものと推定される。もう1基の古墳は直径30mほどの円墳で，7世紀初頭の築造とみられる。また13世紀後半とみられる建物跡は幅1.2mほどの堀に囲まれた一辺15～16mの正方形の遺構で，青磁，常滑，大量のモモの種などが出土した。そのほか5世紀初めの方形周溝墓5基や古墳時代の住居跡なども発見された。現場は標高12～13mの平坦な低地で，こうした場所に遺跡が残っているのは珍しい。

4世紀末の環濠集落　群馬県佐波郡玉村町に所在する玉村町上之手住宅団地遺跡で，平均一辺10mほどの濠をめぐらした古墳時代の竪穴住居跡5軒が発見された。いずれも台地の先端にあり，コの字状の配列を示している。濠は住居の外側3～4mを一重にめぐっているが，内1軒は二重にめぐらされている。それぞれの濠は，集落の中央部を南北に延びる大溝へつなげている。排水を目的としてつくられたものと推定される。濠の中からは合計100点ほどの土器片が出土した。

東北地方

80mの前方後方墳　米沢市教育委員会が発掘調査を進めている同市窪田町の寶領塚古墳は4世紀後半に築造された全長80mに及ぶ東北最大規模の前方後方墳であることがわかった。同墳は十数年前のほ場整備で前方部を中心に約3分の1が失われているが，全体の規模や上部構造の確認などを中心に調査した結果，葺石が多数みつかった。3段築成で，全長は約80m。前方部，後方部ともそれぞれ40mで，後方部の高さは4.8m。これまで県下最古とされていた天神森古墳（東置賜郡川西町）に先行する4世紀後半の築造と推定されている。

古墳時代の祭祀跡　宮城県柴田郡村田町関場の新峰崎遺跡で宮城県教育委員会による発掘調査が行なわれ，古墳時代中期の祭祀遺構が発見された。遺構は4.6×2.3mの狭い範囲で，皿状に窪んでおり，南小泉式の土師器（坏・壺・高坏・甕）とミニチュア土器など完形品約100点，それに臼玉，鏡，剣などの滑石製模造品約250点が出土した。農耕に関する祭祀が行なわれていた場所と推定される。

――――学界・人の動き

日本考古学協会第55回総会　5月27日，28日の両日，東京都多摩市のパルテノン多摩を会場に開催された。講演と研究発表は次の通り。

<講　演>

関川尚功：藤ノ木古墳の調査

石野博信：藤ノ木古墳とその時代

<研究発表>

稲田孝司：岡山県恩原遺跡 AT直下層の石組炉と砂礫堆

松沢亜生・佐川正敏：平城京跡出土の旧石器

土井義夫・黒尾和久：縄文時代の土地利用変遷

福島雅儀：福島県の敷石住居跡について

平林　彰：長野県明科町北村遺跡の調査

藤村東男：土器容量の測定について

外山和夫・飯島義雄・宮崎重雄：再葬墓における遺体処理のプロセス

高島忠平・七田忠昭ほか：佐賀県吉野ヶ里遺跡の調査

甘粕　健・会津大塚山古墳測量調査団：会津大塚山古墳の測量調査

右島和夫：群馬県太田市鶴山古墳出土遺物の研究

岡安光彦：藤ノ木古墳出土馬具の舶載年代

高木恭二・渡辺一徳：二上山ピンク石製家形石棺について

雪田隆子・竹花宏之：多摩ニュータウン地区における古代の須恵器生産について

宇野隆夫：富山県立山町上末窯第2次発掘調査の成果

中尾芳治・積山　洋ほか：難波宮跡の調査

田辺征夫・玉田芳英：長屋王邸宅跡の調査

岩本正二：草戸千軒町遺跡における町割りの変遷

前川　要：近世都市遺跡の調査・研究の一視点

飯村　均・石川泰生：福島県旧新沼浦の入浜式製塩遺跡

伊藤秋男：伽倻の墓制からみた釜山福泉洞古墳群

「平城京展」　東京国立博物館，奈良国立文化財研究所，朝日新聞社の主催による「平城京展」が7月25日(火)から9月10日(日)まで東京国立博物館にて開催される。本年は平城宮跡の発掘着手以来30年を迎え，これまでに平城京の姿や社会制度，人々の暮らしぶりを示す多くの遺物が出土しているが今回の展覧会は平城京をさまざまな角度から再現し，合わせて奈良時代の日本の政治，経済の仕組み，さらに都の人々の暮らしぶりなどを立体的に紹介しようとするもの。最近話題をよんだ長屋王邸宅跡出土の木簡や瓦をはじめ，隼人楯，建築工具，八角井戸枠，灯火器，太安萬侶墓誌，骨蔵器，人形，荷札木簡，宮廷の食器類，文筆具一式，腰帯，興福寺鎮壇具，長屋王願経など約800点が展示される。

人の動き（順不同，新任分）

楢崎彰一氏　名古屋学院大学教授

渡辺　誠氏　名古屋大学教授

永峯光一氏　国学院大学教授

下津谷達男氏　国学院大学栃木短期大学教授

樋口隆康氏　奈良県立橿原考古学研究所所長

石野博信氏　奈良県立橿原考古学研究所副所長・同研究所附属博物館館長

泉森　皎氏　奈良県教育委員会文化財保存課主幹

時枝　務氏　東京国立博物館考古課（有史室）研究員

<u>久保哲三氏</u>（早稲田大学教授）5月5日，結腸ガンのため東京・日本医科大学附属病院にて死去された。享年57歳。1931年東京都生まれ。早稲田大学大学院文学研究科史学専攻修了。宇都宮大学教授，専修大学教授をへて1987年より早稲田大学第一文学部教授。古墳の研究に多くの成果をあげた。主要な著書・論文に『日本国誕生への道』,「関東」(日本の考古学Ⅳ),「古墳時代における毛野・総」(日本考古学5),「古代前期における二重葬制について」(史観75）などがある。

<u>相沢忠洋氏</u>　5月22日，脳出血のため桐生市の桐生厚生総合病院で死去された。享年62歳。1926年東京都生まれ。終戦後，桐生で行商をしながら赤城山麓周辺で遺跡を踏査し，ついに1949年，関東ロームの中から旧石器文化を発見，この岩宿遺跡の発見はこれまでの学界の常識をくつがえすものとなった。その後新里村に赤城人類文化研究所を設立し研究を続けていた。1967年吉川英治賞受賞。著書に『「岩宿」の発見』『赤城山麓の旧石器』などがある。

■第29号予告■

特集　旧石器文化の発展と拡散
―東アジアと日本列島―

1989 年 10 月 25 日発売
総 112 頁　　1,860 円

総　論……………………………………加藤晋平
東アジア旧石器文化の発展
　前期・中期旧石器文化の発展……梶原　洋
　東シベリアの後期旧石器…………畑　宏明
　中国東北・華北の後期旧石器……加藤晋平
　中国華南の後期旧石器……………加藤真二
　南シナ海沿岸部の無土器石器群…鄧　聡
アジアから日本列島へ
　朝鮮半島から日本列島へ…………松藤和人
　シベリアから日本列島へ…………橘　昌信
　中国大陸から日本列島へ…………小畑弘己
石器の製作と使用
　使用痕ポリッシの疑問点…………岡崎里美
　北アジアのルヴァロワ技法………葛西　親
　アジアの細石核製作技法…………鶴丸俊明
　日本の細石核………………………白石典之
人類拡散の諸問題
　旧モンゴロイドの拡散……………溝口優司
　北・南モンゴロイド遺伝子の拡散
　…………………………松本秀雄
　アジアの家犬の系譜……………田名部雄一

<連載講座>縄紋時代史　3………林　謙作
<調査報告>　<書評>
<論文展望>　<報告書・会誌新刊一覧>
<考古学界ニュース>

編集室より

◆考古学の情報が新聞を賑わしています。次から次へと新しい発掘成果が発表され，歴史は急速に変わっていく印象を与えます。ことにいま，邪馬台国に連らなる3世紀を中心に，古墳時代にかけて注目されているのは，吉野ヶ里遺跡や藤ノ木古墳などの話題性によるものでしょう。話題性は必ずしも真実に繋がるというわけにはいきません。地道な研究の上でしか物がいえないのです。もっとも地道な研究の実態，それが本号です。本号に展開される議論こそ第一としなければなりません。学問とはそういうものでしょう。（芳賀）

◆古墳の副葬品をテーマにした特集を組みたいとはかねがね考えていたが，藤ノ木古墳の豪華な遺物の発見を契機に実現することになった。副葬品の内容からして被葬者は渡来系の人物だろうとかよくいわれるが，その組み合わせや配置はどうなのか。組み合わせの相異にはまず時期差があろう。それから地域差もあるだろう。そういったものを汎列島的な視点から眺めたのが今回の特集である。

なお，巻頭には4人の先生方に藤ノ木古墳を中心とした副葬品の特徴を語っていただいた。別冊「藤ノ木古墳が語るもの」の続編として読んでいただければ幸いである。（宮島）

本号の編集協力者――泉森　皎（奈良県教育委員会文化財保存課主幹）
1941 年大阪府生まれ，関西大学文学部史学科卒業。『大和の古墳を語る』『大和の古墳時代』「双墓に関する二三の考察」「大和の土馬」などの共著・論文がある。

■本号の表紙■

藤ノ木古墳石棺内西半分の全景

藤ノ木古墳は奈良県生駒郡斑鳩町法隆寺字藤ノ木にある円墳である。古刹法隆寺の西方350mの地点の低丘陵の先端近くに立地し，周囲を水田で囲まれている。

昭和60年から63年度にかけての3次の調査で，径48m，高さ8mの規模をもち，墳丘裾に円筒埴輪をめぐらした古墳であることが判明した。

南東に入口をもつ横穴式石室の玄室内に，奥壁に平行して家形石棺が安置されていた。

玄室右袖部付近で50点以上の土器類，また奥壁と石棺の間からは金銅製透彫の馬具，武器・武具が一括して出土した。第3次調査で棺内調査を行ない，2人が埋葬されていることがわかり，多数の装身具，刀剣，冠，履，帯，絹製品が出土した。（写真は奈良県立橿原考古学研究所提供）

（泉森　皎）

▶本誌直接購読のご案内◀

『季刊考古学』は一般書店の店頭で販売しております。なるべくお近くの書店で予約購読なさることをおすすめしますが，とくに手に入りにくいときには当社へ直接お申し込み下さい。その場合，1年分の代金（4冊，送料は当社負担）を郵便振替（東京3-1685）または現金書留にて，住所，氏名および『季刊考古学』第何号より第何号までと明記の上当社営業部までご送金下さい。

季刊 考古学　第28号　　1989年8月1日発行
ARCHAEOLOGY QUARTERLY
定価 1,860 円
（本体 1,806 円）
編集人　芳賀章内
発行人　長坂一雄
印刷所　新日本印刷株式会社
発行所　雄山閣出版株式会社
〒102　東京都千代田区富士見 2-6-9
電話　03-262-3231　　振替　東京 3-1685

ISBN 4-639-00894-5　printed in Japan

季刊 考古学 オンデマンド版 第28号 1989年7月1日 初版発行
ARCHAEOROGY QUARTERLY 2018年6月10日 オンデマンド版発行
定価（本体 2,400 円＋税）

編集人 芳賀章内
発行人 宮田哲男
印刷所 石川特殊特急製本株式会社
発行所 株式会社 雄山閣 http://www.yuzankaku.co.jp
〒102-0071 東京都千代田区富士見 2-6-9
電話 03-3262-3231 FAX 03-3262-6938 振替 00130-5-1685

 ISBN 978-4-639-13028-4 Printed in Japan

初期バックナンバー、待望の復刻!!

季刊 考古学 OD　創刊号〜第 50 号〈第一期〉

全 50 冊セット定価（本体 120,000 円＋税）　セット ISBN：978-4-639-10532-9

各巻分売可　各巻定価（本体 2,400 円＋税）

号　数	刊行年	特 集 名	編　者	ISBN（978-4-639-）
創刊号	1982 年 10 月	縄文人は何を食べたか	渡辺 誠	13001-7
第 2 号	1983 年 1 月	神々と仏を考古学する	坂詰 秀一	13002-4
第 3 号	1983 年 4 月	古墳の謎を解剖する	大塚 初重	13003-1
第 4 号	1983 年 7 月	日本旧石器人の生活と技術	加藤 晋平	13004-8
第 5 号	1983 年 10 月	装身の考古学	町田 章・春成秀爾	13005-5
第 6 号	1984 年 1 月	邪馬台国を考古学する	西谷 正	13006-2
第 7 号	1984 年 4 月	縄文人のムラとくらし	林 謙作	13007-9
第 8 号	1984 年 7 月	古代日本の鉄を科学する	佐々木 稔	13008-6
第 9 号	1984 年 10 月	墳墓の形態とその思想	坂詰 秀一	13009-3
第 10 号	1985 年 1 月	古墳の編年を総括する	石野 博信	13010-9
第 11 号	1985 年 4 月	動物の骨が語る世界	金子 浩昌	13011-6
第 12 号	1985 年 7 月	縄文時代のものと文化の交流	戸沢 充則	13012-3
第 13 号	1985 年 10 月	江戸時代を掘る	加藤 晋平・古泉 弘	13013-0
第 14 号	1986 年 1 月	弥生人は何を食べたか	甲元 真之	13014-7
第 15 号	1986 年 4 月	日本海をめぐる環境と考古学	安田 喜憲	13015-4
第 16 号	1986 年 7 月	古墳時代の社会と変革	岩崎 卓也	13016-1
第 17 号	1986 年 10 月	縄文土器の編年	小林 達雄	13017-8
第 18 号	1987 年 1 月	考古学と出土文字	坂詰 秀一	13018-5
第 19 号	1987 年 4 月	弥生土器は語る	工楽 善通	13019-2
第 20 号	1987 年 7 月	埴輪をめぐる古墳社会	水野 正好	13020-8
第 21 号	1987 年 10 月	縄文文化の地域性	林 謙作	13021-5
第 22 号	1988 年 1 月	古代の都城―飛鳥から平安京まで	町田 章	13022-2
第 23 号	1988 年 4 月	縄文と弥生を比較する	乙益 重隆	13023-9
第 24 号	1988 年 7 月	土器からよむ古墳社会	中村 浩・望月幹夫	13024-6
第 25 号	1988 年 10 月	縄文・弥生の漁撈文化	渡辺 誠	13025-3
第 26 号	1989 年 1 月	戦国考古学のイメージ	坂詰 秀一	13026-0
第 27 号	1989 年 4 月	青銅器と弥生社会	西谷 正	13027-7
第 28 号	1989 年 7 月	古墳には何が副葬されたか	泉森 皎	13028-4
第 29 号	1989 年 10 月	旧石器時代の東アジアと日本	加藤 晋平	13029-1
第 30 号	1990 年 1 月	縄文土偶の世界	小林 達雄	13030-7
第 31 号	1990 年 4 月	環濠集落とクニのおこり	原口 正三	13031-4
第 32 号	1990 年 7 月	古代の住居―縄文から古墳へ	宮本 長二郎・工楽 善通	13032-1
第 33 号	1990 年 10 月	古墳時代の日本と中国・朝鮮	岩崎 卓也・中山 清隆	13033-8
第 34 号	1991 年 1 月	古代仏教の考古学	坂詰 秀一・森 郁夫	13034-5
第 35 号	1991 年 4 月	石器と人類の歴史	戸沢 充則	13035-2
第 36 号	1991 年 7 月	古代の豪族居館	小笠原 好彦・阿部 義平	13036-9
第 37 号	1991 年 10 月	稲作農耕と弥生文化	工楽 善通	13037-6
第 38 号	1992 年 1 月	アジアのなかの縄文文化	西谷 正・木村 幾多郎	13038-3
第 39 号	1992 年 4 月	中世を考古学する	坂詰 秀一	13039-0
第 40 号	1992 年 7 月	古墳の形の謎を解く	石野 博信	13040-6
第 41 号	1992 年 10 月	貝塚が語る縄文文化	岡村 道雄	13041-3
第 42 号	1993 年 1 月	須恵器の編年とその時代	中村 浩	13042-0
第 43 号	1993 年 4 月	鏡の語る古代史	高倉 洋彰・車崎 正彦	13043-7
第 44 号	1993 年 7 月	縄文時代の家と集落	小林 達雄	13044-4
第 45 号	1993 年 10 月	横穴式石室の世界	河上 邦彦	13045-1
第 46 号	1994 年 1 月	古代の道と考古学	木下 良・坂詰 秀一	13046-8
第 47 号	1994 年 4 月	先史時代の木工文化	工楽 善通・黒崎 直	13047-5
第 48 号	1994 年 7 月	縄文社会と土器	小林 達雄	13048-2
第 49 号	1994 年 10 月	平安京跡発掘	江谷 寛・坂詰 秀一	13049-9
第 50 号	1995 年 1 月	縄文時代の新展開	渡辺 誠	13050-5

※「季刊 考古学 OD」は初版を底本とし、広告頁のみを除いてその他は原本そのままに復刻しております。初版との内容の差違はございません。

「季刊 考古学　OD」は全国の一般書店にて販売しております。なるべくお近くの書店でご注文なさることをおすすめしますが、とくに手に入りにくいときには当社へ直接お申込みください。